Sönke Petersen-Jahn

Vierjahreszeiten-Märchen

2:1
Hannover 96
– Vom Traum zur Wirklichkeit!

Sönke Petersen-Jahn

Vierjahreszeiten-Märchen

2:1
Hannover 96
– Vom Traum zur Wirklichkeit!

AGON
SPORTVERLAG

Inhaltsverzeichnis

Impressum

Lektorat: Erwin Puschkarsky, Hürth
Einband: Karen Kieback, Kiel, www.bykk.de
Satz: AGON Sportverlag
Druck: Scandinavianbook, Bremen
© 2012   by AGON Sportverlag
            Frankfurter Straße 92a
            D - 34121 Kassel
            Telefon 05665-405 84 20 / Fax 05665-405 84 21
            eMail info@agon-sportverlag.de

ISBN 978-3-89784-399-8

www.agon-sportverlag.de

Zu diesem Buch

Es hat mir riesig Freude bereitet, das erste Vierjahreszeiten-Märchen zu schreiben. Noch mehr hat es mich gefreut, dass sich ein Verlag fand, mit dem das „schnellste Buch aller Zeiten" produziert wurde. Viele neue Kontakte sind seitdem entstanden, konstruktive und weniger konstruktive Kritik wurde an mich herangetragen.

Nun haben die Roten eine weitere erfolgreiche Saison gespielt. Sie haben allen Unkenrufen getrotzt, erneut die Qualifikation für den internationalen Wettbewerb erreicht und in Europa geradezu sensationell Furore gemacht. Die Fans sind mit Begeisterung auf der europäischen Welle geritten und haben faszinierende Kreativität in die Organisation ihrer Reisen und das Anfeuern unserer Roten gesteckt. Grund genug, ein zweites Buch zu wagen.

Meine Motivation ist erneut, den Roten und ihren Fans ein Buch zu schenken, das diese schönen Momente festhält und mit viel rotem Herz und einem bisschen Verstand beschreibt, was passiert ist, was erreicht wurde, nicht nur sportlich, sondern auch bei den und für die Menschen, die diesen Verein lieben und begleiten.

Es gibt ein paar Änderungen zum ersten Märchen. Die Forums-Splitter fallen weg, weil das HAZ-Forum mittlerweile eine kleine, aber feine Familie geworden ist. Durch die kleine Zahl der Schreiber ist das Forum aber nicht mehr als Meinungsspiegel geeignet. Zudem lassen die vielen Spiele und Berichte nicht genug Raum, um ein kurzes knackiges Buch noch mit den Meinungen der „Foristen", oder wie ich sie gern nenne „Forensiker", zu würzen.

Allerdings dürfen sich meine lieben Mitschreiber im HAZ-Forum auf die Fahnen schreiben, Inspirationen und Ideen, teils auch wertvolle Informationen zu diesem Buch beigetragen zu haben. Die Presse-Streiflichter werden gegenüber dem ersten Buch auf die Highlights der Saison reduziert, um den Umfang des Buchs nicht aufzublähen.

Ich hoffe, dass ich so für die Fans der Roten ein weiteres schönes Lese-Buch verfassen konnte, das seinen Ehrenplatz im Regal erhält und dann und wann ein Schmunzeln oder ein Lächeln auf die Gesichter zaubert. Es wäre „märchenhaft", wenn es so gelänge, die schönen Momente dieser Saison noch einmal zu erleben. Ist es nicht wunderbar, Freude mehrmals zu genießen?

Prolog

Sommer 2011. Die Arbeit am ersten Vierjahreszeiten-Märchen ist abgeschlossen. Auch die fußballerische Arbeit der Roten ruht. Noch immer, so scheint es, können viele nicht glauben, was passiert ist. Der Sommer will nicht recht in Form kommen in diesem Jahr. Keine schlechten Voraussetzungen, um das erste „Märchen" zu vollenden. Ablenkungen durch Sonne und Freizeit halten sich in Grenzen. Es ist ein fröhlicher Sommer. Lächelnd und begeistert sitze ich teils bis spät in der Nacht vorm Rechner und genieße beim Schreiben so viele schöne Erinnerungen.

Noch vor Jahresfrist war das anders, doch dann bekam Hannover diese geile Saison 2010/11 geschenkt und ich die Gnade, dass meine Gesundheit sich besser entwickelte, als es durchaus zu befürchten war. Ich konnte fast die gesamte Saison dabemui sein. Hatte ich mich letzte Saison nicht getraut, eine Dauerkarte zu kaufen – und, ganz ehrlich, auch keine Notwendigkeit gesehen, Karten für die Roten gab es ja fast immer –, so war nun der Entschluss schnell gefasst: das Saisonticket, für meinen Sohn und mich, ist Pflicht. N11, klar: dort sein, wo es richtig Spaß macht.

Ich freue mich auf die neue Saison, so sehr wie nie zuvor. Schon diese Vorfreude dürfte für viele Fans ein neues Gefühl sein. International dabei, vielleicht kommt ein Leckerbissen? Die Mannschaft bleibt weitgehend zusammen, also wieder eine Saison ohne Zittern? Mitfiebern um die oberen Plätze, die Großen ärgern, die kleinen auf Abstand halten, so wünsche ich mir die Geschichte der kommenden Serie. Ganz sicher nicht als Einziger.

Kann 96 eine märchenhafte Spielzeit noch einmal toppen? Kann man sich noch steigern, wenn man auf Wolke 7 sitzt? Das wird schwer, das wird nichts, das ist fast unmöglich, oder? Nicht zu viel erwarten. Sie wissen ja: Ärger, Du kannst mich nicht anschmieren ...

Ich beschließe, abzuwarten. Nichts Ungewöhnliches für mich, ich beschließe aber auch, an das Unmögliche, an ein neues Märchen zu glauben. Genau genommen ist das kein Beschluss – ich empfinde es so. Ich habe genug europäischen Fußball gesehen, um zu wissen, dass die Roten dort mit etwas Glück bestehen können. Vielleicht die Gruppenphase überstehen? Aber erst einmal dahin kommen ...

Die Schlagzeilen aus anderen Vereinen in der Bundesliga deuten nicht auf klare, strukturierte Konzepte, vor denen sich die Roten fürchten müssen. Wenn mich heute jemand für naiv hält und fragt,

„Sag mal, Du glaubst wohl sogar an Märchen?",

ist meine Antwort, mit breitem, selbstbewussten Grinsen:

„Ja, klar!"

Gibt es denn etwas Schöneres als Märchen zu erleben?

Sommer 2011:
96 auf dem Weg nach Europa

Der Sommer plätschert vor sich hin. Es ist, als wenn Hannover nach all der Begeisterung eine Atempause braucht. Während aus den meisten Clubs Meldungen über Neuverpflichtungen verbreitet werden, schwitzen die Roten in der Vorbereitung, aber ohne personelle Veränderungen. Zunächst noch in der Region, Testspiele in Osterode (9:1) und Uchte (13:0) machen gute Laune – wird 96 nun eine Torfabrik? Einer, den kaum einer auf dem Zettel hat, macht von sich reden: Moritz Stoppelkamp wird zum Toritz Ballerkamp der Saisonvorbereitung. 25 Treffer in fünf Testspielen sind rekordverdächtig. Wird ausgerechnet er die neue Sturmhoffnung, er, den keiner auf dem Zettel hatte?

Das ist deswegen umso interessanter, weil wir ein kleines Lazarett vorzuweisen haben. Von Leon Andreasen, dem dänischen Phantom von der Krankenstation, spricht kaum noch jemand, aber Ya Konan und bald auch Sobiech direkt zu Beginn der Vorbereitung verletzt, das Knie, da machen sich Sorgen breit. Erneut keimen Spekulationen auf, werden Wünsche formuliert: Es wird nicht reichen, mit zweieinhalb Stürmern in die Saison zu starten. Andere, zu denen auch ich zähle, analysieren, dass aufgrund der Verletzungen maximal ein Trainingsrückstand auf dem Zettel steht – es wäre nicht gut, Panik zu machen und noch einen in den Kader zu holen, der integriert werden müsste.

Was, wenn die Roten in der Europa-League-Qualifikation frühzeitig ausscheiden, die Gruppenphase nicht erreichen? Soll man dann sechs Stürmer bezahlen, von denen minimal zwei mächtig unzufrieden wären?

Ein Raunen geht durch Fans und Presse, als die Pokalauslosung für die erste Runde amtlich wird: Anker Wismar ist der Gegner der Roten. Anker Wismar? Anker Wismar – Gastgeber für 96 im Vorbereitungsspiel 2009, seinerzeit Anlass für Jörg Schmadtke, eine „Brandrede" zu halten, medial breit getreten und eindeutig ein Tiefpunkt in der damaligen Vorbereitung. Ein eigentlich bedeutungsloses Spiel, dessen Erinnerung nun wieder hochkocht. Was, wenn sich das wiederholt? Wird 96 die nächste peinliche Erstrunden-Pleite erleben? Zweifel und Erinnerungen würzen den Charakter dieses an sich sehr einfachen Loses, während die Spieler gerade tatsächlich *kein* einfaches Los haben. Sie müssen fit werden, Kraft und Ausdauer für eine harte Saison, für die Dreifachbelastung tanken. Einige äußern, dass sie noch nie so hart trainiert hätten.

Aufmerksamkeit erregt die Anschaffung von GPS-Sendern, die die Laufwege der Spieler beim Training und in Freundschaftsspielen analysieren helfen. Schöne neue Welt? Gläserner Spieler? Überwachung statt Überblick? Die Bundesliga horcht auf: Slomka führt neue Methoden ein. Will man ein Märchen wiederholen, muss man sich etwas einfallen lassen.

Systematische Analytik statt intuitive Bewertung – auch das ist Fußball heute. Als Mensch, der die einfachen Dinge liebt, habe ich eine natürliche Skepsis gegenüber solchen Methoden. Doch wen interessiert meine Skepsis? Es ist sicher nötig, Althergebrachtes zu hinterfragen, Neues zu probieren, wenn man im knallharten Sport-Business der Bundesliga nach oben kommen will.

In Bad Radkersburg, am „Monte Slomka", ackern, schwitzen, keulen die Roten. Schon am ersten Tag, kaum dass die Taschen ausgepackt sind, wird gegen Graz gespielt, Ergebnis 3:3. Fast überflüssig zu erwähnen, dass Stoppelkamp trifft, auf Vorlage von Schlaudraff. Die weiteren Vorbereitungsspiele verlaufen insgesamt positiv. Auch eine Niederlage gegen Hapoel Tel Aviv wird gnädig und ohne übermäßige Nervosität zur Kenntnis genommen. Die Richtung scheint zu stimmen. Aber wie stark sind die Roten wirklich?

Das Highlight der Vorbereitung soll ein Testspiel gegen Olympique Lyon werden. Lyon, französischer Champions-League-Teilnehmer, mehrmaliger Landesmeister, mit durchaus klangvollen Namen gespickt, ein attraktiver Gegner. Erinnerungen werden wach an den glanzvollen Sieg im Testspiel gegen Real Madrid 2007. Seinerzeit mit den Torschützen namens Benny Lauth und Thorvaldsson, wurde der scheinbar übermächtige spanische Traditionsclub nahezu an die Wand gespielt. Diese Gala begeisterte mich damals. Später würden die Roten diese Saison immerhin mit dem 8. Platz abschließen, für Hannoversche Verhältnisse ein Höhenflug.

Das Spiel gegen Lyon wird nicht wirklich ein Highlight, zumindest nicht, wenn man Champagner-Fußball sehen will. Das Stadion nur etwa zur Hälfte gefüllt, die Stimmung niedersächsisch unterkühlt bis mäßig. Die Roten mühen sich, aber erspielen sich wenig Torchancen. Die Franzosen zeigen nur selten spielerische Glanzlichter, sind aber fußballerisch und taktisch sehr gut eingestellt.

Genau genommen wird dieses Testspiel zum Lehrbeispiel dafür, wie zwei disziplinierte und engagiert verteidigende Mannschaften einander so sehr neutralisieren, dass der Fan in Gefahr gerät einzuschlafen. Immerhin, ich kann als analytischer Spielleser erkennen, dass schon Vieles bei den Roten gute Fußballarbeit ist. Spaß kommt jedoch selten auf. Das Spiel endet, wie so ein Spiel enden muss: torlos, 0:0. Nicht wenige im Stadion quittieren die Leistung mit Pfiffen, was ich persönlich für unangemessen halte.

Zu allem Überfluss ist offenbar auch organisatorisch Vieles, mit Verlaub, nicht besonders glücklich gelaufen. Diverse Bereiche im Stadion sind, womöglich aus Sicherheitsgründen, gesperrt, so dass wir beispielsweise einen kleinen Treppen-Marathon laufen dürfen, um unsere Plätze zu erreichen. Für mich schon nicht unbedingt ein Vergnügen, mit Kompressionstrumpfhose, durch diverse Therapien nicht mehr besonders konditionsstark, für meinen Freund und Begleiter Thilo, seit Jahren durch ein künstliches Hüftgelenk gehandicapt, eine echte Herausforderung. Die nächste Bierbude, die geöffnet hat, befindet sich einen Block weiter.

Nach dem Spiel fliegen die Fetzen im HAZ-Forum. Unzufriedenheit wird, teils sehr drastisch, geäußert. Wut über lange Wartezeiten an den Kassenhäuschen, gesperrte Bereiche etc. macht sich breit. Schnell wächst der Ärger zu einer massiven, generellen Kritik am Marketing der Roten an. Es dauert bis Mitte der Woche, bis sich Volkes Seele ein wenig beruhigt, doch der schale Beigeschmack dieses vermeintlichen Highlights wird wohl bei etlichen hängen bleiben.

Das sieht nicht unbedingt nach dem Start eines zweiten, noch schöneren Märchens aus. Wird 96 dieses Missgeschick wieder glätten? Vielleicht mit einem attraktiven Gegner im Europapokal? Eine rauschende Fußballgala am Donnerstagabend? Wohl kaum wahrscheinlich, sicher bekommen wir irgendeinen nichtssagenden Club zugelost und am Ende erreichen wir womöglich nicht einmal die Gruppenphase. Die Mainzer haben das bereits demonstriert: gegen den nicht eben renommierten rumänischen Club Gaz Metan Medias erreichen sie gerade einmal ein 1:1 zuhause. Das macht auch Hannovers Fans nervös. Am besten beginnt man wohl mit einem Erfolg den Pflichtspielbetrieb. Aber wird 96 ausgerechnet im Pokal, ausgerechnet gegen Wismar, einen guten Start erwischen?

Der dreifache Zweidrittelhattrick

Endlich, endlich geht es wieder los! Wie gewohnt, wird mit dem DFB-Pokal die Saison eröffnet. Endlich? War da nicht was? Ja doch, ein hannoversches Trauma der letzten Jahre trägt den Namen DFB-Pokal. Pünktlich zu Saisonbeginn schafften es die Roten, ihren Fans tiefste Sorgenfalten auf die Stirn zu zaubern. Trier, Elversberg, und nun Wismar? Die nächst Blamage? Das Ganze bekommt noch Würze durch die hochnotpeinliche Niederlage in der Saisonvorbereitung 2009, die selbst einen Schmadtke aus der Fassung brachte.

Immerhin, das Reiseziel Lübeck ist günstig gelegen. So pilgern ein paar Tausend Hannoveraner nach Schleswig-Holstein an die Lohmühle. Gern wären wir auch nach Wismar gefahren, die Stadt hat Flair, doch das Stadion dort genügt nicht den Sicherheitsbestimmungen. Also, ab nach Lübeck. Marit, ihr Liebster und meine Wenigkeit sind dabei. Wir hören den „Platzwart" auf der Fahrt. Herrlich, um sich auf das erste Spiel einzustimmen!

Je näher wir Lübeck kommen, umso mehr rote Fans winken uns zu. Es wird ein bisschen knapp, doch wir erreichen das Stadion rechtzeitig, um in Ruhe die Plätze einzunehmen. Wir sitzen mit wunderbarem Blick in dem engen Stadion, allerdings direkt vor einem Wismaraner, der seiner kleinen Tochter heute beweisen wird, dass manche Fußball-Fans 90 Minuten am Stück dummes Zeug von sich geben können. Nun, auch das ist Fußball. Wir werden uns von dem Heini den Tag nicht versauen lassen.

Mit dem Anpfiff zeigen die Roten, dass eine Blamage nicht zur Diskussion steht. Es geht nur in eine Richtung. Schlaudraff hat den Turbo ausgepackt, Rausch, Moa, alle sind bereit, den Klassenunterschied nicht nur spüren zu lassen. Alles sieht zielstrebig aus. Die tapferen Wismaraner bemühen sich, kommen aber öfter an ihre Grenzen, als ihnen lieb sein kann. Das enge Stadion lässt uns hautnah miterleben, wie ein ums andere Mal die Roten dominieren. Toll, so nah dran zu sein. Es dauert gerade einmal zwölf Minuten, da landet der Ball im Tor. Als Moa Abdellaoue mit schöner Direktabnahme das erste Mal trifft, haben die Roten schon zwei, drei tolle Szenen gehabt.

Immer wieder ist es vor allem Schlaudraff, der mit tollen Sprints und Tricks das Spiel belebt. Er hat auch das 1:0 aufgelegt. Weitere Chancen für Schlauffi und Rausch folgen, ehe Abdellaoue nach Vorarbeit von Rausch auch das 2:0 markiert. Nach 25 Minuten ist das Spiel praktisch entschieden. Kurz darauf hat Moa sogar die Chance, einen lupenreinen Hattrick zu zaubern, doch der Pfosten rettet für Wismar.

Fortan glänzt Abdellaoue als Vorbereiter – und Stindl schließt ab. So in der 35. Minute, als der Norweger Stindl am Fünfer den Ball brillant und uneigennützig ablegt, so dass unser Mittelfeldmann nur noch einschieben muss, 3:0. Spätestens jetzt ist das Spiel ein reiner Genuss für Fans der Roten, zumindest, wenn man von den tumben Kommentaren des Hobby-Comedians hinter uns absieht. Wir ertragen es, weil die Roten weiter ein Feuerwerk abbrennen. Der nächste abgebrochene Hattrick, nicht der letzte, gehört Stindl. Erneut legt Moa aufs Strafraumeck ab – und Stindl lässt sich nicht lange bitten: ein schöner 20m-Flachschuss zappelt unhaltbar im Netz (36. Minute). 4:0 zur Halbzeit, eine wunderbare Fußballgala bis hierhin.

Die zweite Hälfte beginnt mit kontrolliertem Spiel der Roten. Allenfalls Freistöße bringen Wismar eine Annäherung ans Tor der Roten, ansonsten zeigt 96 Reife und Fitness zugleich. Immer einen Schritt schneller, kein unnötiges Risiko, spielerische Überlegenheit ohne die letzte Konsequenz. Aber warum auch? Dennoch haben die Roten immer wieder Chancen, durch Pogatetz (!), Chahed (!) und Rausch, doch der Ball will noch nicht ins Tor. Auch nicht, als Pinto sich am Elfmeterpunkt den Ball zurecht legt, nachdem Rosinski Moa gefoult hat. Ohne Worte!

Doch wir haben ja noch einen Moritz Stoppelkamp. Unsere Vorbereitungs-Tormaschine erhält am Elfmeterpunkt eine präzise Vorlage von Rausch, der sich über links durchgesetzt hat, und vollstreckt mit trockenem Schuss (71.). Nur fünf Minuten später wird Schlaudraff um den verdienten Lohn seiner bärenstarken Leistung gebracht, als sein Fernschuss an die Latte knallt. Stoppelkamp wird zu Stocherkamp und drückt den Ball im Nachschuss über die Linie, das 6:0.

Die Roten stürmen weiter, sogar Haggui bekommt seine Torchance. Nach 75 Minuten kommt im Übrigen Pander zu seinem ersten Pflichtspieleinsatz seit mehr als einem halben Jahr. Werden seine Knochen halten? Am Ende bleibt es bei einem standesgemäßen halben Dutzend, das für Anker Wismar eher noch schmeichelhaft ist, selbst wenn der Fünftligist tapfer gekämpft hat.

Ein wunderbares Spiel der Roten. Ist das der Auftakt zu einer auch spielerisch glänzenden Saison? Wir sind zufrieden, eine lohnende Fahrt. Bei einem Bierchen und einer leckeren Bratwurst genießen wir die familiäre Atmosphäre. Sogar eine kurze persönliche Begegnung mit Mirko Slomka ist uns gegönnt, ein fröhlicher, zufriedener Trainer. Müde, aber sehr entspannt, machen wir uns auf den Weg in die Bundesliga- und Europa-League-Stadt Hannover.

Auftakt in der Bundesliga
– wird das ein neues Märchen?

Saisonbeginn, das ist immer komisch. Wie sind die Spieler in Form, was kann die Mannschaft? Leisten die Neuverpflichtungen, was man sich von ihnen verspricht? Nie weiß man, wo man steht. Gleichzeitig packt einen die Ungeduld, das Fieber kehrt zurück. Die Sehnsucht nach tollen Spielzügen, Sprints, Zweikämpfen, Torschüssen und Paraden, sie wird immer größer.

Doch das größte Kribbeln kommt ein bisschen unerwartet durch die Auslosung des Gegners für die Europa-League-Qualifikation. Ausgerechnet der FC Sevilla, zweifacher UEFA-Pokal-Sieger, top gesetzt im UEFA-Ranking, Fünfter der letzten Saison in der Primera Division, gespickt mit klangvollen Namen. Was für ein Los, welch eine Hammeraufgabe!

Immerhin, einen Leckerbissen haben wir auf jeden Fall. Ein Fußball-Fest, und dann wieder Alltag bei den Roten? Egal wie, solche Gegner bekommt man nicht alle Tage. Volles Stadion garantiert. Ich bin voller Vorfreude auf eine fantastische Atmosphäre und mit mir wohl die ganze Region Hannover.

Das kann man mit Blick auf die ersten Gegner in der Bundesliga wohl nicht behaupten. Dennoch, die ersten Spiele sind gleich Standortbestimmungen. Hoffenheim zuhause, Nürnberg auswärts, dann, nach dem Knaller gegen Sevilla, kommt Hertha BSC. Drei Mannschaften, die nicht im Vorbeigehen zu schlagen sind. Mein

Wunsch ist mein Tipp: sieben Punkte sollten es sein, dann ist der Start geglückt.

Schlaufuchs Schlaudraffs Schlitzohrigkeit

Wenn es einen Auftaktgegner gibt, den man sich nicht wünscht, ist das sicher die TSG Hoffenheim. Unbeliebt wie kaum ein anderer Club in der Liga, ein „Dorfverein" aus Süddeutschland, aufgestiegen zum Bundesligisten mit massiver Unterstützung ihres schwerreichen Mäzens Dietmar Hopp, sportlich zwischenzeitlich sehr erfolgreich und mit Ambitionen, international zu spielen. Mit ihrem neuen Trainer Holger Stanislawski sind die Süddeutschen überhaupt nicht einzuschätzen, könnten leicht zum ersten Stolperstein der Saison werden.

Wir sind rechtzeitig im Stadion, um uns den neuen „Nachbarn" vorzustellen. Klausi, Ralf, Thomas, wir versuchen uns die Namen zu merken. Thomas, rechts von mir, merkt an, dass die Fan-Kurve der „Hoppenheimer" nicht einmal zur Hälfte gefüllt sei.

„Tja", kommt meine trockene Antwort, „dabei ist fast der ganze Ort mitgekommen."

Thomas schmunzelt, ich habe ein gutes Gefühl. „96, aaalte Liebehee ...", mein Herz hüpft, als unsere Jungs einlaufen. Werden sie einen guten Start haben? Es wird ein Spiel mit einem richtigen Schmankerl, einer Mannschaft der Roten, die von Anfang an zeigt, dass sie etwas erreichen will und das am Ende auch verdient schafft.

Die ersten Minuten plätschern ein wenig, von Taktik geprägt, würden Journalisten wohl schreiben. Ein bisschen Nervosität kommt auf, als Obasi nach einer Ecke in der 9. Minute zum Schuss kommt, doch das Ergebnis ist viel zu harmlos für Zieler. Fünf Minuten später haut „Serginho" Pinto drauf, abgefälscht, Starke hält. Eine Minute später wird's lustig. Freistoß für die Roten, halbrechts, vielleicht gut 20 Meter vom Tor. Ich betrachte ungeduldig, wie die Hoffenheimer trödeln, eine Mauer zu bauen. Schlaudraff redet irgendwas mit dem Schiedsrichter, geht dann ganz gelassen auf den Ball zu und haut das Ding mal eben in den Winkel. Ein irritiertes Staunen zieht durch das Stadion, ein Pfiff des Schiedsrichters, wir sehen uns fragend an, dann folgt die Geste, die uns alle glücklich macht: Tor für die Roten, Hannover EEEEEEEEEEEEINNS, Hoffenheim: NUUUUUUUUULLL (15.).

Der Gegner ist nicht amüsiert, wir hingegen schon. Schlaudraffs Schlitzohrigkeit beschert uns ein weiteres „Tor aus dem Nichts". So kann es weitergehen! Tut es aber nicht, im Gegenteil. Schon drei Minuten später ein langer Ball der Hoffenheimer aus dem Mittelfeld, Verlängerung per Kopf auf Johnson, der allein auf Zieler am rechten Torraumeck zustürmt, bis Pogatetz ihm die Beine wegzieht. Elfmeter für Hoffenheim. Salihovic verwandelt das Ding sicher halbhoch links, 1:1 (18.).

Verflixt, ist das wieder die Freudenseuche? Das Tor zu sehr feiern, und schon hat man sich selbst eines gefangen? Kippt nun das Spiel? Mitnichten, unsere Roten bleiben zunächst Herr im Haus. Mit ruhigen, konzentrierten Angriffen bearbeiten sie einen Gegner, der merkwürdig passiv dasteht. Ich bekomme dieses Gefühl, dass es heute gut werden wird. 96 ist nicht geschockt, macht munter weiter. In der 29. Minute ein fast kurioses Gestochel auf der rechten Außenposition, irgendwie prallt der Ball wohl von Stindl zu Schlaudraff. Braafheid beschließt, die Sportart zu wechseln und nietet Schlauffi mit einer Art Kung-Fu-Sprung um. Klarer Elfer!

Die Dummheitszitrone für den ersten Spieltag geht schon jetzt eindeutig nach Hoffenheim. Moa Abdellaoue lässt sich nicht lange bitten, flach, sicher, drin, 2:1 (30.). Das Stadion tobt! Herrlich, die Stimmung, trotz nicht ganz gefüllter Ränge. Bis zur Pause bleibt 96 klar besser, allerdings nicht torgefährlich. Hoffenheim kommt lediglich zu zwei harmlosen Versuchen (Johnson, 42., Salihovic, 45.) vor der Halbzeit.

Nach der Halbzeit wird es etwas zäh. Hoffenheim, engagiert, aber limitiert, spielt unbeholfen und unbeweglich gegen eine flexible rote Wand, die dort ist, wo es gefährlich werden könnte. 96 seinerseits ist nicht mehr so aktiv und kontrolliert auf dem Weg nach vorne, wirkt zufrieden mit dem Ergebnis. Ein riskantes Spiel. Die erste nennenswerte Aktion ist ein ordentlicher Schuss von Rudy auf das Tor von Zieler in der 68. Minute, knapp vorbei. Es wird ruhig im Stadion, aber nicht „unruhig-ruhig". Es klingt eher nach Gelassenheit.

Erst eine viertel Stunde vor Schluss ein Lebenszeichen von Abdellaoue, doch Starke ist auf dem Posten. Firmino, von Stanislawski eingewechselt, kommt noch zu zwei Chancen, scheitert aber an Zieler (77.), kommt dann einen Schritt zu spät (79.). Durchatmen, durchhalten, durchbeißen … das Gefühl, dass alles gut wird, hat sich verflüchtigt. Die Stadionuhr will nicht so richtig laufen. Wo ist die Energie der ersten Halbzeit nur geblieben? Endlich, endlich ist der Schlusspfiff da. Sieg, drei Punkte im Sack, dank der ersten Halbzeit verdient. Nur, warum so spannend?

Egal, Hoffenheim hat am Ende nichts verschenkt, die Punkte sind erarbeitet. Der Start ist geglückt. Schön auch, dass Pander und Hauger zu Kurzeinsätzen kommen. Wir klatschen ab, verabschieden die Jungs mit dem verdienten Applaus und gönnen uns ein entspanntes Restwochenende. So könnte ein zweites Märchen beginnen, oder?

Moa gnadenlos effektiv

Was kann man erwarten, wenn man in dieser Saison am zweiten Spieltag nach Nürnberg fährt? Nürnberg, letzte Saison beachtlich, hat einige Spieler abgegeben. Hecking, Ex-96-Trainer und rhetorisch gereift, nutzt dies zum rhetorischen Winkelzug, erklärt 96 zum Favoriten. Sein Understatement wird sich durch die ganze Saison ziehen. Für mich ist der „Club" kein Abstiegskandidat. Eher denke ich, dass dort klammheimlich danach geguckt wird, wie man mal den Fuß in die Tür nach Europa bekommt. Das erste Spiel brachte den Lebkuchenstädtern immerhin einen Sieg bei Hertha BSC.

Wie so viele Auswärtsspiele sehen wir auch dieses im Ferry. Gutes Wetter, gut gelaunt, leckere Bratwurst vom Grill. Das könnte ein perfekter Tag werden. Aber wo stehen die Roten wirklich? Hecking startet unter anderem mit Esswein, den ich sehr gern auch bei den Roten sehen würde. 96 wieder ohne Ya Konan, genau wie in der letzten Woche. Never change a winning team?! Wir geben Tipps ab, ich, schüchtern, 1:1, Peter, leicht blau, 0:8, Jannik, mein Sohn, setzt auf einen 3:1-Auswärtssieg.

Das Spiel beginnt schleppend. Zwei disziplinierte Mannschaften mit wenig Mut zu riskanten Aktionen. So passiert erst nach 13

Minuten ein bisschen was, als Pekhart von Esswein in der Mitte bedient wird. Doch der verfehlt das Tor. Zwei Minuten später wird das Attribut „effektiv" zum prägenden Begriff für dieses Spiel, speziell für Moa Abdellaoue. Doppelpass auf der rechten Angriffsseite der Roten, Chahed flankt schön vors Tor, wo Moa den Ball aus fünf Metern nur noch über die Linie drücken muss (18.). So geht Fußball! Bombenstimmung im gut gefüllten Ferry, Abklatschen, und hier und da hört man wieder die Europapokal-Gesänge.

Abdellaoue hat noch nicht fertig, er wird an allen Torszenen der Roten beteiligt sein. OK, man kann darüber maulen, dass es nur zwei sind, aber … Nichts Bemerkenswertes passiert, bis Stindl in der 27. Minute drauf hält. Schäfer klatscht nur ab, ein gefundenes Fressen für Tormaschine Moa. Er sammelt den Abpraller ein, geht aufs Tor zu und wird von Schäfer umgesenst. Elfmeter, klar berechtigt. Rausch schnappt sich das Leder, für mich etwas überraschend. Weiß der, was er tut? Er weiß es. Sicher verwandelt unsere sibirische Lokomotive rechts unten, 2:0 (28.). Soll am Ende Peter richtig liegen? Das wollen die Nürnberger nicht, versuchen alles und kommen zu Chancen. Ein strammer Schuss von Pekhart (41.), ein gefährlicher Kopfball von Klose (42.), doch zum Pausentee hat das 0:2 Bestand. Relaxte Sommerstimmung überall um uns herum.

Der Club kommt mit Wut im Bauch aus der Kabine und gibt richtig Gas. Man sieht, dass diese Mannschaft Herz hat. Mit Eigler und Hegeler wechselt Hecking mehr Energie und Spielqualität ein. Die Roten nur noch defensiv, offensiv findet nichts statt. Erneut köpft Klose gefährlich (52.), knapp drüber. Kurz darauf zieht Eigler ab (54.), noch steht die Null. Doch dann, für meinen Geschmack zu früh, der Anschluss für Heckings tapfere Jungs. Chandlers Flanke findet Pekhart, der aus sechs Metern fast nichts mehr falsch machen kann, 1:2 (56.). Wird das gut gehen? Nürnberg ackert weiter, Klose köpft zum dritten Mal fast unbedrängt (59.). Hat keiner mitbekommen, dass der lange Bursche ein guter Kopfballspieler ist? In der 65. Minute zieht Wollscheid ab, der abgefälschte Ball geht rechts vorbei.

Allmählich wird das Spiel ruhiger, die Einwechselungen von Ya Konan und Stoppelkamp helfen dem Angriffsspiel allerdings wenig. Die Franken scheinen ihr Pulver verschossen zu haben, es passiert nicht mehr viel. In der 82. Minute muss Pinola behandelt werden. Der Club kann nicht mehr wechseln, spielt zu zehnt zu Ende. Dennoch kommt nochmals Klose aus vier (!) Metern frei zum Kopfball, trifft aber erneut das Tor nicht. Stirn abtupfen, Mund abputzen, Daumen drücken! Warum kommt keine Entlastung?

Die Nürnberger kämpfen bis zum Schluss. Vier Minuten Nachspielzeit. In der 92. Freistoß Feulner von rechts, Zieler faustet den Ball weg. Unmittelbar vor Schluss noch einmal Pekhart, erneut steht Zieler richtig. Dann, nach gefühlten 108. Minuten, endlich der Schlusspfiff. Die ganze Zeit war das Ferry angespannt, unruhig, mäkelig. Nun ist eine verhaltene Freude da, von viel, viel Glück ist die Rede und davon, dass man gegen stärkere Gegner für so eine Leistung bestraft wird. Irgendwie spürt man so etwas wie eine typisch Hannoversche Euphorie: das war toll, aber ...

Eines ist amtlich: Sechs Punkte sind im Sack. Die Marschrichtung stimmt. Unsere Märchenhelden halten Kurs. Gut so, denn nun wartet das erste Highlight der Saison: der Schritt durch die Tür nach Europa beschert uns eine spanische Star-Truppe. Nicht viele würden darauf wetten, dass die Roten hier mehr als einen Achtungserfolg schaffen.

18.8.2011
96 – FC SEVILLA

Europaphorie, erster Akt, erster Aufzug
Fußball-Niemandsland bezwingt Belle Etage

Europapokal-Premiere nach 19 Jahren Entzug in Hannover. Im Vorfeld des Spiels gab es geradezu tumultartige Szenen und ziemliche Pannen im Kartenvorverkauf. Schon vor Sonnenaufgang waren die ersten zum „freien Verkauf" am Fan-Shop gewesen, geduldig wartend. Als ich aus einem anderen Grund dort eintreffe, ist es bereits 11h, der Vorverkauf läuft seit mehr als einer Stunde. Geduldig und – noch – fröhlich stehen die Kartenkäufer Schlange, plaudern oder schweigen, manche singen Fan-Lieder. Auch die Dauerkarten-Inhaber mussten geduldig sein, der Kartenversand hatte offenbar den Dienstleister an seine Grenzen gebracht. 96 sieht sich teils harscher, wohl auch berechtigter, Kritik ausgesetzt. All das ist nun ausgeblendet, als wir uns auf dem Weg in die Arena machen, um 96 gegen Sevilla zu bewundern. Die Stadt ist bunt, laut und friedlich. Überall kraftvolle Gesänge, aber nur wenige Spanier muten sich diese Reise ins deutsche „Fußball-Niemandsland" zu. Zu selbstverständlich ist es, dass der spanische Promenier-Club gegen den deutschen Noname seine Pflicht erfüllt, oder?

Was für ein wundervoller Abend. Schon seit Tagen spüre ich die Vorfreude, nun, endlich, geht es los! Vergessen ist das Theater um die teils chaotische Kartenzustellung, jetzt zählt nur noch das Spiel. Ein schöner, milder Sommerabend, wie gemalt für ein tolles Fußballspiel. Doch das erwarte ich eigentlich gar nicht. Zu oft schon habe ich, gerade in Hinspielen, Europapokal-Langweiler gesehen, Mittelfeldgeplänkel, 90-minütige Pinkelpausen. Aber irgendwie habe ich dieses gute Gefühl ...

Vor dem Stadion steigt der Adrenalin-Spiegel. Im Eingangsbereich eine Truppe von fünf, sechs kräftigen Jungs. Sie stimmen die Fan-Lieder an. Meine Ohren erfahren einen Härtetest, nicht den letzten an diesem Abend. Ich muss schmunzeln, als zwei Meter weiter vorn eine etwas robuste Frau alleine nochmals das Europapokallied anstimmt. Mit weit aufgerissenem Rachen gröhlt sie, was das Zeug hält, das Gesicht verzerrt, mit Inbrunst und Begeisterung, freier Blick bis zu den Rachenmandeln. Das süße kleine Mädchen auf dem Arm eines jungen Vaters vor mir scheint nicht ganz glücklich über den Lärm, doch ihr Vater, selbst am Singen, gibt ihr Halt und Wärme. Der Einlass klappt gut, reibungslos, mit toller Stimmung.

Oben, in N11 angekommen, ist die Gänsehaut da, und sie wird das gesamte Spiel über zur ständigen Begleiterin. Mit Papierblättern haben die Fans ganze Arbeit geleistet, eine wunderbare Choreo zum Einlauf zeigt die Richtung an. Diese Richtung, das sei vorweggenommen, wird nicht mehr verlassen, bis zum Ende nicht. Rhythmisches Klatschen, Singen, Aufstehen, Setzen, das wird der Fan-Takt für dieses Spiel. Die reinste Krankengymnastik.

Vom Anpfiff weg zeigen die Roten, dass sie keinerlei Angst vor dem großen Gegner haben. Sie eröffnen eine regelrechte Gala in der ersten Hälfte, allen voran Jan Schlaudraff. Der sieht in der 6. Minute die Lücke, wird von Moa perfekt bedient und düpiert Keeper Palop mit einem wunderbaren flachen Schuss ins kurze Eck. Mit dem rechten Außenrist überrascht er den Spanier. Es steht 1:0 und das Stadion steht Kopf. Grenzenlose Freude in den Gesichtern, Hüpfen, Bierduschen, Fäuste recken, Abklatschen ... ein Meer von Jubel. Wolke sieben, voll besetzt. Hannover träumt von mehr.

Schon drei Minuten später ist Rausch in ähnlicher Position frei, zieht ab. Dieses Mal ist Palop auf dem Posten, reißt die Fäuste hoch und pariert, tolle Szene von beiden. Die Roten, klar Herr im Haus, lassen wenig zu. Doch dem halben Stadion stockt der Atem, als in der 31. Minute ein abgefälschter Ball an den Pfosten klatscht. War Zieler da noch dran? Egal. 96 lässt sich nicht erschrecken, marschiert weiter. Rechts tankt sich Schmiedi gegen Gonzalez durch, legt auf den kurzen Pfosten zu Moa. Dessen kernige Direktabnahme entschärft Palop erneut mit den Fäusten (34.).

Dann patzt Dolobama. Schlimmer Fehlpass am eigenen Strafraum. Die Spanier reagieren blitzartig, stecken durch auf Nevegro und der bedient den freistehenden Kanouté – der Ausgleich. „Ohje, brechen wir jetzt ein?", werde ich wohl nicht als Einziger gedacht haben.

Pustekuchen. Die Maschine läuft weiter im oberen Drehzahlbereich. Nicht mehr ganz so kernig, aber mit Herz. Die Roten bleiben dran, wollen mehr – und bekommen, was sie verdienen. Schlaudraff, erneut auf der linken Seite, spielt Schmiedebach fast ein wenig zu ungenau an. Doch der nutzt seine tolle Technik für einen genialen Lupfer, den Schlauffi direkt – mit dem Außenrist – in die lange Ecke drückt. Erneut keine Chance für Palop. Ein wunderbares Tor, 2:1!!! In der Arena ist Halbzeit, in Hannover ist Karneval!

Die zweite Halbzeit wird, zugegeben, etwas unansehnlicher aus Sicht der Roten. Die Spanier versuchen, das Spiel in die Hand zu nehmen. Lange Ballstafetten, die von den Zuschauern mit teils ohrenbetäubenden Pfiffen kommentiert werden. Richtig gefährlich werden sie selten. Immer kriegt noch ein Roter ein Bein dazwischen, wenn es brenzlig wird. Auch bei den Standards sind sie hellwach, kaum wirkliche Torgefahr durch Sevilla. Es wird ruppiger, vier Gelbe verteilt der Holländer, zwei, drei mehr wären durchaus drin gewesen. Die Fans nehmen es gelassen: es wird geklatscht, aufgestanden, hingesetzt, gesungen, wieder aufgestanden. Bei all dem Trubel bleibt die La-Ola-Welle auf der Strecke, die muss bis nach dem Abpfiff warten.

Der leidenschaftlichste Moment der zweiten Hälfte wird die 75. Minute. Schlaudraff wird ausgewechselt, das Stadion brennt! Der Lärm erreicht einen Pegel, dass der Stadionsprecher kaum noch zu hören ist. Ya Konan kommt. Er wird ein, zwei gutes Szenen haben. Die beste, als er in Linksaußen-Position den Spaniern eine Techniklehrstunde erteilt und Pinto anspielt, der nur knapp das Tor verfehlt. Verflixt, der hätte ruhig drin sein können! Später folgt Pander für Rausch, auch er zeigt gute Ansätze, kurz vor Ende auch noch Hauger.

Drei Minuten Nachspielzeit ... die kommen mir länger vor als die 90 Minuten, die ich schon gesehen habe. Wird den Spaniern doch noch ein Tor gelingen? Wäre nicht das erste Mal, dass ein bitteres Ende für deutsche Teams zu verbuchen wäre. Nein, auch der letzte Freistoß verpufft im Nirgendwo. Abpfiff, Sieg, Applaus ohne Ende!

Die müden Kämpfer werden bei ihrer Ehrenrunde gebührend verabschiedet. Das Stadion steht und zeigt Respekt, mehr als das. Es lebt, feiert, genießt mit der Mannschaft! Kaum einer wird jetzt daran denken, was am 25.8. nach dem Rückspiel zu Buche steht. Was zählt, ist diese wunderbare, verdiente und ergreifende Emotion, die nun für sechs Tage unser Begleiter sein wird. Hannover, das ist in diesen Tagen Sevilla-Euphorie. Eine Stadt voller fröhlichmüder Gesichter. Ein neuer Infekt hat Hannovers Fans erfasst: Europaphorie! Lässt sich diese Begeisterung in ein Bundesliga-Spiel mitnehmen, in dem der Gegner einen weniger klangvollen Namen hat?

Zwei Freistoßtore der Roten
reichen nur für ein 1:1

Wenn man nach zwei Spielen sechs Punkte hat, darf man vor einem Gegner wie Hertha keine Angst haben. Schon gar nicht, wenn man soeben Sevilla 2:1 geschlagen hat. Doch das ist ja so eine Sache mit den Erfolgen. Sie schaffen Selbstvertrauen, sicher. Aber schnell verführen sie zu Selbstüberschätzung. Wie oft haben die Roten nach ein, zwei Glanzleistungen einen Dämpfer bekommen, der sich gewaschen hat? Hertha ist im ersten Heimspiel desolat aufgetreten, hat aber in Hamburg den HSV schwindlig gespielt, dort aber trotz dicker Chancen nur ein Unentschieden mitgenommen.

„Nicht unterschätzen", ist mein penetranter Gedanke, als wir in der Arena Platz nehmen. Hertha, zum zweiten Mal in Folge auswärts, hat Beton angerührt. Die Roten versuchen, kontrolliert anzugreifen. Zehn-Sekunden-Attacken sind gegen diesen defensiven Gegner wohl nicht möglich. Es dauert bis zur zehnten Minute, bis die erste Torszene stattfindet. Pinto zirkelt einen Freistoß vors Tor, wo Haggui zum Kopfball hochsteigt. Kraft pariert auf Kosten einer Ecke. Die landet am linken Strafraumeck, wo Rausch abzieht, aber nur das Außennetz trifft (11.).

„Das wird wohl harte Arbeit heute", murmele ich meinem Sohn zu.

Kurz darauf „bedient" Berlins Raffael Moa an der Strafraumgrenze, der den Ball aber nicht richtig trifft (19.). Da war mehr drin! Wenn es aus dem Spiel nicht klappt ... 33. Minute, Freistoß für 96 aus ca. 30 Metern Entfernung. Pinto, der Mann für die schrägen Schüsse, nimmt sich die Freiheit, einfach drauf zu hauen. Er trifft genau die Lücke, die Raffael hinterlassen hat. Der Ball knallt ins kurze Eck, wo er Kraft unter den Händen durchrutscht. Hannover: EINS! Hertha: Nuuuuuuull (33.)! Löst dieses Tor den Knoten, um das Spiel zu beleben? Pinto schießt nun bei jeder Gelegenheit (Freistoß 37., Fernschuss 40.), hat aber kein Glück mehr. In der 42. legt Moa für Rausch mit der Hacke auf, doch der kriegt den Ball nicht richtig mit. Nun kommen tatsächlich noch einmal die Gäste: Schneller Gegenzug über links, an der Strafraumgrenze lauert Raffael. Der zieht direkt ab, verfehlt aber das Tor. Durchatmen. Wir nehmen das verdiente 1:0 mit in die Kabine.

In der Halbzeit sind wir uns einig, dass das Ergebnis und das Spiel ein bisschen zu wenig ist gegen dürftige Berliner. Das kann ins Auge gehen. Tatsächlich machen die Gäste nach der Pause etwas mehr, doch die erste Szene gehört Pinto. Der nimmt eine kurze Ecke an, umspielt die Gegner und passt flach vors Tor. Dort findet sich aber niemand zur Verwertung (48.). Es wird nicklig, für meinen Geschmack zu nicklig. Kein schöner Fußball, auch Dank einem unsicheren Leiter. Schiedsrichter Hartmann zeigt wenig Linie, das Stadion wird unruhig. Ansonsten bleibt das Spiel zerfahren.

Plötzlich, nach 64 Minuten, gibt es Arbeit für Zieler, der einen Kopfball von Ebert klasse pariert. Stoppelkamp kommt auf der Gegenseite zum Abschluss, aber verzieht deutlich (68.). Das Spiel wird zum Ende unterhaltsam, weil die Berliner doch noch Fußball spielen. Lell zieht aus dem Hintergrund ab, knapp drüber (82.). Wie lange geht das gut? Genau eine Minute! Da kommt auf der rechten Seite Lell durch, der Lasogga am kurzen Pfosten bedient. Der zirkelt den Ball flach ins lange Eck, 1:1 (83.). Plötzlich ist Hertha am Drücker, Ramos (86.) und Raffael (87.) vergeben die mögliche Führung. Dann Freistoß für 96, fast an der Seitenlinie, wohl 25 Meter Torentfernung.

Pander, erneut eingewechselt, legt sich den Ball zurecht. Drei, vier Schritte Anlauf, dann kommt der Ball mit Kraft und reichlich Effet aufs Berliner Tor und landet hoch im langen Eck. „Tooooooooooooor!" brüllen 40.000 Kehlen, doch der Jubel erstickt im Entsetzen der Fans, als der Schiri auf Freistoß für Hertha entscheidet. Das Tüpfelchen auf dem I, die Krönung einer schwachen Gesamtleistung. Wohl als Einziger in der Arena will Hartmann ein Foul von Ya Konan gesehen haben – und rettet Berlin mit dieser klaren Fehlentscheidung einen Punkt. Nicht völlig unverdient, aber bitter. Die gellenden Pfiffe am Ende gelten Herrn Hartmann.

Mein Tipp, sieben Punkte nach drei Spielen, geht mir am Allerwertesten vorbei, als wir in gedrückter Stimmung die Arena verlassen. Zig Mal betrachte ich die Bilder vom Freistoß im TV und frage mich, warum uns unser Lieblingsergebnis genommen wurde. Das 2:1 wäre das vierte hintereinander gewesen. Wir „Roten" verlassen heute irgendwie alle die Arena mit dem Gefühl, mit leeren Händen zu gehen. Aber immerhin: der Saisonstart hat geklappt. Noch etwas sollte uns Mut machen: mit Mainz wartet ein Gegner auf uns, den man schlagen kann. Gut gestartet, aber in der Europa-League-Qualifikation auf ziemlich dusslige Weise an einem vergleichsweise unbekannten rumänischen Club gescheitert. Dagegen haben die Roten vor dem Duell gegen die Karnevalisten ein ganz anderes Kaliber vor der Flinte: im Rückspiel gegen Sevilla muss schon alles passen, damit die Europa-League mehr als nur ein Sommermärchen bleibt.

25.8.2011
FC Sevilla – 96

Europaphorie, erster Akt, zweiter Aufzug
Wie man beim Kartenspiel gewinnt,
ohne zu siegen

Lange zittert Hannover, wann und wie das Rückspiel live im Fernsehen gezeigt wird. Während die ersten der ungefähr 3000 bis 3500 Fans sich mit VW-Käfer, Bahn oder Bus auf die Reise nach Andalusien machen, wird bekannt, dass Sport 1 überträgt. Immerhin, die schlimmsten Befürchtungen, dass Sevilla zu hoch pokern und viele Fans entsprechend frustriert in die Röhre gucken könnten, bewahrheiten sich nicht. Für mich kommt nichts anderes in Frage, als im Ferry zu gucken. Frühes Kommen ist angesagt, also mache ich mich gegen 19:45h auf, um unseren Stammplatz zu sichern. Am Eingang treffe ich Marit, beide sind wir fröhlich, aber ebenso angespannt. Das wird noch drei Stunden so bleiben.

Das Ferry füllt sich drinnen und draußen, wo mit einem schönen Biergarten für wunderbare Public-Viewing-Atmosphäre gesorgt ist. Alle sind in dieser Mischung aus Vorfreude und Spannung gefangen. Die Uhr scheint sich nicht zu bewegen, während wir auf das Spiel warten. Peter kommt, schon leicht beschwipst, und raucht, als würde er es bezahlt kriegen. Steffi, nach eigenem Bekenntnis eher ahnungslos in Sachen Fußball, sitzt in fröhlicher Erwartung mit am Tisch und entspannt uns mit ihrem Lächeln. Die Curry-Pommes hilft, sich zu beschäftigen, bis es endlich losgeht.

Dann ist es so weit. Das spanische TV blendet erst Ya Konan ein, doch es spielt die aktuelle Stammbesetzung, Didier bleibt auf der Bank. Anpfiff, tolle Atmosphäre. Man hört fast nur die Spanier, was allerdings einen bemerkenswerten Grund hat: Sevilla bzw. das spanische TV hat die Mikros vor Hannovers Fanblock einfach entfernt! Nun gut, das Kribbeln ist da, mein Puls hoch, still sitzen eine Herausforderung. Selten hat mich ein Spiel schon im Vorfeld dermaßen gepackt.

Die Spanier wollen sofort zeigen, wer Herr im Haus ist, mit allen Mitteln. Die Roten halten mit aggressivem Abwehrverhalten dagegen. Schon in der 6. Minute köpft Kanouté gefährlich, Zieler pariert souverän – wie fast das gesamte restliche Spiel über. Eine Minute später spielt Schlaudraff an der gegnerischen Grundlinie Alexis schwindlig. Der Spanier zieht ihn von hinten um und sieht gelb. Das reinste Kartenspiel beginnt. Die Spanier weiter offensiv. In der 15. Minute haut Negredo aus spitzem Winkel den Ball an den Innenpfosten, Trochowski im Nachschuss vorbei. Durchatmen! Das hätte dem Spiel eine Richtung geben können. So bleibt es beim 0:0.

96 ist aber gut im Spiel. Zweikämpfe werden gewonnen, eigene Angriffe gestartet. Der dritte richtig gefährliche wird zum Traum: Rausch mit Höchsttempo über links, zieht eine präzise Flanke auf den kurzen Pfosten. Dort rauscht Moa Abdellaoue heran, nimmt den Ball artistisch mit links und versenkt die Kugel unhaltbar im gegnerischen Tor. Weltklasse – so geht Fußball, 0:1 (23. Minute)! Die Roten mit einem Bein in der Gruppenphase! Das Ferry brennt geradezu vor Freude und Euphorie, wildfremde Menschen klatschen sich ab, umarmen sich.

Sevilla braucht etwas, um sich zu erholen. Erneut Negredo mit einem Fernschuss, wieder pariert Zieler souverän. In der 35. Minute verpasst Schmiedebach mit schönem Fernschuss nur knapp das Tor – und das 2:0, das dann wohl die Entscheidung sein könnte. Es bleibt den Roten vorbehalten, das nächste Tor zu machen – leider trifft Pogatez ins eigene. Ein harmloser Flankenball springt vor dem Österreicher auf, an dessen Schienbein und von dort ins eigene Tor. Entsetzen, Frust, Mitleid und Irritation vermischen sich zu einer eigenartigen Stille. Die Uhr läuft irrsinnig langsam auf die Halbzeit zu. Brechen die Spanier den Widerstand? Eindeutig nein: Slomkas Eurofighter halten Sevilla geschickt vom Strafraum fern, auch auf Kosten von Karten. Stindl zieht am Trikot von Perotti und sieht gelb. Dann ist Halbzeit.

„Wir machen noch ein Tor!",ist der Tenor der Gespräche in der Pause. Alle sind kribbelig, fröhlich-angespannt, Puls deutlich erhöht. Marit sitzt schon das ganze Spiel über wie eine Jungfrau vor der Hochzeit am Tisch. Was für ein wunderbares Fußball-Erlebnis. Schon jetzt sind wir uns einig: wenn wir das nicht schaffen, dann haben unsere Jungs auf jeden Fall eine fantastische Leistung gezeigt. Dankbarkeit, Stolz und Freude sind Geschenke an die Fans, schon jetzt. Es wird sich noch steigern.

Anpfiff zur zweiten Hälfte. Es wird eine hitzige, eine intensive Halbzeit. Kein Zentimeter Platz wird verschenkt. Sevilla will es wissen, 96 hält dagegen. 50. Minute, Freistoß von links, spitzer Winkel. Perotti versucht es direkt – nicht gegen Zieler, der glänzend pariert. 57. Minute, Freistoß hoch auf Escudé, der knapp vorbei köpft. Zweikämpfe, wo immer es geht. 60. Minute, Zieler angelt Negredo den Ball vom Fuß. Im Gegenzug pariert Palop Stindls Fernschuss. In der Folge einige Distanzschüsse von beiden Mannschaften. Riesenaufregung, als Palop in der 74. Minute Schlaudraff im Strafraum umsäbelt – kein Elfer, das Ferry kocht.

Der war so klar, dass meine Oma ihn gepfiffen hätte! Minutenlang zittern wir, ob das die entscheidende Szene wird. Allmählich bekomme ich den Eindruck, dass die Spanier nachlassen. Peter plappert und schimpft wie ein Rohrspatz. Das Kartenspiel geht weiter, die Roten wechseln sich ab, als wenn jeder eine „Gelbe" mit nachhause nehmen möchte. Schrecksekunde, erneut durch Pogatetz verursacht, in der 78. Minute: Freistoß von Trochowski, abgefälscht, aber der Ball rollt knapp am Tor vorbei. Das wäre es noch gewesen.

Die Spieluhr läuft in Zeitlupe ... Der letzte Aufreger: Medel tritt wie ein Wilder nach Pintos Hand, trifft auch noch den Fuß – glatt rot! Nun ist nur noch Sekundenzählen angesagt. Das „Kartenspiel" endet mit einem Unentschieden, mit dem die Roten gewinnen! Die Spanier, nun endgültig gebrochen, ergeben sich in ihr Schicksal. Noch ein paar Sekunden ungläubigen Zitterns, dann ist es vollbracht: 96 ist in der Gruppenphase: Was für ein unglaublicher Abend! Die Europaphorie in Hannover geht weiter – es scheint, das Märchen ist noch nicht zu Ende!

Wir genießen die Stimmung noch einige Minuten, können es noch gar nicht fassen. Sevilla, eine der richtig guten Adressen in Europas Fußball, aus dem Wettbewerb gekegelt! Das kleine niedersächsische „Fußballdorf" ringt die übermächtigen spanischen Legionäre nieder, und das verdient! Das europäische Märchen der Roten kann nun richtig beginnen!

Doch zunächst ist wieder Alltag in der Bundesliga. Gegen Mainz 05 gilt es, den guten Start fortzuführen. Wird es gelingen, nach diesem grandiosen Kampf genügend Kräfte zu mobilisieren, um Tuchels Truppe in Schach zu halten?

PRESSE-STREIFLICHTER:
HANNOVERS HUSARENRITT GEGEN SEVILLA
ERREGT BUNDESWEITE AUFMERKSAMKEIT

HAZ

Geschafft: Hannover 96 kann Europa!
Was für ein famoser Fußballabend: Hannover 96 hat es erstmals in die Gruppenphase der Europa League geschafft. Durch ein 1:1 (1:1) im Playoff-Rückspiel beim FC Sevilla machten die „Roten" den größten internationalen Erfolg in der Clubgeschichte perfekt.

Neue Presse
Hannover 96 hat die Reifeprüfung bestanden

BILD

Oléééé! Die 96-Fan-Fiesta geht weiter
Singende Menschen tanzen durch die Straßen, schwenken Fahnen, fallen sich um den Hals – unbeschreiblicher Jubel nach dem Weiterkommen der Roten im Europapokal!

Kicker

Medel sieht Rot beim Kartenfestival
Abdellaoue veredelt Rauschs Antritt

Spiegel Online:
Hannover schafft Sensation gegen Sevilla

Focus Online

Jubel über Einzug in die Gruppenphase

… Durch ein 1:1 im Playoff-Rückspiel beim FC Sevilla machte Hannover den größten internationalen Erfolg der Clubgeschichte perfekt.

Das Sevilla-Tor geht in Serie

So allmählich macht sich die Euphorie der letzten Saison wieder breit. Die Unkenrufe, die Mahner und Mäkler, sie reklamieren, dass vieles noch nicht so überzeugend aussah in der Liga, dass viel Glück dabei war bisher. Der erfolgreiche Start aber ist geglückt, die ersten Schritte sind gemacht. Hannover träumt von mehr. Gegen Mainz, da ist man sich einig, ist ein weiterer Erfolg möglich. Schalke hatte den Mainzern im eigenen Stadion nach einem 2:0 Rückstand noch vier Dinger eingeschenkt, spektakulär. Doch aufgepasst, die Karnevalisten haben immerhin schon Leverkusen bezwungen und in Freiburg gesiegt.

Erneut ist die Arena nicht ganz gefüllt, doch natürlich ist die Stimmung gut. Das kann man von meiner Stimme nicht ganz behaupten, sie leidet unter den vielen „Einsätzen". Emotionalität kann manchmal ganz schön weh tun. Dennoch, die Fans geben alles, um ihre Europa-League-Helden gebührend zu begrüßen. Die Überraschungs-Teams der letzten Saison, beide erneut mit Tuchfühlung nach oben, stehen am Scheideweg vor diesem Spiel: wer gewinnt, ist oben dran – wer verliert, wird ein bisschen den Anschluss verlieren.

„Ich weiß nicht recht, was das heute wird", unkt Thomas neben mir.

„Ja, das wird ein richtig schweres Spiel", fachsimpele ich mit.

So dürften viele im Stadion denken. Was kommt nach der Europaphorie im Bundesliga-Alltag?

Zunächst einmal kommt vor allem Mainz, und wie. Wir sitzen kaum auf unseren Plätzen, da klingelt es schon – und das im Tor der Roten! Nach Ballverlust von Stindl wird Risse diagonal geschickt, einsam und verlassen kann er seinen Pass von der Strafraumgrenze Richtung Elfmeterpunkt spielen, wo Allagui mit einem schönen Schuss verwandelt. 0:1, Entsetzen im Stadion. Wie kann man sich so übertölpeln lassen? Weckschuss oder Genickschuss?

Die Roten wirken nicht geschockt. Es entwickelt sich ein munteres Spiel mit vielen attraktiven Szenen. Nach sechs Minuten taucht Schmiedebach im Strafraum auf. Aus spitzem Winkel zwingt er Müller zu einer tollen Parade. Kurz darauf gibt „Dolobama" Cherundolo auf rechts Vollgas, von Schlaudraff geschickt. Seine gute Flanke auf Moa wird von Müller gerade noch mit den Fingerspitzen weggewischt (11.). Wir nicken uns zu – das können wir schaffen!

Auch die Mainzer spielen weiter. Urplötzlich steht Torschütze Allagui 5 Meter vorm Tor frei, doch sein Schuss verfehlt den Kasten (16.). Immer noch sind die Gäste gefährlicher, einen Freistoß von Stieber kann Zieler mit den Fingerspitzen an den Pfosten lenken (24.). Eine Minute später sieht unser Keeper etwas unglücklich aus, als er beim nächsten Freistoß an der Flanke vorbei segelt und Noveski frei zum Kopfball kommt. Erneut Aluminium, Dusel, Dusel, Dusel! Es könnte schon 0:3 stehen, doch die Roten sind noch im Spiel! Wir sterben tausend Tode auf der Tribüne, der notorische Meckerer links von uns rastet fast aus. Dann ein schöner Spielzug: Pinto auf Schlaudraff, der schickt die „sibirische Lokomotive" Rausch. Aus vollem Tempo drischt der eine schöne Flanke auf den Elfer zu. Dort nimmt Moa den Ball direkt, wunderschön, eine Kopie des Sevilla-Tores!

Es steht 1:1, ein wenig glücklich zu dem Zeitpunkt (30.). Aber wen schert's? Es geht hin und her, Freude und Atemnot wechseln sich ab, Slomkas Jungs sind aber nun deutlich zielstrebiger. Pintos Fernschuss wird geblockt (34.), Schlaudraffs Schlenzer schnappt sich Müller (37.), Stiebers Freistoß findet keinen Abnehmer. Dann ist Halbzeit. Verschnaufen, Bratwurst, Bierchen, erst einmal herunter fahren. Wir tupfen uns symbolisch die Stirn, als wir das Spiel diskutieren. Das kann noch unterhaltsam werden.

Offenbar mit Wut im Bauch kommen die Roten aus der Kabine. Die zweite Halbzeit sieht Mainz fast nur noch in der Defensive. Schon direkt nach der Halbzeitpause wird es brenzlig, Moa wird geblockt, den Abpraller drischt Pinto übers Tor. In der 48. kommt Ya Konan, für Schlaudraff, zu seinem bisher längsten Einsatz der Saison. Nach einer harmlosen Ecke der Mainzer kommt Stindl im Gegenzug zum Schuss. Müller kann zunächst nur abklatschen, den Abpraller dann aber sichern (52.). Kurz darauf kommt Schulz nach einer Ecke zum Abschluss, verzieht knapp (54.).

Chancen satt in der Arena, wann fällt das Tor? Nicht nach Rauschs Flanke von rechts, die sich auf die Latte senkt (57.). Auch nicht nach Stindls Schuss aus 15 Metern, den Müller spektakulär entschärft (58.). Plötzlich sind die Mainzer wieder da, Cherundolo muss zunächst gegen Choupo-Moting retten (62.), dann vor dem leeren Tor gegen Allagui. Hauchdünn das 1:2 vermieden, Puls anaerob!

Die Stimmung ist nun prima, auch wenn wir genug zu schimpfen haben. War in der ersten Halbzeit Mainz das Team, das seine Chancen nicht nutzte, sind nun die Roten fahrlässig. Ya Konan, Stindl, Schulz, Rausch vergeben reihenweise gute Möglichkeiten oder scheitern am Ex-96er Müller, der eine starke Partie zeigt. So steht es am Ende, unbefriedigend, aber irgendwie gerecht, 1:1.

Was für ein Spiel! Ich werde später im Forum schreiben, dass diejenigen, die immer nur gegen Bayern, Dortmund oder Schalke ins Stadion kommen, heute eindeutig bestraft wurden. Das war beste Fußball-Unterhaltung. Das Einzige, was fehlt, sind drei Punkte. Wird sich das später rächen? Immerhin, so muss man vor Stuttgart, ein Schatten alter, guter Zeiten, sicher keine Angst haben, oder? Horst, der wäre da anderer Meinung …

Penkmans Einwürfe I:
Über das Glück,
einen Horst um sich zu haben

„Mann, Mann, Mann, das gibt es doch gar nicht ...".

Jeder im Umkreis von 10 Metern kann es hören: Horst ist wieder in seinem Element. Das Spiel ist gerade einmal zwei Minuten alt, da weiß unser aller Orakel schon, dass die Katastrophe unvermeidlich ist. Verzeihung, ich hatte Ihnen Horst gar nicht vorgestellt! Horst ist irgendwie immer und überall dabei, wenn die Roten spielen. Er kennt sich aus, er weiß Bescheid, und vor allem weiß er eines: das wird in die Hose gehen, wenn 96 so weiter macht.

Sein Name tut eigentlich nichts zur Sache, er könnte auch Hans-Günther oder Peter heißen. Horst liegt alterstechnisch meist deutlich über dem Durchschnitt und neigt nicht selten zu erheblichem Übergewicht. Eines aber ist klar: so lange ich bei den Roten bin, ist er immer in der Nähe. Ob früher neben dem Sprecher-Turm in B9 oder heute in N11, ob in der Nordkurve, im Ferry oder im RSV-Restaurant: überall gibt es einen Horst, mindestens einen.

„Ist der blind? Wofür trainieren die denn die ganze Woche? Das kann doch wohl nicht wahr sein ...", unüberhörbar hat 96 den Ball verloren. Das darf natürlich einem Profi nicht passieren, schon gar nicht einem Hannoveraner! Horst hat früher selbst gespielt, er war praktisch fehlerfrei. Jedenfalls hat er seinem Gegner nicht so kampflos die Pille gegeben! Horst weiß es ganz sicher: die Jungs sind heutzutage einfach nicht hart genug. Alles weichgespülte Geldsäcke, die nichts anderes vorhaben, als Porsche oder Ferrari zu fahren und sich vor laufender Kamera interviewen zu lassen!

„Nun guck dir das wieder an, der kriegt noch nicht einmal *den* Ball aufs Tor!"

Es ist nicht erwähnenswert, dass gerade ein 95 Kilogramm schwerer Innenverteidiger unseren Stürmer im Klammergriff hat, der irgendwie noch versucht, so etwas wie einen Schuss hin zu bekommen – Horst kennt keine Gnade:

„Kann der sich nicht durchsetzen? Die müssen mal wieder Medizinbälle auf den Platz werfen. Fiffi Kronsbein hätte den schon längst ausgewechselt!"

Anfangs hatte ich meine Probleme mit Horst. Es wurde mir schnell zu viel, wenn schon nach fünf Minuten Spielzeit die Prognose abgeschlossen war, dass das heute ein Debakel wird.

„Mensch halt doch mal den Mund da hinten ..."

„Ist doch wahr, guck Dir die Graupen doch mal an. Die laufen nur hinterher mal wieder."

„Mensch, Dein Gemecker geht mir auf den Zeiger!"

„Bist Du blind oder was? Siehst Du nicht, was der müde Haufen da für 'ne Grütze zusammen spielt?"

Überflüssig zu erwähnen, dass diese Dialoge sich während des gesamten Spiels fortsetzten, sofern ich nicht, seinerzeit noch auf den Stehplätzen, die Reihe wechselte. Das war im halbvollen Niedersachsen-Stadion noch möglich, doch ganz sicher stand drei Reihen weiter der nächste „Horst". Es brauchte eine Weile, bis ich die Aussichtslosigkeit meines Unterfangens erfassen lernte: es gibt keinen Platz, an dem es keinen Horst gibt. In der AWD-Arena gibt es ohnehin kein Ausweichen mehr. Gott sei Dank habe ich mittlerweile dazugelernt und kann ohne größere Probleme einen Sitzplatz in unmittelbarer Nähe eines Horsts einnehmen.

Es gehört zur Persönlichkeitsentwicklung als 96-Fan, mit solchen Menschen umgehen zu lernen. Im Grunde sind Horst und alle seine Doubles keine schlechten Menschen, im Gegenteil: im Herzen sind sie so große Fans, dass sie die Sorge um ihre Roten fast in den Wahnsinn treibt. Ihr ständiges Gepolter und Gemecker sei wie bei vielen Gewalttätern der Schrei nach Liebe und Zuneigung, hat mir neulich ein Pädagoge erklärt. Das hat mir richtig weitergeholfen.

Allerdings ist es ohnehin schon lange so, dass ich mich mit den Horsts arrangiert habe. Sie sind genau genommen einer der Gründe, warum ich so gern in der Arena bin. Ohne ihre „sachlichen" Einwürfe würde mir irgendwie etwas fehlen. Man stelle sich das einmal vor: Du sitzt auf der Nordseite, und niemandem reißt nach fünf Minuten der Geduldsfaden. Keiner brüllt: „Ach Du Scheiße, das geht doch wieder volles Brett in die Hose!" oder

„Mensch Du Blinder, wofür kriegst Du eigentlich die ganze Kohle?"

Kaum zwei Minuten später schießt der vermeintlich Blinde ein Traumtor, doch das kann Horst nicht erschüttern:

„Das gibt's doch gar nicht, hat der einen Dusel! Aber pass mal auf, der nächste geht wieder Richtung Eckfahne! Der trifft doch sonst kein Scheunentor auf drei Meter!"

Auch Siege der Roten, seien sie auch noch so souverän, können unseren Experten nicht in seinem Weltbild erschüttern. Messerscharf wird er alle guten Szenen des Gegners herunter beten können und erklären, dass nur die Blindheit der unterlegenen Mannschaft am Ende zum Glück gereicht hat. Aber das nächste Mal, da kommen andere Kaliber, das weiß Horst schon jetzt. Wenn da nicht bald etwas passiert, geht hier alles den Bach runter.

Für die Horsts dieser Welt müssen die vergangenen zwei Jahre nicht einfach gewesen sein. Ihr Weltbild ist tief erschüttert, kann man doch mit einer Mannschaft, die ihrer Meinung nach wenn überhaupt gerade einmal bundesligatauglich ist zweimal hintereinander die Europa-League-Qualifikation erreichen und dort sogar bis ins Viertelfinale vordringen.

Gott sei Dank haben die Spanier dann die Welt wieder in Ordnung gebracht. Was wäre wohl gewesen, wenn 96 am Ende sogar noch Atletico Madrid in die Knie gezwungen hätte? Die hannoverschen Therapeuten hätten sich auf eine komplett neue, schwer therapierbare Klientel einstellen müssen! Doch das ist ja gerade noch einmal gut gegangen.

Aber bald können sich die Horsts um uns herum auf eine neue Saison vorbereiten. Verlorene Vorbereitungsspiele gegen Drittligisten etwa werden ihr Seelenheil wieder ins Gleichgewicht bringen, denn sie haben es ja schon immer gewusst: mit der Truppe, das kann nicht gut gehen ...

Das japanische Schreckgespenst

Länderspielpause, eine gute Gelegenheit sich etwas zu erholen. Sicher haben die Europa-League-Auftritte Kraft gekostet. Ausgerechnet in diese Erholungsphase hinein kommt die Meldung, dass Marcus Miller sich wegen eines allgemeinen Erschöpfungssyndroms behandeln lassen muss. Erinnerungen an Enkes Freitod werden fast zwangsläufig wach, die Stimmung im Umfeld der Roten ist plötzlich bedrückt, besorgt und verhangen. Wird das die nächste Tragödie? Schwer zu sagen, ebenso schwer wie die Frage zu beantworten, ob und wie sehr diese Nachricht unsere Profis belastet. Die Liga zumindest läuft unbarmherzig weiter. The show must go on!

Nun geht es nach Stuttgart, kein gutes Pflaster für die Roten. 2007 konnten wir dort einmal gewinnen, davor zuletzt 1971. Ansonsten gibt es an der Canstatter Wasn fast immer auf die Mütze für Hannover. Zeit, das zu ändern. Wenn nicht jetzt, wann dann? Die Stuttgarter sind schlecht gestartet, konnten in der letzten Saison erst spät den Abstieg vermeiden. Ganz nebenbei haben wir ja aus der letzten Saison noch eine Rechnung offen, als die Schwaben uns fast die Europa-League-Qualifikation vermasselt hätten.

Mal wieder sind wir im Ferry. Natürlich ist Peter in Redelaune, natürlich sind wir optimistisch. Bislang war nicht alles Gold, was glänzte. Doch die Richtung stimmt, ganz eindeutig. Slomkas Jungs haben bestätigt, dass sie zu den ernst zu nehmenden Aspiranten auf europäische Plätze zählen. Dann sollte auch im Ländle etwas zu holen sein.

Labbadia, nicht eben mein Lieblingstrainer, hat umgestellt, unter anderem Okazaki für Hajnal. Der Name erzeugt bei mir Magengrummeln. Nicht zu Unrecht, wie wir schnell feststellen müssen. Doch zunächst geht es ruppig los. Ellbogen-Check von Molinaro gegen Cherundolo, unser US-Boy muss blutend den Platz verlassen zur Behandlung. Keine Verwarnung für den Italiener, wie kann man das übersehen? In Überzahl hat Boulahrouz reichlich Platz und kann Zieler aus 20 m prüfen. Der steht jedoch sicher (5.). Kurz darauf taucht Harnik vor unserem Tor auf, doch Zieler ist eher am Ball (6.). Dann ist Dolo wieder dabei, doch kurz darauf ist es so weit: Harnik kann über rechts fast unbedrängt flanken, Okazaki kann sich gegen Cherundolo im zweiten Versuch durchsetzen und netzt kurz hoch ein. 1:0, 9. Minute. Was für ein Start! War unser Kapitän noch benommen vom Ellbogen-Check?

Die Roten wirken wenig zielstrebig, einzig Pinto versucht es mit Fernschüssen (15., 21.), kein Problem für Ulreich. In der 25. endlich eine echte Chance, doch Ya Konans Versuch mit dem Außenrist ist viel zu halbherzig. Wenig Anlass für uns im Ferry zu steigendem Optimismus. Keine Konter, Flanken mit dem Prädikat „größtenteils harmlos", schnelle Ballverluste. Die beste Chance resultiert aus einer abgefälschten Flanke von Rausch, bei der Ulreich alle Mühe hat, den gefährlichen Ball aus dem langen Eck zu bugsieren. Die Schwaben sind klar besser und führen verdient zur Halbzeit, zumal sie direkt vor dem Abpfiff noch eine dicke Chance haben, als Harnik Gentner einen Tick zu ungenau anspielt. Das kann nur besser werden …

Von wegen. Auch nach der Pause kaum Verbesserungen bei den Roten. Irgendwie kraftlos, ideenlos versuchen unsere Jungs ihr Glück, Stuttgart ist immer einen Schritt schneller. Da braucht es die Unterstützung des Gegners, um eine Chance herauszuspielen. Maza patzt, so dass Stindl frei auf dem Flügel zur Flanke kommt. Die findet Didier Ya Konan, der sich um Tasci dreht und aus kurzer Distanz abschließt. Doch Ulreich hält sowohl diesen Schuss als auch Stindls Nachschuss (52.). Ansonsten ist Stuttgart Herr im eigenen Haus, ohne spielerisch zu glänzen.

Hauptsächlich nach Standards kommt Gefahr auf, so nach einem Freistoß von Kuzmanovic, der knapp drüber geht (59.). Ob den Roten bekannt ist, dass der ein gefährlicher Distanzschütze ist? Er darf es nochmal probieren, dieses Mal ist Zieler auf dem Posten (62.). Kurz darauf das japanische Schreckgespenst Okazaki mit einer schönen Flanke, die Harnik jedoch nicht verwerten kann. Nach 75 Minuten entschließen sich die Roten, doch noch einen Versuch zu starten. Stoppelkamp bedient Ya Konan, dessen Schuss nur knapp das Lattenkreuz verfehlt. Das hätte das Spiel auf den Kopf gestellt! Stattdessen rafft sich Stuttgart zum Schlussspurt auf.

„Aller guten Dinge sind drei," sagt sich Kuzmanovic und zieht nach etwas unglücklicher Abwehrarbeit von Cherundolo aufs kurze Eck. Der Schuss aus 25 m geht wie ein Strich ins Tor. Unhaltbar? Egal, der Treffer zählt.

„Der Drops ist gelutscht", würde Felix Magath wohl sagen.

Kein Aufbäumen der Roten, kontrollierte Angriffe der Stutgarter. Es kommt noch schlimmer: ein langer Ball auf den rechten Pfosten, Tasci hat sich hinter die Abwehr geschlichen und bugsiert wohl mit dem Schienbein einen unmöglichen Eierball ins lange Eck. 3:0, leider auch in dieser Höhe verdient (90.). Das Ferry ist sprachlos, ich bin ratlos. Wie soll es nun in die Punktrunde der Europa-League gehen? Mit Lüttich wartet gleich ein starker Gegner. Mit dieser Leistung schwant mir Übles. Oder war es der viel zitierte Dämpfer zur rechten Zeit? Wenn ich nur meine Karten schon hätte …

Europaphorie, zweiter Akt, erster Aufzug
Belgischer Beton als Bremsklotz

Lüttich, Kopenhagen, Poltawa, das sind unsere Gegner in der Gruppenphase. Poltawa, die große Unbekannte in dieser Auslosung, Lüttich und Kopenhagen prominent, aber machbar – so lautet die Einschätzung Vieler, nachdem die Gruppe bekanntgegeben wurde. Nichts zum Zungeschnalzen dabei, aber immerhin zwei Gegner mit einem Namen. Dass Poltawa irgendwo tief in der Ukraine liegt, macht mich etwas nervös. Dort im tiefen Osteuropa gab es manche unliebsame Überraschung für deutsche Mannschaften. Doch zunächst gibt es ein Heimspiel gegen Lüttich.

Das Stadion ist sehr gut gefüllt, die Stimmung hat die Stadt schon den ganzen Tag erfasst. Schon früh sehe ich Fans in fröhlicher Vorfreude mit ihren Utensilien durch die Stadt schwadronieren. Auch einige Belgier besuchen uns. Es heißt, dass viele Lütticher Fans problematisch seien, doch davon ist heute wenig zu spüren. Hannover zeigt sich gastfreundlich, es bleibt friedlich. Endlich, endlich: Europa kommt zu uns! Was für ein stimmungsvoller Moment, als die Mannschaften einlaufen. Natürlich wird gesungen, doch dieses Mal noch lauter als sonst, natürlich wird rhythmisch geklatscht und „96, olé" skandiert. Das ist Gänsehaut pur, das sind die Momente, für die Fans jahrelang viel Mittelmaß und noch Schlimmeres ertragen haben!

Ich bin skeptisch, was die Gruppenphase betrifft. Zu oft habe ich die Übertragungen im TV verfolgt und reichlich langweilige Spiele sehen dürfen. Ich bin, was Europa betrifft, klarer Anhänger der guten alten KO-Spiele. Aber das ist wohl wirtschaftlich weniger attraktiv, auch für die Clubs. Wird das hier besser?

Die Roten legen los, mit viel Energie. Schon nach zwei Minuten tankt sich Rausch bis zur Grundlinie durch, seine Flanke kann von einem Belgier gerade noch vor Stindl geklärt werden (2.). Schon zwei Minuten später Freistoß aus dem Halbfeld, Rausch drischt den Ball in die Mauer. In der 6. Minute erstmals die Gäste, doch Cyriac wird geschickt abgedrängt. Die fällige Ecke ist kein Problem für Zieler. Dann wird es das erste Mal richtig gefährlich: Flanke von Schlaudraff auf Pogatetz, dessen Kopfball geht jedoch knapp vorbei. Lüttich reichlich defensiv, mit zehn Mann in der eigenen Hälfte, kontert nur dann und wann über Berner und Cyriac, bleibt aber ungefährlich. Hier spielt fast nur 96! Wir brüllen, klatschen, stehen auf, setzen uns, feuern unsere Helden an. Der Funke springt durchaus über, nur springt nichts heraus. Chahed schickt Stindl geschickt, dessen Pass landet aber beim belgischen Keeper Bolat (17.). Moas Distanzschuss kommt dem Stadiondach näher als dem Torwinkel (19.), schade.

Schlaudraff in Spiellaune, setzt sich oft durch, doch der entscheidende Pass kommt nicht. Van Damme versucht gegen Stindl seinem Namensvetter aus der Filmbranche nachzueifern und sieht Gelb (22.). Überhaupt, die Belgier sind nicht zimperlich. Nach vorne kommt fast nichts von denen, ein harmloser Fernschuss in der 33., sonst ist Ruhe vor unserem Tor. Dann prüft Moa den belgischen Keeper. Der Ball kullert letztlich irgendwie am Tor vorbei (38.). Kurz darauf der spektakulärste Auftritt von Schlaudraff: der bekommt an der Strafraumgrenze den Ball, eine Drehung, ein Lupfer – doch die Latte rettet. Das 1:0 wäre längst verdient! Wird das am Ende bestraft? Wir rätseln in der Halbzeit, ob wir uns freuen oder ärgern sollen.

Der belgische Beton wird auch in der zweiten Hälfte zum unüberwindlichen Bollwerk für die Roten. Schrecksekunde in der 51. Minute, als Bia aus der Distanz knapp das Tor verfehlt. Die Belgier verschieben geschickt. Wer als Trainer ins Stadion geht, sieht eine Mannschaft, die defensiv arbeitet wie an der Schnur gezogen. Für 96 ist das leider keine schöne Erkenntnis, denn mehr als Distanzschüsse (Schlaudraff 52., Rausch, 59.) kommen bei ihren leidenschaftlichen Bemühungen nicht heraus. Irgendein belgisches Körperteil ist immer im Weg oder ein Pass nicht genau genug. Tatsächlich hat auch Lüttich Stürmer mitgebracht. Der eingewechselte Tchité verfehlt das Tor in der 70. aber deutlich. Auf der anderen Seite erreicht eine Flanke von Schmiedebach Ya Konan nicht, Bolat klärt zur Ecke (82.). Stoppelkamp kommt ins Spiel. Der führt sich gleich prima ein, Flanke auf Rausch, der abgeblockt wird. Im Nachschuss schlenzt „Stoppel" den Ball knapp vorbei.

Es bleibt dabei, die Gäste beschränken sich aufs Verteidigen und machen das gut. Zu gut für unsere Jungs. So geht das Spiel so aus, wie es ausgehen muss: ein torloses Remis. Die Stimmung, nun ein wenig verhangen, aber positiv, bleibt dennoch klar Europa-League-tauglich. War das eine gelungene Premiere? Ein klares JEIN. Immerhin, keine Niederlage zum Auftakt, immerhin, feldüberlegen, offensiv mit mehr Power, aber leider auch ohne wirklich klare Chancen, sieht man von Schlauffis Lattentreffer ab.

So applaudieren wir brav den tapferen Roten, sortieren unsere gemischten Gefühle zu einem Lächeln zusammen und denken uns, in Poltawa muss dann eben gepunktet werden. Schwer einzuschätzen, was uns dort erwartet. Aber wenn man was werden will, ist ein Punkt aus zwei Spielen nicht genug. Auswärtssieg, das wäre es noch! Aber vorher kommt der deutsche Meister zu uns. Highlights im drei-Tage-Takt. Das geht sogar bei den Zuschauern an die Substanz. Wird die Energie ausgerechnet gegen Klopps Volldampf-Fußballer reichen?

Ya Konans Auferstehung

Fünf Spieltage sind gespielt, acht Punkte sind ordentlich, doch nun fängt die Bundesliga eigentlich erst richtig an. Zu Gast ist der deutsche Meister, die Shooting Stars, bewunderte Bändiger der bayrischen Fußball-Aristokratie und völlig zu Recht deutscher Meister. Die Dortmunder sind nicht gut gestartet, die Roten auch nicht überragend, so dass heute der der 9. gegen den 11. spielt. So etwas nennt man Verfolgerduell. Tatsächlich wird es ein wunderbares, ein rassiges Spiel, mit einer wunderbaren Pointe.

Endlich ist die Arena voll, rappelvoll. Biene Maja hat sich nicht groß bitten lassen, die Entfernung überschaubar, die Fans ohnehin auf großartige Weise verrückt, das Stadion in Schwarz-Rot-Gold, wenn man so will. Auf der einen Seite rot, auf der anderen Schwarz und Gelb, macht einen deutschen Fan-Gipfel, der einem das Herz hüpfen lässt. Natürlich legen sich unsere Hannoveraner besonders ins Zeug, wenn es gegen die „Wespen" aus dem Westen geht. So kocht die Kulisse von Anfang an auf Europaphorie-Niveau. Mich persönlich plagen Gedanken an die Klatschen aus der Vorsaison und die Frage, ob unsere Roten daraus gelernt haben. Hoffnung macht der dürftige Start der Dortmunder. Wenn wir sie heute nicht kriegen können, wann dann?

Jedes Spiel fängt bei null an, heißt es im nicht geschriebenen Fußball-Phrasen-Almanach, ich würde ihn vielleicht „den kleinen Herberger" taufen. So geht es also los, elf gegen elf, 96 gegen Dortmund, Slomka gegen Klopp, zehn-Sekunden-Fußball gegen Dauerpower aus Westfalen. Oder? Die Roten mit vier Wechseln in der Startelf, Ya Konan für Moa, Stoppelkamp, Hauger und Pander von Anfang an dabei. Werden die Umstellungen Wirkung zeigen? Wer wird die Chance nutzen?

Zunächst scheint alles beim Alten. Dortmund besser, 96 defensiv, im eigenen Stadion auf Konter lauernd. Der Meister, einen Tick genauer im Passspiel nach vorne, hat die ersten zwanzig Minuten klar für sich. Erste Schrecksekunde nach einem Freistoß von Gündogan. Lewandwoski kommt zum Kopfball, Zieler hält sicher. Allerdings hat Gagelmann ohnehin auf Abseits entschieden. Erneut Lewandowski in der 13., doch Haggui stört den Polen so geschickt, dass der den Abschluss verzieht. In der 18. ein Freistoß von Gündogan, der Zieler aber auf dem Posten findet.

Es dauert bis zur 23. Minute, ehe 96 durch Stindl die erste kleine Chance hat. Doch die Dortmunder stören rechtzeitig, so dass wenig herauskommt. Wird es nun besser, fragen wir uns? Von wegen, schon kontern wieder die Schwarzgelben. Perisic nimmt eine halbhohe Flanke als Seitfallzieher direkt, Zieler muss seine ganze Klasse zeigen. Poooh, das berüchtigte Raunen geht durchs Publikum. Doch jetzt wehren sich die Roten. Konter, Stoppelkamp schickt Didier Ya Konan steil, der hält aus 14 Metern drauf, Weidenfeller hält. Den Abpraller versucht Stoppelkamp zu verwerten, Subotic bekommt die Beine noch dazwischen. Verflixt, wie hätte ich dem Moritz dieses Tor gegönnt! Das Tempo bleibt hoch, das Spiel sehenswert.

In der 39. noch einmal Dortmund, Kuba, mit dem Rücken zum Tor, dreht sich in 12 Metern Entfernung und versucht einen Lupfer, doch Zieler lässt sich nicht überlisten. Stark von unserem jungen Keeper! Auf der anderen Seite zeigt Pander mit einem Freistoß, wozu er fähig ist, doch der Ball geht knapp daneben. Ebenso knapp rauscht da Silvas Freistoß kurz vor der Halbzeit übers Tor. Ein sehenswertes 0:0 zur Pause.

Werden wir das noch packen? Die Dortmunder sind stets gefährlich, doch auch wir haben unsere Chancen. Auf jeden Fall ein

Spiel auf Augenhöhe, der Meister leicht vorn, aber hier ist die Messe noch nicht gelesen.

Die zweite Halbzeit wird turbulenter. Es geht weiter mit Vollgas. Pander probiert es frech fast von der Grundlinie, Weidenfeller ist zu aufmerksam (52.). Dann foppt Perisic Chahed an der Strafraumgrenze, spielt sich danach aber selbst schwindlig. Gefahr gebannt (53.). Es geht hin und her, nun die Roten mit einer Ecke auf Ya Konan, der den Ball nicht druckvoll genug aufs Tor bringt (54.). Schon steht Gündogan nach Pass von Lewandowski 17 Meter vor dem Tor, jagt den Ball aber drüber (56.). Bier holen? Leichtsinnig! Hier kann man jede Sekunde was verpassen, klasse!

Erneut steht Stoppel beim Konter frei vor der Bude und zieht direkt ab, Hummels fälscht ab, so dass Weidenfeller sich ganz lang machen muss. Mann, das hätte es sein müssen! Wir kommen kaum zum Durchatmen, und dann passiert es. Plötzlich haben die Dortmunder reichlich Platz im Mittelfeld, Lewandowski in die Spitze auf Kagawa, der sich gleich gegen zwei Hannoveraner durchsetzt und unhaltbar in die linke Ecke schlenzt, 0:1. Was hat Hannover nur mit den Japanern? Erst Okazaki, nun Kagawa, immer treffen die gegen uns! Und: wird es nun wieder so böse wie letzte Saison?

Es wird ganz anders. Slomka reagiert prompt, Pinto kommt für Hauger. Die Roten haben das Spiel nicht abgehakt, warum auch? Wieder hat Stoppelkamp eine gute Chance, Kopfball aus 11 Metern, erneut reagiert Weidenfeller sicher (69.). Wann will unser Vorbereitungstorrekordler endlich treffen? Natürlich kontert Dortmund, und das gefährlich. Kagawa setzt sich durch, spielt flach vors Tor, doch Großkreutz drischt den Ball Richtung Tribünendach. Auch eine Kunst, aus vier Metern! Den Roten geht es nicht besser: Nach Flanke von Schmiedebach verpasst Ya Konan, doch Stindl bekommt in 7 Metern Entfernung den Ball, zieht sofort ab, Piszczek blockt. Wie viele Chancen wollen wir noch vergeben? Noch zwei! Pinto mit einem Hammer aus 25 Metern, knapp drüber (79.). Dann köpft Haggui aus 11 Metern an die Latte (84.). Die Zeit rennt, schaffen wir noch ein Unentschieden? Wäre nicht unverdient! Dann wird es laut: alle im Stadion sehen ein Handspiel von da Silva, nur Gagelmann nicht. Die Nordkurve tobt, „Schieber, Schieber", brüllen wir lauthals, dann aber liegt der Eckball bereit, sofort wieder Anfeuerung. Keiner gibt das Spiel verloren.

Die Ecke kommt auf den kurzen Pfosten, Haggui schraubt sich hoch und rammt einen Kopfballhammer ins Netz, Ausgleich. 1:1 (87.)! Freudentaumel, Euphorie, Begeisterung in allen Gesichtern! Jetzt nur keinen mehr fangen! Keinen mehr fangen? Pinto hat einen anderen Plan. Er zieht mit Tempo aus der Abwehr, schlägt einen langen Ball an die Strafraumgrenze. Dort rutscht Subotic leicht weg, plötzlich hat Ya Konan Platz. Der hält drauf, der Schuss schlägt wie ein Strich im linken Eck ein, 2:1 (89.)! War noch zwei Minuten vorher Euphorie und Begeisterung die Reaktion, ist nun die Arena ein Tollhaus. Irrsinn, Wahnwitz, die Leute toben, Keiner sitzt mehr!

Die Leute fliegen fast, das scheint Sobiech, soeben erstmals eingewechselt zu inspirieren: er setzt mit einer Sense an der Mittellinie den Schlusspunkt: er fliegt ebenfalls, glatt Rot! Hätte es auch Gelb getan? Egal, das Spiel ist „AUS, AUS, AUS"! Der Meister bezwungen, elf Punkte nach sechs Spielen. So sehen Märchen aus, oder? Nun wartet mit Augsburg ein Gegner, wo auch auswärts was zu holen ist. Die Roten können sich oben festbeißen! Wer hätte das noch vor 15 Minuten gedacht?

PRESSE-STREIFLICHTER
EIN DOPPELPACK IM SCHLUSSSPURT MACHT SCHLAGZEILEN

FAZ Sport

Dortmund hat die Siegermentalität verloren
In der vergangenen Saison war so etwas undenkbar: Der deutsche Meister Borussia Dortmund verschenkt in der Schlussphase eine Führung. Hannovers Willensstärke wird zu Recht belohnt.

Welt.de

Hannover siegt dank Super-Endspurt gegen Dortmund
In der zweiten Halbzeit sah Borussia Dortmund bei Hannover 96 lange wie der Sieger aus. Doch durch zwei Tore in den Schlussminuten drehten die Gastgeber die Partie.

Hamburger Abendblatt

Aus 0:1 mach' 2:1 - Hannover dreht die Partie
Lange rannte der Meister aus Dortmund vergeblich an. Nach einer Stunde traf dann Kagawa. Haggui und Ya Konan schlugen zurück.

RP-Online

BVB verspielt kurz vor Schluss drei Punkte
Nach dem Schlusspfiff stürmte Jürgen Klopp stocksauer in die Kabine: Der Trainer von Borussia Dortmund war nach der unnötigen 1:2 (0:0)-Niederlage des deutschen Meisters bei Hannover 96 restlos bedient.

Der Tagesspiegel

Später Doppelschlag schockt Dortmund

Penkmans Quartalsabsch(l)uss I
Sommer 2011: die ersten Schritte vom
Traum zur Wirklichkeit

Was war das für ein Sommer?! Lange hat Hannover Atem geholt nach der besten Saison, die die Roten in der Bundesliga je gespielt haben. Mit merkwürdiger Ruhe gingen die Hannoveraner durch die Transferphase. Die Fans reagierten nervös, angespannt, auf das vermeintliche Trödeln der Verantwortlichen. „Wann kommen endlich die Verstärkungen, die die Roten brauchen?", war wohl eine der meistgestellten Fragen in Hannover. Die Frage hatte ihre Berechtigung, ging doch 96 in der Vorsaison auf der Zielgeraden der Bundesliga ein wenig die Puste aus. Nur knapp wurde der tolle vierte Platz gesichert, und das ohne Doppelbelastung.

So hat es lange gedauert, bis die Verpflichtungen unter Dach und Fach waren: Artur Sobiech, junger polnischer Stürmer, Henning Hauger, defensiver Mittelfeldmann aus Norwegen, waren noch die namhaftesten Einkäufe. Zwei Österreicher kamen: Samuel Radlinger, Junioren-Nationaltorwart, und Daniel Royer, offensiver Mittelfeldspieler mit ersten Nationalmannschaftserfahrungen.

„Wird das reichen? Kann man so Europa League und Bundesliga meistern?", das war die Frage, die viele Fans den Sommer über beschäftigte.

Mit der Saisonvorbereitung wurde die Nervosität nicht geringer. Verletzungen bei Ya Konan und Sobiech, auch Carlitos, der 40-Sekunden-Spielmacher der vergangenen Saison, ist so schnell wieder aus dem Trainingslager verschwunden, wie er aufgetaucht war. Ein gefundenes Fressen für Skeptiker und Unken, die düstere Szenarien von Kräfteverschleiß und Überlastung zeichneten.

Nun sind die ersten Spiele absolviert. Dortmund besiegt, die Roten auf Platz 5, elf Punkte aus sechs Begegnungen, das kann sich sehen lassen. Die Highlights dieser Jahreszeit sind schnell aufgezählt, schließlich sind erst sechs Begegnungen in der Bundesliga und zwei in Europa absolviert. Ein guter Start. Begeisterung haben der Sieg gegen Dortmund und die tollen Begegnungen gegen Sevilla ausgelöst. Was für eine fantastische Atmosphäre in der Arena, als die Spanier bezwungen wurden! Was für ein Stolz über den Sieg gegen den deutschen Meister! Die Dortmunder sind noch nicht das, was sie letzte Saison waren, aber sie sind amtierender Meister.

Doch was ist das für eine Aussage? Die Saison ist noch lang. Die Gruppenphase der Europa League in sensationeller Manier erreicht, Sevilla ausgeschaltet, gegen Lüttich allerdings mit stotterndem Motor zuhause gestartet. Reicht das, um ein neues Märchen zu zaubern? Zumindest finden sich die Roten in einer Wirklichkeit wieder, die schlechter sein könnte.

Herbst 2011:
Wohin des Weges, Hannover 96?

Vieles ist ungewiss zu diesem Zeitpunkt der Saison. 11 Punkte nach sechs Spielen können sich sehen lassen, doch hat die letzte Saison gezeigt, dass ein gutes Punktepolster nichts nützt, wenn man Einbrüche hat wie im Vorjahr Frankfurt. Nach wie vor sind Fans und Fachleute nicht sicher, was die Roten leisten können. Spielerisch liegt Manches im Argen, die Leistungsschwankungen sind groß. Galavorstellungen wie gegen Sevilla wechseln sich mit Klatschen wie gegen Stuttgart ab.

Im Pokal immerhin nicht blamiert und eine lösbare Aufgabe vor der Flinte, wenn auch gegen einen unberechenbaren Gegner namens Mainz 05. Und was ist eigentlich mit Europa? Da wird Sevilla in einer Art Parforce-Ritt aus dem Wettbewerb gekegelt und dann reicht es gegen Lüttich nur zu einem mageren 0:0! Wird 96 so dürftig auftreten wie viele deutsche Vertreter in den letzten Jahren?

So steht der hannoversche Fußballfan ratlos zwischen irgendwo und nirgendwo, schielt heimlich in der Bundesliga aufs untere Tabellenende und zählt den Punktvorsprung. „Noch 29 Punkte bis zum Minimalziel", denken etliche. Europa League als Zugabe, aber sind die Kartenpakete ihr Geld wert? Es ist ganz anders, in diesem Jahr. Die Erwartungen haben sich verändert. Die Ansprüche sind gestiegen: Niemand will mehr etwas mit dem Abstieg zu tun haben. Andererseits ist die Skepsis nicht gewichen: Zu lange haben die Roten uns immer wieder größte Sorgen bereitet. Der Herbst ist die längste Jahreszeit der Saison: Elf Spiele in der Bundesliga, dicke Brocken dabei, aber auch vermeintlich leichte Gegner. Es kann nur ein Ziel geben: ohne große Sorgen in den Winter kommen. Wird das gelingen?

Stindls Schüsse ins Nirgendwo

Wenn man den deutschen Meister schlägt, sollte man mit breiter Brust nach Augsburg fahren, wo bislang Punkte absolute Mangelware sind. Gerade Mal vier Zähler haben die bayrischen Schwaben auf ihrem Konto. Slomkas Mannen hingegen sollten doch mit dem Gefühl, eine drohende Niederlage in einen Sieg umgemünzt zu haben, Selbstbewusstsein im Gepäck haben. Doch genauso gut könnte es wohl sein, dass nach einem solchen Highlight ein „Underdog" wie Augsburg nicht ernst genug genommen wird. Wie oft, denke ich vor dem Spiel, hat 96 echte Glanzlichter gesetzt, um sich danach bis auf die Knochen zu blamieren?

Es wird irgendwie ein Zwischending, weder Fisch noch Fleisch. Eines dieser Spiele, die man gerne und schnell vergisst, weil es schlicht kaum etwas zu erzählen und zu diskutieren gibt. Dies trifft speziell auf die erste Hälfte zu, die mit dem Wort trostlos fast noch wohlwollend beschrieben ist. Tatsächlich passiert 45 Minuten lang fast nichts, was erwähnenswert wäre, zumindest keine wirklichen Torchancen gibt es zu sehen. Beide Mannschaften finden offensiv nicht statt. Eine Halbchance für Ya Konan in der 8., ein Schuss von Baier aus spitzem Winkel in der 14. Minute, das war noch das Gefährlichste, was es zu sehen gab. Wohl dem, der fürs Bierholen zuständig ist.

Wer nun denkt, Slomka stärkt die Offensive nach der Halbzeit, der bekommt eine richtige Überraschung präsentiert. Eines der Rätsel dieser Saison ist wohl, warum Slomka zur Hälfte Lala für Rausch einwechselt und Schmiedebach nach links stellt. Immerhin, das Spiel wird etwas munterer. Vor allem die Roten sind nun zielstrebiger, auch wenn Slomkas Truppe nicht gerade ein Feuerwerk abbrennt. Immerhin, Schlaudraff prüft mit einem starken Fernschuss Jentzsch, der alles bieten muss, um den Ball aus der langen Ecke zu wischen (56.). Dann flankt Pander auf Ya Konan, der in Kurzdistanz frei vor der Bude steht, mit seinem Direktschuss aber nur den Pfosten trifft (62.).

Dem Ivorer klebt irgendwie das Pech an den Füßen, schon vier Minuten danach klingelt es wieder am Aluminium, als er aus halblinker Position abzieht. Der Abpraller landet bei Stindl auf halbrechts. Die Szene wird zum Sinnbild für den verschenkten Sieg, als Stindl mit einem tapsigen Versuch das leere Tor verfehlt, Jentzsch noch am Boden liegend! So kann man Gegner aufbauen.

Die Augsburger versuchen nun auch mal ihr Glück. Freistoß aus 25 Metern, Gogia zieht knapp vorbei (69.). Dann erreicht eine Flanke Mölders 5 Meter vor dem Tor, der nicht lange fackelt. Doch Zieler kriegt irgendwie seine Arme an den Ball (71.). Kaum fünf Minuten später brennt es erneut, als Mölders Gogias Freistoß über den Scheitel rutschen lässt. Zieler kann nur nach vorn prallen lassen, doch da ist Ya Konan zur Stelle, der den Ball im zweiten Versuch weg stochert. So kann er einen seiner Fehlversuche wenigstens hinten ausmerzen! Zum zweiten traurigen Helden wird zu guter Letzt Lars Stindl, dem die Augsburger einen Querschläger vor die Füße legen. Erneut scheitert unser Jung-Star, dieses Mal an Jentzsch (86.).

So fahren die Roten mit einem Punkt aus der „Puppenkiste" nachhause. Zufrieden sein kann man damit nicht, denn in der Bundesliga wartet mit dem ungeliebten Konkurrenten Werder Bremen ein Gegner, der einen richtig guten Start hingelegt hat und hochkarätig besetzt ist. Doch bevor die „Fischköppe" in der Arena zu Gast sind, steht zunächst die wohl abenteuerlichste Reise des Jahres auf dem Programm: Auswärtsspiel in Poltawa, tief in der Ukraine. Was wird der große Unbekannte in der Gruppenphase den Roten für einen Empfang bereiten?

29.9.2011
VORSKLA POLTAWA – 96

Europaphorie, zweiter Akt, zweiter Aufzug
Abdellaoues wunderbarer Tritt ins Leere

Ganz ehrlich, wussten Sie vor einem guten Jahr, was und wo Poltawa ist? Nun, historisch Bewanderte wussten vielleicht, dass dort die Kommandozentrale der deutschen Wehrmacht im zweiten Weltkrieg stationiert war. Osteuropa-Fachleute hätten wohl berichtet, dass es eine Mittelstadt in der Ukraine, 350 km südlich von Kiew, mit ca. 200.000 Einwohnern ist. Es ist wohl ziemlich sicher, dass in den meisten Reisebüros erst einmal in den Computer geschaut werden müsste, ehe man für diesen Ort als Reiseziel beraten werden könnte. Nur echte Fußball-Experten hätten geantwortet, dass der Club Vorskla 2009 ukrainischer Pokalsieger war.

Nun hat es eben jener Club bis in die Gruppe B der Gruppenphase geschafft und ist erster Auswärtsgegner der Roten. Die dürften vorgewarnt sein, denn die mit-favorisierten Kopenhagener haben sich an den Ukrainern fast die Zähne aus gebissen. Ein eher zweifelhafter Elfmeter hat den Dänen das hauchdünne, schmeichelhafte 1:0 beschert. Werden die Roten nach einer sicher strapaziösen Anfahrt hier etwas mitnehmen können? Poltawa gilt als sehr heimstark.

Während Spunky, unser emsiger Forums-Experte, irgendwo dort im Stadion seinen Schal schwenkt, nehmen wir im Ferry Platz, das eher dünn besetzt ist. Osteuropa ist kein gutes Pflaster für deutsche Clubs, so schwirrt es in meinem Hinterkopf herum, ohne dass ich hierzu Fakten liefern könnte. Viele enge Spiele, oft unter schwierigen Bedingungen, habe ich schon verfolgt. Doch das, was nun auf mich und alle Fans der Roten zukommt, ist spektakulär, sehenswert fast von Anfang an und extrem spannend bis zum Ende.

Wir trauen unseren Augen nicht, als Altin Lala in der Startaufstellung auftaucht, Europa-Cup-Debüt mit 35 für unseren „Oldtimer", toll! Weniger überraschend sind Dolobama und Schulle mit dabei. Erfreulich, dass auch Moa Abdellaoue nach seiner Verletzung wieder zurückkehrt. Wird er mit seiner Treffsicherheit uns etwas Zählbares bescheren? Er wird, und zwar einmal, indem er trifft, und einmal, als er nicht trifft!

Zunächst scheint es, als wenn die Gastgeber Power machen wollen. Schon in der 2. Minute der erste Eckball für die Ukrainer, doch der wird sicher geklärt. Nun beginnt ein kurzes nervöses Abtasten. Die Roten brauchen sieben, acht Minuten, um ins Rollen zu kommen. Aber dann spielen eigentlich nur noch Slomkas Jungs. 8. Minute, Stindls Eckball wird von Dolganskiy, dem Keeper der Gastgeber, unterschätzt. Tkachuk kann gerade noch vor Moa klären. Dann Freistoß aus halbrechter Position, natürlich Panders Sache. Dieses Mal glänzt Dolganskiy, als er den Ball aus dem rechten Winkel fischt. Sämtliche Angriffsversuche der Hausherren landen bei unseren Innenverteidigern. Umgekehrt haben die Roten Platz zum Kombinieren, das sieht schon gut aus. 27. Minute, Pinto direkt aus 20 Metern, der Ball geht knapp vorbei.

Dann klingelt es, in einer überraschenden Variante: ausgerechnet Abräumer Lala betätigt sich als Spielmacher, schöner Diagonalpass auf Moa. Der bekommt im rechten Halbfeld den Ball, dreht sich geschickt um seinen Gegenspieler, überläuft mit Ball einen weiteren und zieht dann aus über 20 Metern mit links ab. TOR, 0:1 (32.)! Flach ins lange Eck, perfekt! Wird das den Knoten lösen? Nur vier Minuten später spielen Moa und Schlaudraff die ukrainischen Abwehrspieler schwindlig. „Schlauffi" zieht aus 15 Metern ab, der Schuss wird geblockt.

96 bombensicher, nicht im Hurra-Stil. Pander probiert es mal beim Eckball direkt, doch Dolganskiy ist aufmerksam (37.). Ich hätte fast mein Bierchen verschüttet, so viel Frechheit! Dann kommt Schlaudraffs Gala. Aus der Mitte kommend tankt er sich halbrechts bis zur Grundlinie durch und spielt flach vors Tor, sehenswert und ein Tor wert! Was nun passiert ist so kurios wie schön: innerhalb von einer Szene, kaum eine Sekunde, fallen die Worte „oh nein", „oh ja" und „TOOOOR". Moa versucht den Ball mit der Hacke zu nehmen und bricht sich dabei fast die Knochen, ohne den Ball zu treffen: „Oh nein". Die Kugel rollt auf Pander zu. Der hat die Coolness, den Ball direkt halbhoch aufs kurze Eck zu dreschen, „oh ja"! „TOOOOR!" Was für eine Aktion! Unmittelbar vor der Pause die beruhigende Führung, 0:2 (44.), klasse. In diesem Moment ist 96 in der Punktrunde der Europa League wirklich angekommen. Gibt es nun eine Gala?

Von wegen. Die Ukrainer wechseln in der Halbzeit Jakuzi ein. Mit mehr Engagement nach vorne kommen sie schneller zu Ergebnissen, als es uns lieb sein kann. Ecke von rechts, der Ball wird von Haggui nach vorne geklärt. Dort steht Kornilov, von Haus aus Innenverteidiger und drischt direkt drauf. Der Ball wird leicht abgefälscht und landet im linken unteren Eck, 1:2 (50.). Oh je, schlechter kann eine Halbzeit nicht beginnen. Nun sind die Gastgeber am Drücker. 96 übernervös, ohne Kontrolle. Speziell der wendige Bezus, eine Mischung zwischen Dribbelkünstler und Fallobst, macht den Roten Probleme. Schon eine Minute nach dem Anschluss taucht er auf halblinks allein vor Zieler auf, der bekommt rechtzeitig irgendein Körperteil dazwischen. Poltawa immer wieder mit guten Spielzügen, die Roten halten mit Kampf dagegen. Die nächste Schrecksekunde in der 61. Minute: knallharter Flatterball nach einem Freistoß aus 25 Metern, Zieler lässt nach vorn prallen. Irgendwie kann Haggui die Situation retten. Dann Januzi aus 17 Metern, Zieler klärt zum Eckball (64.). Nur drei Minuten danach kracht der Ball nach einer schönen Einzelaktion von Rebenok an den Pfosten.

„Irgendwie scheint Gott heute ein Roter zu sein", denke ich und fange an, ein bisschen zu beten. Gott scheint mich zu erhören, denn etwa ab der 70. Minute werden die Aktionen der Ukrainer zunehmend unpräzise. Ganz haben sie sich noch nicht aufgegeben. Schmiedebach ist mittlerweile für Lala dabei, 96 steht etwas sicherer. Dennoch macht mich der Blick auf die Uhr wahnsinnig: was ist mit dem Zeitmesser denn los? So viel passiert nicht mehr, doch dann taucht Bezus im Strafraum auf. Ohne Berührung fällt er, als wäre er gerade von einem Panzer überfahren worden und sieht zu Recht, endlich, Gelb. Vier Minuten Nachspielzeit, auch das noch! Pogatetz nachlässig, Bezus bekommt den Ball und legt für Kornilov auf. Dieses Mal fälscht niemand ab, der Ball geht daneben. Ein paar Sekunden noch, dann ist es geschafft: die Roten haben ihren ersten Dreier, ein wirklich guter Start. Sollten wir in Europa mithalten können? Ein Auswärtssieg, das ist Gold wert!

Wir im Ferry atmen durch. Das Beruhigungsbierchen hilft ein wenig. Wie konnte man zwei so unterschiedliche Halbzeiten spielen? War nun Poltawa in der ersten Hälfte so schwach oder 96 so gut? Moa, man of the Match? Oder doch Zieler, der mehrere tolle Szenen hatte? Für mich ist es „Altin-iesta" Lala: mit 35 debütiert er im Europapokal und darf sich einen Assist gutschreiben. Beinahe wären es gar zwei geworden, als er in der ersten Hälfte Pinto einen Fernschuss auflegte. Egal: die Punkte sind im Sack – 96 auf Kurs. Nun kommt ausgerechnet der einstige Europapokal-Gegner von der Weser ins Haus. Wird 96 gegen eine Mannschaft dieses Formats zuhause bestehen?

Moas Gala und ein Tor mit Verzögerung

Wenn Werder kommt, ist immer was los. Nicht eben freundschaftlich ist das Verhältnis unter den Fans, zudem gab es viele spektakuläre Begegnungen. Meist hatten die Bremer die Oberhand, nicht selten gab es klare Klatschen für die Roten. Die ungeliebten Nachbarn haben einen prima Start hingelegt, sind seit fünf Spielen unbesiegt und haben keine Reise quer durch Europa in den Knochen. Was werden Slomkas Jungs diesem Gegner entgegenhalten?

Eins darf ich vorwegnehmen: Es wird ein Spiel mit allem, was das Fan-Herz begehrt. Tolle Szenen, Elfer, Karten und Tore reichlich. Das bemerkenswerteste Ereignis ist dann wohl ein Tor, an das zunächst nur einer glaubt, und der liegt absolut richtig: der Schiedsrichter!

Wir sind wieder bei unserer „Familie" in der Nordkurve, Bombenstimmung im ausverkauften Stadion nach dem Auswärtssieg, fantastisches Wetter für ein Fußballspiel. Natürlich spekulieren wir Fußballexperten, ob die Mannschaft nach den Reisestrapazen gegen eine Truppe bestehen kann, die natürlich internationale Ambitionen hat.

Anpfiff, wie immer dauert es einen Moment, bis alle sitzen. Doch kaum, dass wir platz genommen haben, stehen wir schon wieder. Stindl dringt von rechts in den Strafraum ein, Bargfrede hält ungeschickt das Bein hin und fällt unseren Mittelfeldmann. Elfmeter, 2. Minute! Moa schnappt sich das Leder und verwandelt sicher, 1:0 (3.)! Was für ein sensationeller Auftakt! Wie gemacht, um Torszenen zu ermöglichen: Werder drückt nun, 96 kontert. Pizarro per Kopf auf die kurze Ecke, Zieler sicher (8.). Noch einmal der Peruaner, dieses Mal per Fuß aus der Mitte, aber vorbei (10.). Nur knapp kann Ignjovski einen scharfen Querpass von Abdellaoue vor zwei einschussbereiten Roten klären. Bremens Abwehr wirkt teilweise wie der berühmte Hühnerhaufen.

Es geht munter hin und her. Erneut Moa mit einer scharfen Hereingabe, wieder klärt Ignjovski vor Stindl (25.). Plötzlich entdeckt Werder, dass sie auch eine rechte Angriffsseite haben. Hunt auf Arnautovic, der direkt verwandelt – allerdings aus Abseitsposition. Dann geht es blitzschnell: Schlaudraff mit Vollgas über rechts, Pass direkt vors Tor, dort steht – na wer wohl? – Moa und drückt den Ball in die Maschen, 2:0 (38.). Wow, was für ein Spiel! Das kann noch reichlich Tore geben heute. Ein 2:1 wird das ausnahmsweise nicht, da sind wir uns einig.

Der Todesstoß liegt drin, als Moa blitzschnell in die Spitze geschickt wird. Der setzt Schlauffi in Szene, der wiederum frei vorm Tor einen frechen Lupfer ansetzt – LATTE! Mensch, kann der nicht mal einfach drauf knallen und verwandeln, denke ich. Prompt antworten die Bremer: Pizarro am Strafraum beschäftigt drei 96er, setzt geschickt Arnautovic in der Mitte ein. Der lässt sich nicht lang bitten und trifft mit einem trockenen Schuss ins untere linke Eck. Verdammt, das 2:1 direkt vor der Halbzeit (45.+3). Wir sind begeistert von dem Spiel, aber noch sind 45 Minuten zu absolvieren. Werden Konzentration und Kraft reichen?

Schon kurz nach der Halbzeit passiert es fast: Hunt setzt Pizarro ein, der nur noch Zieler gegen sich hat und diesen umspielt. Sein Abschluss klatscht an den Außenpfosten (48.). Pooooh … Kurz darauf zieht Arnautovic aus 20 Metern drüber (49.). Praktisch im Gegenzug schießt Pander aus 7 Metern, Schlaudraff fälscht ab, Aluminium (50.). Das ist totale Achterbahn heute hier! Zwei Minuten später wieder Pizarro, knapp drüber. Schöne Szenen hüben wie drüben, das Stadion kocht, klatscht und brüllt. Dann haben wir das bessere Ende in der Hand: Zweikampf auf der rechten Seite,

Stindl verliert erst den Ball, holt ihn sich aber von Ignjovski wieder. Die Flanke landet bei Pinto, der zu Moa köpft. Dieser schiebt aus 5 Metern ein (60.).

Jetzt wird es kurios: fast gelangweilt dreht sich Moa weg, das Stadion ist kurzzeitig mucksmäuschenstill, um die 40000 Menschen denken „abseits", doch Schiedsrichter Winkmann deutet auf den Mittelpunkt. TOOOOOOOOR! Freude mit Verzögerung, dafür umso herzlicher.

Wir diskutieren, Abseits?

„Nein," sage ich, „da stand noch einer dumm an der Grundlinie herum."

Ein skurriler Moment. Später stellt sich heraus, dass Bargfrede orientierungslos an der Toraus-Linie verweilte. Ein fataler Aussetzer! War es das nun? Entscheidung? Es kommt noch dicker für Werder: Arnautovic setzt eine Blutgrätsche an und wird, hart, aber vertretbar, mit Rot belohnt (78.).

Doch trotz des zahlenmäßigen Vorteils kassieren wir den Anschluss nur fünf Minuten später. Fritz auf Pizarro, der staubt aus kurzer Entfernung sauber ab, 3:2 (83.). Müssen wir es wieder so spannend machen? Die Roten sind nun wieder wacher, nutzen die Räume für Konter. Drei Minuten Nachspielzeit, Rausch noch einmal aus 16 Metern, Mielitz hält. Dann ist Schluss in der Arena, 3:2 gegen den Rivalen von der Weser, drei Punkte für die Statistik, vor allem aber für die stolze Fanseele und für den Traum, ein Märchen zu wiederholen.

Herz, was willst Du mehr? Nach gebührendem Applaus machen wir uns auf den Weg, zufrieden lächelnde, singende, skandierende Fans. Kaum einer hat es eilig, aus der Arena zu kommen. So kann es weiter gehen. Mit Platz fünf in die Länderspielpause, das ist sehr beruhigend. Mir macht nur Eins ein bisschen Sorge: schon letzte Saison haben wir vor dem Spiel in Köln eine Gala der Roten gesehen – und dann beim 0:4 die Hütte voll bekommen. Ein schlechtes Omen?

Poldi und Drees sichern Köln den Sieg

15 Punkte nach acht Spieltagen, den deutschen Meister und Werder bezwungen, die Gruppenphase der Europa League gut eröffnet, so stellt sich der bisherige Verlauf des Sommers dar. Alles deutet darauf hin, dass das Märchen der letzten Saison erfolgreich fortgeführt wird. Die Roten in Lauerstellung in der Bundesliga, Platz zwei ist heute möglich. Dazu wäre ein Sieg in Köln vonnöten – so wie es aussieht, eine machbare Aufgabe. Die Kölner, bis hierhin so etwas wie die Wundertüte der Liga, dümpeln zwischen irgendwo und nirgendwo. Zuletzt haben sie in Berlin gnädige drei Dinger kassiert, katastrophal gespielt. Davor ein Heimsieg gegen Hoffenheim und Leverkusen im eigenen Stadion geradezu gedemütigt. Im Rhein-Energie-Stadion zu gewinnen ist sicher kein Spaziergang. Aber wer oben dabei sein will, muss sich hier beweisen. Wir verfolgen das Spiel im RSV-Restaurant, echtes Leinhäuser Flair.

Der Spielbeginn vermittelt nicht den Eindruck, als wenn Slomkas Jungs nach den Sternen greifen wollen. Die ersten Minuten zwar temporeich von beiden Mannschaften, aber ohne zwingende Aktionen. Ein Fernschuss von Eichner als erstes Warnsignal in der 13. Minute, sonst passiert wenig vor den Toren. Unmittelbar im Anschluss steigt Haggui nach einem Freistoß zum Kopfball, der

Ball landet in Rensings Armen. Dann stolpert Chihi 7 Meter vor unserem Strafraum. Schiri Drees will einen Freistoß gesehen haben. Fragwürdig, für mich eine Fehlentscheidung, und die hat Folgen: Poldi legt sich den Ball zurecht und schlenzt über die regungslose Mauer der Roten. Keine Chance für Zieler, der Ball schlägt links unten sauber ein, 1:0 (24.)! Erinnerungen an die grausame 0:4-Niederlage der letzten Saison werden wach.

Ein Weckschuss für die Roten? Jein. 96 tut nun mehr, Ya Konan marschiert aus dem Mittelfeld los, doch dann reicht seine Kraft nur noch für ein Schüsschen, Rensing hält (28.). Rauschs Aufsetzerflanke wird von Rensing entschärft (32.). Endlich wird es richtig gefährlich: Kopfball Schulle nach Rausch Ecke, aber irgendwie kriegt Rensing noch eine Hand an den Ball (33.). Kurz vor der Halbzeit bekommt Stindl am Elfmeterpunkt den Ball nicht richtig unter Kontrolle, Rensing kann klären. Halbzeitstand 1:0 für Köln, von denen nach der Führung nicht viel kam. Hier liegt noch was drin, da sind wir uns alle einig. Werden die Roten ihre Chance ergreifen?

Sie versuchen es, sind klar die aktivere Mannschaft. Pinto probiert es gleich zweimal, in der 48. aus 30 Metern, total verzogen, dann deutlich genauer in der 50., dieses Mal zu genau: der Ball tropft von der Latte ins Toraus. Es wird robust, griffige Zweikämpfe, auch die Roten langen hin. Konter der Kölner über Peszko, dessen Flanke bei Chihi landet. Der köpft an die Latte, poooooh (63.)! Mit viel Kampf und etwas Spielkultur versuchen die Roten alles – und haben vermeintlich Erfolg: Toller Angriff über rechts, Stindl legt auf den Elfmeterpunkt. Dort nimmt Pinto den Ball perfekt und drischt ihn flach rechts ins Tor. Sein Jubellauf in Richtung Eckfahne wird einsam, die Euphorie schlägt in totale Enttäuschung um: Schiedsrichter Dr. Drees gibt das Tor nicht! Ya Konan, unbeteiligt am langen Pfosten stehend, soll im Abseits gestanden haben. Wir fassen es nicht. Auch die dritte Wiederholung zeigt, das Tor hätte man geben müssen (71.). Werden uns die Punkte geklaut?

96 kämpft weiter, kommt aber nicht zu klaren Chancen. Dann müssen die Standards her! 83. Minute, 30 Meter Torentfernung, keine Hürde für Pinto. Der zieht einfach ab, Lanig nimmt in der Mauer die Hand zur Hilfe. Nächster Freistoß, dieses Mal bei 22 Metern. Nun nimmt sich Pander die Kugel, zieht ab, wieder wird

der Ball mit der Hand geblockt, eindeutig im Strafraum! Der Pfiff jedoch bleibt aus. Bei mir läuft das Fass über, der Tag ist gelaufen.

Es kommt noch dicker: Podolski tunnelt links außen Pinto und drischt den Ball aus spitzem Winkel hoch ins kurze Eck. Dieses Mal ist es Dr. Drees egal, dass Chihi in der Mitte im Abseits steht, der Treffer zählt, 2:0 für Köln (86.). Drei Minuten Nachspielzeit helfen nicht, es bleibt bei einem Ergebnis, das einen mehr als schalen Beigeschmack hat. Betretene Mienen, wütende Gesichter, heiße Diskussionen im RSV-Restaurant. „Das Wochenende ist gelaufen", denke ich bei mir. Statt Platz zwei bleiben wir in Lauerstellung, während sich die Bayern oben absetzen. Können die Roten dem Rekordmeister im nächsten Punktspiel ein Bein stellen? Vorher kommt Besuch aus der Europa League: Wird 96 gegen Kopenhagen punkten?

20.10.2011
96 – Kopenhagen

Europaphorie, zweiter Akt, dritter Aufzug Ein Traumpass vom Gegner und ein träumender Kapitän

Vier Punkte nach zwei Spieltagen sind eine ganze Menge wert in der Gruppenphase der Europa League. Ungeschlagen geht 96 ins Heimspiel und kann mit einem Sieg schon die halbe Miete einfahren. Die Kopenhagener sind keine Laufkundschaft, darüber kann die klare Niederlage in Lüttich nicht hinwegtäuschen.

Ich habe meine Karte weiter gegeben, und das aus gutem Grund: das erste Vierjahreszeiten-Märchen wird heute vorgestellt, Freunde, Presse und einige Fans sammeln sich im Ferry zur Lesung. Natürlich wird die Buchpräsentation exakt auf den Spielbeginn ausgerichtet. Doch für den Weg ins Stadion ist die Zeit zu knapp. Also genießen wir bei lecker Curry Pommes die Großbildleinwand im Ferry.

Das Bemerkenswerteste an der Anfangsphase ist eine kuriose Szene in der 12. Minute. Ein Bruch ist die Ursache: dem Assistenten ist die Fahne kaputt gegangen. Dann geht es weiter. Es wird langsam munterer. Erste Chance für Schlaudraff, der am Strafraumrand den Ball nicht voll erwischt und hängen bleibt (19.). Da war mehr drin, aber das sollte noch kommen. Pander nähert sich nach schönem Zuspiel von Schlaudraff an, sein Schuss ist nicht genau genug. Kein Problem für den dänischen Keeper Wiland (27.). Unmittelbar danach Ya Konan mit einem Aufsetzer, auch dieses Mal hält Wiland (28.).

Es braucht die Unterstützung des Gegners, und die kommt in Form eines wunderbaren Fehlpasses von Claudemir, der den Ball vorm Strafraum quer direkt in die Füße von Pander spielt. Der fackelt nicht lange und schlenzt den Ball wunderbar ins linke Eck. 1:0, besser kann man nicht ins Spiel kommen. Die Stimmung kommt selbst am Bildschirm wunderbar rüber, das Ferry tobt mit. Kommen wir zum ersten Heimsieg? Chancen sind da: Moa leistet tolle Vorarbeit und legt auf Ya Konan zurück, der zieht ab – knapp danebeneben (41.). Kurz darauf Schlaudraff, mit dem Turbo im Gepäck allein vor Wiland, versucht es mit einem Heber. Im Nachfassen bekommt Kopenhagens Keeper noch die Finger ans Leder. So langsam müssten wir deutlicher führen, Torchancen der Dänen praktisch null. So geht es mit einem 1:0 in die Kabine.

Wir sind uns einig: da war mehr drin. Natürlich kommt die berühmte hannoversche Skepsis ins Spiel. Die dänische Weltauswahl hat bis hierhin keinen großen Fußball gezeigt, nichts, was einen beunruhigen muss. Trotzdem kann man durch das Auslassen von Chancen praktisch jeden Gegner stark machen.

Die Roten lassen sich zunächst nicht beirren, ignorieren unsere Skepsis offenbar. Drei, vier heiße Angriffe direkt nach der Halbzeit, die beste Phase in diesem Spiel. Es sieht danach aus, dass Slomkas Mannen hier unbedingt den zweiten Dreier in der Gruppenphase einfahren wollen. Moa Abdellaoue versucht es mit dem Kopf, prallt dabei mit Keeper Wiland zusammen, während Sigurdsson den Ball wegköpft (47.). Kurz darauf traut sich Cherundolo weit nach vorn und schlenzt aus spitzem Winkel aufs lange Eck. Kein Problem für Wiland (52.) Wir genießen das Spiel und die Spannung im gut gefüllten Ferry, während mein Sohn und mein Vertreter im Stadion Teil der Fan-Stimme sind. Die sehen dort, wie das Spiel etwas verflacht. 96 weniger zwingend, die Dänen kommen etwas besser ins Spiel, ohne dass sie große Besorgnis auslösen.

Vielleicht sind die Roten, die Führung im Rücken, zu unbesorgt. Wenigstens rächt sich, dass unser Team keinen zweiten Treffer draufgelegt hat. Ecke Kopenhagen, Kopfball N´Dyoe, und schwupps, steht es 1:1 (67.)! Zieler sieht dabei nicht glücklich aus, doch was spielt das für eine Rolle? Das Spiel fängt von vorn an, noch 23 Minuten! Können unsere Jungs das noch umbiegen? Slomka reagiert, bringt Rausch für Schulz (72.), 96 wird noch einmal energischer. Doch zunächst wird es nochmals kurios: Lattentreffer von Pinto, aber aufs eigene Tor bei einer Rettungsaktion gegen Bolano (77.). Aus dem Spiel heraus klappt wenig. Na klar, dann muss es ein Freistoß richten. Für solche Dinge ist immer mehr Pander zuständig. Fast von der Mittellinie haut er den Ball mit enormem Effet ins Zentrum. Dort lassen die Gäste den Ball nach vorn prallen.

„Aus dem Hintergrund müsste Pinto schießen. Pinto schießt und TOOOOOOOOR, TOOOOOOOOR, TOOOOOOOOR."

Was für ein Kracher, sicher 26 Meter, unser kleiner Motor drischt einfach drauf und haut den Ball rechts flach ins Eck (81.). Das muss man gegen einen limitierten Gegner doch schaffen, noch zehn Minuten. Wieder Mal ein 2:1? Wir klatschen ab, nehmen einen kräftigen Schluck und fiebern mit angespannten Mienen mit. Die Dänen kurz darauf mit einer Kopfballchance, knapp drüber (83.). Dann wechseln die Dänen Santin ein. Doch die nächste gute Chance hat Ya Konan. Sein Schlenzer von der Strafraumgrenze geht nur knapp vorbei. Stoppelkamp trifft eine Minute später ebenfalls mit einem Schlenzer zwar besser, doch in die Arme von Wiland (88.). Dann geschieht, was nicht passieren darf: Schneller Gegenzug auf der linken Angriffsseite der Gäste, steil auf Santin. Cherundolo träumt vor sich hin und startet zu spät, eilt dann hinterher und kommt nach dem nachfolgenden Doppelpass zwischen Santin und N´Doye gleich noch einmal zu spät. Santin aus halblinker Position schließt ab, nicht unbedingt ein Hammer, doch der Ball rutscht Zieler durch die Beine und trudelt in Slo-Mo ins lange Eck, 2:2 (89.).

Verdammt, ist das bitter. Ein bisschen bin ich froh, dass ich heute nicht im Stadion bin. Solche Momente hasse ich. Viel besser ist es im Ferry auch nicht, wo betretene und ratlose Gesichter einander hilflos ansehen. Der Drops ist gelutscht. „Aus, aus … Das Spiel ist aus."

Verflixt. So etwas, das sagt jeder Trainer nach einem solchen Spiel, darf man nicht mehr aus der Hand geben. Auf jeden Fall muss *in* Kopenhagen nun gepunktet werden. Aber schaffen die Roten, die in der Liga auswärts noch nichts gerissen haben, in der Europa League zwei Auswärtssiege? Man darf skeptisch sein. Zunächst jedoch geht es weiter mit Leckerbissen für die heimischen Fans. Kein geringerer als der Rekordmeister gibt sich als Nächster die Ehre. Doch wie will man diese Übermannschaft, gespickt mit Stars und internationaler Erfahrung, schlagen, wenn man einen vergleichsweise namenlosen Gegner wie den FC Kopenhagen nicht bezwingt?

Moa beschert sich selbst

Einmal im Jahr, so viel ist sicher, ist die Arena voll. Man könnte sicher die doppelte Anzahl Karten verkaufen und immer noch würde Mancher traurig draußen bleiben müssen, wenn der deutsche Rekordmeister kommt. Für mich ist es das erste Mal, dass ich die Bayern live sehe. So nehme ich mit leicht erhöhtem Puls und Blutdruck inmitten der „Familie" Platz, die vermutlich ganz ähnliche Gefühle plagen.

Zunächst gibt es Aufregung der ganz anderen Art: mit – wie nennt man das? – hoher Präsenz geht die Polizei in die Fan-Blocks und versucht, Pyrotechnik und andere unerlaubte Utensilien einzusammeln. Dabei wird nicht gerade zimperlich vorgegangen, es kommt zu Handgreiflichkeiten, Pfefferspray wird eingesetzt, Eskalationen drohen. Nach wenigen Minuten beruhigt sich die Situation, die Unruhe bleibt: angespannte Dialoge, auch in unserem Block. In der Fankurve bleiben während des Spiels Plätze, vor allem die der „Ultras", frei. Die Stimmung ist zunächst irgendwie verhangen. Spaß machen Schilder, auf denen in großen Lettern „koan Titel" zu lesen ist. Für alle, die dabei sind, wird es ein Spiel, das fast jede Minute spannend, ereignisreich und rassig, kurz: eines der geilsten Spiele der Saison, – und das nicht nur auf die Begegnungen der Roten bezogen.

Zunächst zeigen die Mannschaften vor allem den Trainern und Taktikern ihr Können. Die Bayern, seit acht Spielen ohne Gegentor, auswärts viermal unbesiegt, machen ebenso geschickt die Räume eng wie die Roten, die mit Kampf und Beinarbeit gut dagegen halten. Dann schickt Pander Abdellaoue auf halbrechts, der aber nur den Außenpfosten trifft (13.). Was wäre das für ein Geschenk gewesen! Praktisch im Gegenzug setzt sich Ribery einmal durch, dessen Flanke köpft Gomez mit Wucht aus 8 Metern. Doch Zieler zeigt, warum Jogi Löw ihn schätzt: mit einem Wahnsinns-Reflex faustet er den Ball aus der Gefahrenzone (14.). Die Fans skandieren: „Du hast die Haare schön ..." Nicht besonders originell, aber sehr unterhaltsam, wenn man das Herz bei der richtigen Mannschaft hat.

Nach Doppelpass mit Ribery prüft Luiz Gustavo Zieler, der hat erneut keine Mühe (18.). Kaum zwei Minuten später hilft Zieler die Latte beim Kroos-Schuss aus 20 Metern. Stirn abtupfen, durchatmen. Wie lange wird das gut gehen? Bis zur 22. Minute. Da fällt Lahm Cherundolo im Strafraum, klarer Elfer. Geburtstagskind Moa schnappt sich das Leder und holt sich sein Geschenk, indem er sicher verwandelt, Hannover: EIIIIIINS! Bayern München? NUUUUUUUUULLL (22.)!!! Jetzt brennt das Stadion, allerdings nicht im wörtlichen Sinne. Pyrotechnik bleibt aus, das Feuer hat das Publikum gepackt. Neuer darf seine Rekordjagd beenden, die zu-null-Serie der Bayern ist Historie!

Auch auf dem Platz wird es nun feurig. Pinto wird im Mittelfeld gefoult, macht vielleicht etwas mehr Theater als nötig. Das veranlasst Boateng zu seinem längsten – und letzten – Sprint des Tages: vom Strafraum bis zum Seitenaus geht sein Spurt, wo sich ein Rudel bildet. Turbulente Szenen, es dauert zwei, drei Minuten, dann fallen die Karten: Schulz sieht Gelb, Boateng glatt Rot (28.)! Das wird später noch für Diskussionen sorgen, doch 96 hat vorläufig alle Trümpfe in der Hand. Klar ist, dass ein Nationalspieler, sei er noch so jung, solche Aktionen nicht bringen darf.

Pander nutzt den Platz als Erster, zieht aus 20 Metern ab, doch der Ball segelt deutlich rechts vorbei. Eine Minute darauf sieht „Dolobama" Gelb (33.). Bayern auch zu zehnt gefährlich: Müller spielt einen Pass von Badstuber volley an Gomez weiter, der aber knapp vorm Tor im Fallen verzieht. Sie dürfen dreimal raten, welches Lied angestimmt wird ... (38.). Genau so geht es Stindl, der Moas schöne Hereingabe nicht sauber aufs Tor bekommt, knapp drüber (45.). Es geht mit 1:0 in die Halbzeit. Wir diskutieren, ob der berüchtigte Bayern-Dusel heute ausbleibt, ob die Roten mit elf Mann das Spiel beenden, ob Rot Rot war und kriegen den Puls in 15 Minuten nicht auf aerobe Werte.

Wird die Überzahl uns helfen, die kleine Sensation zu schaffen? Es wäre der dritte Sieg im zehnten Spiel gegen die Bayern! Es geht weiter, wie es aufgehört hatte. Schulz, früh verwarnt, bleibt auf der Bank, Rausch kommt für ihn. Es geht hin und her: Gomez, frei vor Zieler, findet in unserem Keeper erneut seinen Meister (48.). „Du hast die Haare schön ...!" Ich hatte noch nie so viel Freude an diesem Lied!

Dann krönt Pander seine immer stärkeren Leistungen. Rausch verspringt der Ball zunächst, doch er erobert das Leder mit einer Kampfgrätsche zurück, leitet direkt zu „Pander-Struck" weiter. Der nimmt Maß und zieht aus 22 Metern ab. Luiz Gustavo fälscht ab, der Ball trudelt ins linke Eck des Bayern-Tors, 2:0 (50.)! Die Arena explodiert geradezu! Ohrenbetäubender Jubel, fast grenzenlose Freude, ein mär-chen-haf-ter Moment: David gegen Goliath, zwei Tore Vorsprung für den Hannoverschen Fußballzwerg! Noch vierzig Minuten ...

Die Bayern lassen nicht locker, wollen auch mit zehn Mann punkten. Um es leichter zu haben, versuchen sie einiges im Zweikampfverhalten. Ein Bomben-Test für internationale Spiele! Erst bekommt Zieler gelb, dann greift unser Kapitän ans Trikot des französischen Hauptdarstellers. Der lässt sich nicht lange bitten und kommt mit erheblicher Dynamik zu Fall. Gelbrot für Stevie, wohl berechtigt, vor allem für mangelnde Cleverness (63.). Wird es noch einmal eng?

Es wird! Lahm haut aus 20 Metern drauf, Zieler klärt im Nachfassen (63.). Die Roten fast nur noch in der eigenen Hälfte. Kroos mit einem Freistoß-Lupfer, kein Problem für Zieler. Gomez per Kopf auf Luiz Gustavo, der verzieht aus 14 Metern (71.). Hannovers Fans und Mannschaft geben alles, Bayern drängt. Pulsrasen alle drei Minuten, geil! Bayern kommt nur zu wenigen klaren Chancen, die rote Festung hält noch. Entlastung nur noch nach Standards, Panders Freistoß fliegt einen halben Meter zu hoch (80.), schade. Dann ein brillanter Pass von Lahm auf den unglaublich zielstrebigen Alaba, kurz zuvor eingewechselt. Der fackelt nicht lange und drischt den Ball – war das Pike? – ins kurze Eck – 2:1 (83.)! Das Zittern beginnt, Heynckes bringt Olic für Gomez.

Wir sterben tausend Tode auf der Tribüne, 96 verteidigt mit Mann und Maus. Spielen da wirklich zehn gegen zehn? Schweinsteiger steht plötzlich frei am Fünfer, sein schöner Schuss klatscht gegen den langen Pfosten. Man kann das Stadion vor Erleichterung durchatmen hören. Vier Minuten Nachspielzeit, die Hölle! Dann bringt Neuer einen seiner diesjährigen Patzer. Er verdaddelt den Ball an der Außenlinie, Rausch kommt zum Schuss und verzieht knapp (90.+2). Mann, das wäre es gewesen! Noch einmal Freistoß Bayern. Alaba verpasst die Chance, zum Matchwinner zu werden, schlenzt hauchdünn am Dreieck vorbei. „Oh mein Gott", dürfte ein Gedanke Vieler in der Arena sein. Endlich hat Gräfe ein Einsehen und die Pfeife im Mund: 96 schlägt Bayern 2:1, der Endstand! Es ist amtlich. Schon wieder eine Mannschaft aus der Belle Etage gestürzt!

Die Spannung löst sich in fast gewalttätiger Form, grenzenloser Jubel. Wir klatschen, bis mir die Arme weh tun. Über 90 fantastische Minuten lang stand die Arena hinter den Roten, nun steht sie vor ihnen. Tausende lächelnde, tief zufriedene Gesichter, Momente, die man wohl nicht vergisst. Die müde Mannschaft holt sich den verdienten Applaus ab, natürlich applaudiert sie ihrerseits. Die Bayern, die nach dem Spiel über Pinto und über Boatengs völlig verdiente rote Karte wettern, haben längst das Spielfeld verlassen. Hier ist heute nur ein Star gefragt: das Team der Roten. Welch ein Fest, und das zu Moas Geburtstag. „Den wird er sicher rot ankreuzen", denke ich.

Ist das der Startschuss für die Hannoversche Rakete? Vielleicht im Pokal, den wir vor zwanzig Jahren das letzte Mal gewonnen haben? Wer Bayern schlägt, müsste auch gegen Mainz etwas reißen, oder? Was hätte Sepp Herberger wohl dazu gesagt? …

HAZ

Fußballkrimi
Sensationelles Spiel der „Roten" gegen den FC Bayern München: Hannover 96 hat am Sonntagabend der Rekordmeister mit 2:1 besiegt – und steht damit auf dem vierten Tabellenplatz.

FAZ

Und Bayern verliert doch

Süddeutsche.de

Hannover 96 schlägt den FC Bayern „Wir hatten eine Strategie"

Hannovers 2:1-Sieg gegen die Bayern war teilweise dem Unglück des Rekordmeisters geschuldet - jedoch auch der eigenen starken Leistung

Neue Presse

Hannover 96 besiegt Bayern 2:1
Zwei Dummheiten und ein halbes Eigentor haben die Super-Serien von Manuel Neuer und Bayern München gestoppt.

DFB-Pokal, 26.10.2011
96 – Mainz 05

Ya Konans Elfer
erspart das Elfmeterschießen

Die Saison ist anstrengend. So viele Spiele sind auch für Fans nicht ohne. So haben wir lange überlegt, ob wir uns das Pokalspiel gegen Mainz live ansehen. Am Ende gehen wir doch, Südseite. Familienblock, nicht sonderlich gut gefüllt. Vor dem Spiel erst einmal Schlange stehen, nervtötend: die Kartenabholung für die Südseite findet auf der Nordseite statt und zieht sich wie Brei. Wir kommen hauchdünn vor Spielbeginn auf unseren Plätzen an. Vermutlich dürften einige den Spielbeginn gar nicht mitbekommen, ärgerlich, weil vermeidbar. Nun sind wir im Block und geben unsere Tipps ab. Das Stadion ist wohl zu zwei Dritteln gefüllt. Pokal gegen Mainz, nicht unbedingt ein Knüller.

Ist es die etwas zurückhaltende Atmosphäre, ist es Hochnäsigkeit nach dem tollen Sieg gegen Bayern, macht sich vielleicht Kräfteverschleiß bemerkbar? Die Roten starten saft- und kraftlos, Mainz hingegen macht Dampf von Anfang an. Als wenn man nicht wüsste, wie gefährlich Tuchels Truppe ist, wenn man sie ins Spielen kommen lässt! Schon nach acht Minuten die erste ganz dicke Chance für Mainz, Malli schließt aus zehn Metern ab. Zieler hält mit einer fantastischen Parade.

Danach ist Mainz die bessere von zwei dürftigen Mannschaften. Das beste bei den Roten ist noch die Abseitsfalle. Offensiv dagegen passiert fast gar nichts. Ungenauigkeiten und halbherzige Zweikämpfe bringen die Mainzer immer wieder ins Spiel. Denen muss man lediglich den Vorwurf machen, dass sie ihre Chancen nicht konsequent zuende spielen. Immerhin, in der 22. Minute prüft Stindl mal Wetklo aus 15 Metern, aber kein Problem. Zwei Minuten später setzt sich Caligiuri gegen zwei Hannoveraner im Strafraum durch und zieht im Fallen ab – hauchdünn vorbei (24.). Das Spiel plätschert, Fußball teils zum Abgewöhnen. 96 zu müde, Mainz wacher, aber nicht mit genug Qualität, um Zählbares zu erarbeiten. Hannover auch mit Standards nicht wirklich gefährlich. Wo sind die Ideen, wo ist die Beinarbeit, der Siegeswille? Wir sind froh, dass Halbzeit ist, und hoffen auf Besserung.

Stoppelkamp, zur zweiten Halbzeit gekommen, hat die erste erwähnenswerte Chance. Auf Pass von Moa zieht er von der Strafraumgrenze ab, doch sein Schuss ist, wie so oft, viel zu harmlos: Wetklo fängt (50.). Wann trifft Stoppel endlich mal, wenn es um etwas geht? Es wird nicht besser. Plötzlich ein Geistesblitz von Malli, Choupo-Moting taucht frei vor Zieler auf, bringt den Ball aber nicht im Tor unter (57.). Das Eis wird dünner für die Roten. Mainz klar die bessere Mannschaft, und das in unserer Arena! Im Gegenzug endlich einmal Moa, der aus 16 Metern drauf hält. Wetklo muss nachfassen (58.). Um so ein Spiel zu gewinnen, braucht man reichlich Glück. War das ein Weckruf? Vier Minuten später, Riesenchance für Stindl. Sein Geschoss nach Panders Freistoß wird von Wetklo klasse pariert. Die beste Phase der Roten! Pander aus 30 Metern, dieses Mal rettet die Latte für Mainz (69.). Das war es aber auch in der regulären Spielzeit, es gibt Verlängerung. Die hat dieses dürftige Spiel eigentlich gar nicht verdient. Aber gut, so sind die Regeln.

Die Verlängerung beginnt so schlecht, wie sie nur beginnen kann. Die 93. Minute bringt das 0:1 für Mainz: Flanke von Pospech, fast von der Grundlinie an den langen Pfosten, über Cherundolo und Zieler hinweg. Ivanschitz sprintet genau zum richtigen Zeitpunkt los und drückt den Ball aus kurzer Distanz über die Linie, 0:1 (93.). Das Stadion verstummt, Leichen-Stimmung in der Arena. Dann doch wieder Anfeuerung, die Mainzer haben es nun leicht. Die Roten wirken kraftlos, die Karnevalisten sind nur noch auf die Defensive konzentriert. Ein zähes Ringen um jeden Meter, wobei die Gäste meist das bessere Ende für sich haben. Stoppelkamp sorgt mit einer Flanke, die zum Torschuss mutiert, für die einzige Gefahr in der ersten Hälfte der Verlängerung.

Auch die zweite Hälfte der Verlängerung bringt kaum Besserung. Wir glauben fast nicht mehr dran, die Uhr tickt gnadenlos herunter. Zwei Minuten Nachspielzeit, die Roten mit Mann und Maus vorne. Dann geht Fathi im Strafraum ungestüm zu Werke und fällt Stindl: unfassbar, Elfmeter. An der Seitenlinie sieht man Tuchel wie ein HB-Männchen toben. Verwunderlich, dass dort niemand für Ruhe sorgt. Ya Konan schnappt sich den Ball. Das gefällt mir gar nicht. Eins ist klar: wenn er trifft, gibt es mindestens zehn weitere Elfer.

Nach einigem Zinnober und Diskussionen wird der Elfer freigegeben. Didier läuft an, hält auf die Mitte – und findet Wetklos Füße, der den Braten gerochen hat. Aus, vorbei, Ende – 96, zugegeben, verdient ausgeschieden, Ya Konan ein Häufchen Elend statt strahlender Held, die Mannschaft teils tröstend, teils niedergeschlagen mit den Hintern im Grünen. 96 und DFB-Pokal, das passt irgendwie nicht mehr.

Nun geht es in der Liga nach Gladbach, Verfolgerduell. Wird es gegen Favres Fohlen gelingen, die Scharte auszuwetzen?

Reus nicht zu bremsen

Die Relegation hat Mönchengladbach letzte Saison gerettet. Ein Sieg gegen die Roten kurz vor Saisonende hatte die nötigen zwei Punkte Vorsprung auf zu Frankfurt gebracht, so wie ein Jahr zuvor ein klarer Sieg von 96 gegen Gladbach die Tür zum Klassenerhalt offen gehalten hatte. Nun stehen sich die Überraschungsmannschaft der Vorsaison und die der aktuellen gegenüber. Ein Name steht als Symbol für den Gladbacher Höhenflug: Marco Reus, schnell, technisch stark und mit einer gehörigen Portion Frechheit ausgestattet. Werden Slomkas Jungs nach der Niederlage gegen Mainz die Energie haben, einen wie ihn zu bremsen?

Mein Wunschergebnis ist ein Unentschieden, das würde helfen, vor Gladbach zu bleiben und den Blick nach oben zu richten. Das Ferry ist wie immer voll, Peter offenbar auch schon, als wir uns an unsere üblichen Plätze begeben. Pinto und unser Kapitän sind gesperrt, Lala und Chahed rücken in die Mannschaft. Sicher nicht die besten Voraussetzungen, um gegen bislang starke Gladbacher etwas zu reißen. Aber was hilft es, zu lamentieren?

Das Spiel beginnt mit spielerisch starken Gastgebern, die viel Druck gegen den Ball ausüben. Fantastische Arbeit von Favre, der aus einem Hühnerhaufen eine taktisch fast perfekt eingestellte Mannschaft geformt hat. Die Roten werden früh in der eigenen Hälfte attackiert, danach strukturierte und oft flotte Angriffe der topfitten Gegner. Schon nach fünf Minuten Herrmann mit einem Warnschuss von der Strafraumgrenze. Kaum Raum zum Luft holen für 96, dann aber ein schöner Angriff über Schlaudraff. Der setzt Pander am Strafraum mit einem wunderbaren Querpass in Szene. Unser Linksfuß drischt den Ball knapp vorbei. Schade, das wäre ein perfekter Startschuss gewesen. Kurz darauf spielt ausgerechnet Mike Hanke einen klasse Pass auf Reus. Der lässt Pogatetz mit einem Haken aussteigen und schließt dann durch dessen Beine ab. 1:0, nicht unverdient, leider (21.).

Hannover geschockt? Mitnichten! Schon fünf Minuten später hilft wieder einmal ein Standard. Wenig überraschend, dass Pander dabei im Spiel ist: sein 40-Meter Freistoß ist aufs Tor gezogen, am langen Pfosten kommt Pogatetz zum Kopfball und verwandelt – der Ausgleich (26.)! Insgesamt sehen unsere Jungs weit besser aus als gegen Mainz, die Beinarbeit stimmt. Spielerisch geht sicher mehr, aber dieses Spiel ist noch offen. Wir klatschen ab, prosten uns zu. Gladbach, also bitte – das muss doch zu schaffen sein! Gladbach will gewinnen, bleibt überlegen, erspielt sich aber wenig klare Chancen. Hinten kämpfen die Roten, retten immer wieder mit Glück oder durch Zieler, wie in der 38. Minute: Reus setzt sich durch und zieht aus spitzem Winkel ab, doch unser junger Keeper zeigt einen Bombenreflex. Immer wieder klären unsere Verteidiger knapp, so retten wir ein 1:1 in die Pause. Geht hier noch was?

Mit Respekt und Anerkennung diskutieren wir das Spiel. Speziell Reus hat uns tief beeindruckt, aber auch die Mannschaftsleistung der „Fohlen". Tolle Laufarbeit, starke Zweikämpfe, sehr guter Verbund. Die spielen das, was uns letzte Saison so stark gemacht hat. Auf jeden Fall ist diese Mannschaft kein Abstiegskandidat. Man muss froh sein, wenn man hier etwas mitnimmt.

Die Chance besteht, ohne Zweifel. Schon in der 47. Minute könnte das Spiel eine andere Richtung bekommen. Freistoß, von wem wohl? Natürlich Pander, der wieder einmal seine „Kirsche" auspackt und mit seinem Aufsetzer aus dem Halbfeld ter Stegen zu einem Riesen-Reflex zwingt. Poooh, das war knapp! Es wird nun munterer, vor allem von den Roten. Wenn da nicht dieser verflixte Reus wäre. Erst zieht der durch die Mitte, doch Zieler pariert

(50.). Dann ist es passiert: Nordtveit verlagert das Spiel mit einem wunderbaren Diagonalpass auf Arango, der leitet direkt weiter auf Reus. Mit Tempo zieht der von links nach innen, lässt Haggui wie eine Slalomstange stehen und trifft aus 15 Metern unhaltbar ins kurze Eck. 2:1, wieder dieser Reus (51.). Der Junge ist wirklich beeindruckend. Aber war das abseits? Hauchdünn, wenn überhaupt.

96 ist nicht bereit, das Spiel wegzuschenken, macht nun Druck. Slomka bringt Ya Konan für Lala. Die Roten nun offensiver, kommen auch zu Chancen. Doch immer wieder klären die Gladbacher, zwei Mal Brouwers vor Ya Konan (57., 67.) In der 69. Moa frei vor dem Tor, der Ball geht weit drüber. Die Gastgeber kontern ihrerseits gefährlich, haben aber ebenfalls im Abschluss kein Glück. Arango (71.) und natürlich Reus (78.) kommen nicht mehr zum Erfolg. Auch Herrmann scheitert in der Schlussminute. So bleibt es beim etwas unglücklichen 2:1.

Am Ende macht Reus den kleinen Unterschied, da sind wir uns einig. Der Junge hat Riesentalent. Wäre schön, so einen mal bei den Roten auszubuddeln, aber da ist wohl auch viel Glück dabei. Ob der wohl nächste Saison noch bei Gladbach spielt, darf bezweifelt werden. Egal, die Punkte sind im Eimer, aber die Leistung war deutlich besser als am Mittwoch im Pokal. Nun geht es zurück auf die europäische Bühne. Wird 96 in Kopenhagen das Unentschieden aus dem Heimspiel ausbügeln? Schon im Vorfeld ist klar, dass tausende Fans die Reise nach Dänemark antreten werden. Noch weiß niemand, *wie* bemerkenswert dieses Auswärtsspiel wird – in jeder Hinsicht!

3.11.2011
FC KOPENHAGEN – 96

Europaphorie, zweiter Akt, vierter Aufzug
Wozu braucht man eigentlich Fantasie?

Schon seit Tagen freuen wir uns auf die Reise in die wunderbare dänische Hauptstadt. Meine Liebste Steffi begleitet mich. Das Chaos um die Karten für Kopenhagen ist fast vergessen, als wir alles Nötige ins Auto laden, um früh auf die Bahn zu kommen. Etwas müde, aber gut gelaunt, machen wir uns auf die A7. Schon nach wenigen Kilometern ist klar, dass die Roten heute das Geschehen bestimmen. Alle naslang begegnen wir Autos und Bussen voller 96-Fans. Wir fahren bis hinter Hamburg durch, Gott sei Dank ohne Stau.

Dann fordert die Blase eine Pause ein, Halt auf einem Parkplatz direkt hinter Stillhorn. Hier wird es richtig lustig: Ein knappes Dutzend Autos steht dort, praktisch alle mit dem gleichen Ziel: Kopenhagen.

Wir machen die Platzwart-CD an – unsere Nachbarn auf dem Parkplatz können noch besser: „Europa-Pokaaaaaaaaal... „ dröhnt es aus den Lautsprechern des silbernen A4-Firmenwagens. Tanja und die vier Jungs sind äußerst fröhlich. Wir singen gemeinsam mit wildfremden Menschen. Alle haben Spaß.

Ein Bus trifft ein – und wir bekommen eine Ahnung, wie die Klappstühle aussehen, für die die Roten momentan in einer Tour Strafe zahlen. Eine Gruppe dunkler Gestalten zwischen fröhlichen Fans. Zwei richtig laute Böller werden gezündet. Ich fürchte, dass wir heute wieder Mal mit diesen Parasiten konfrontiert werden, die ihre persönliche Bengalo-Show aus einem Europapokal-Spiel der Roten machen wollen. Die ersten Blödmänner des Tages – nicht die letzten, doch eines ist klar: die sind in der Minderheit. Neben der Sorge um das Spiel der Roten mache ich mir Gedanken über einige Unverbesserliche, die immer wieder „zündeln" müssen. Ich hoffe, es bleibt friedlich in Dänemark.

Die Fahrt bleibt wunderbar entspannt und witzig. An der Tankstelle vor der Fähre treffen wir Tanja und die Jungs wieder.

„Würde mich nicht wundern, wenn wir irgendwo irgendwelche Bekannten treffen", sage ich kurz vor Fehmarn zu Steffi.

„Der Florian ist auch auf dem Weg nach Kopenhagen. Den habe ich vor 18 Jahren das letzte Mal gesehen."

Wir kommen sehr früh zur Fähre und haben Glück, dass wir als drittletzte mit aufs Boot kommen. Hier herrscht Ausnahmezustand: die Roten sind da, und wie: eine einzige Walze von Fans schiebt sich durch das Boot, singend, pichelnd, fröhlich grinsend. Kaum, dass wir vor dem Kiosk stehen, ist Steffi völlig aus dem Häuschen:

„Da ist Florian – das gibt es doch gar nicht ..." Im selben Moment begegne ich Culi und Matze, zwei alten Segelkumpels. Ohne Worte ... Später stehen wir oben auf Deck, als ich einen lustigen Fan mit Wikinger-Helm fotografieren will.

„Ey, warte mal, Du sollst ins Internet ..."

„Sag mal, bist Du nicht Penkman?"

Es stellt sich heraus, dass der Wikinger mein Buch als Reiselektüre mitgenommen hat – was für ein Zufall. Kaum, dass wir uns verabschiedet haben, spricht mich der nächste an:

„Bist Du nicht Penkman?"

Ich kann es kaum glauben: der junge Mann ist Schleswig-Holsteiner – und hat das Buch von meinem Cousin dritten Grades bekommen. Noch so ein Zufall! Wir kommen aus dem Grinsen nicht mehr heraus. Weiter geht's mit der roten Karawane nach Kopenhagen. Die dänische Autobahn scheint nur für 96 gebaut zu sein.

Wir halten an einem Schild: Kobnhavn – 96! Natürlich wird ein Foto gemacht.

Wir sind gut in der Zeit, als wir im Hotel – natürlich voller Roter – einchecken, wissen aber noch nicht, wie man zum Stadion kommt. Der Däne an sich hat es nicht so mit Schildern und Übersichtsplänen, schon gar nicht in der Bahn. Irgendwie erreichen wir eine Metro-Station. Dort steht ein verwirrt wirkender 96-Fan vor den Fahrplänen. Ich versuche selbst mein Glück an einer anderen Tafel und erkenne ungefähr, wo man hin muss. Da steht der verwirrte Fan plötzlich neben mir – ich denke, den kenne ich doch? Es ist Alex, der vor ein paar Jahren mein Haus gekauft hat. Wir gründen eine Allianz und wursteln uns durch zum „Parken-Stadion".

Welch eine Atmosphäre! Die Arena ist beeindruckend, ein wirklich schmuckes Stadion. Überall fröhliche Leute, Gesang, Sprechchöre, strahlende bis mittelschwer gerötete Augen voller Vorfreude. Vor dem Anpfiff schon wird – für mich – die Atmosphäre getrübt. Ein paar von diesen Pyro-Freaks müssen sich wieder selbst beweisen. Die Choreo im Fanblock ist wunderbar, aber diese Bengalo-Aktionen machen mich mittlerweile richtig, richtig sauer. Doch die Stimmung bleibt fantastisch und steigert sich noch – dank eines am Ende fantastischen Spiels der Roten.

Zunächst ist es ein gegenseitiges Abtasten. Das Spiel kommt nicht recht in Fahrt. Die Dänen eher mut- und ratlos. Die Roten zurückhaltend, wenigstens zurückhaltender als ihre Fans, so ergibt sich eine Halbzeit, der man wohl das Attribut „arm an Höhepunkten" verpassen muss. Es dauert fast 29 Minuten, bis N´Doye einen ersten Schuss versucht. Das aggressive und disziplinierte Zweikampfverhalten der Roten lässt nicht mehr zu. Kurz darauf sieht Zieler etwas unglücklich aus, als Santin bei fünf Metern überraschend den Ball bekommt. Doch Zählbares kommt nicht heraus. Ansonsten bleibt die Halbzeit langatmig und endet mit einem 0:0, mit dem die Roten wohl besser leben könnten als die Dänen, auch wenn im direkten Vergleich die Dänen zu diesem Zeitpunkt vorn liegen.

Die zweite Halbzeit sieht ganz anders aus. Für Pyrotechnik sind nun nicht mehr die Fans zuständig. Stattdessen brennen die Roten ein Feuerwerk ab. Mehr und mehr übernehmen sie die Initiative. Erste Warnschüsse von Stindl (51./54. Minute) bleiben noch erfolglos. Ich weiß mittlerweile, dass das Aufspringen bei spektakulären Szenen schmerzhaft enden kann. Der Stuhl klappt hoch, wer sich fallen lässt, fällt tief... Wir beschließen zu lernen. Und bekommen immer öfter Gelegenheit. Von den Dänen sieht man fast nichts. Es spielen deutlich mehr die Roten, für mich eine der besten Halbzeiten dieser Saison. Matze, ein alter Bekannter, wohnhaft in Herrenhausen, huscht vorbei, wir klatschen ab. Erneut Stindl (61.) scheitert, mein Sitznachbar Rainer meint, dass Stindl alles kann, nur nicht treffen. Ich stimme nicht ganz zu. Dann taucht Rausch vor der Bude auf, sein Schuss scheitert knapp.

Dann Ecke für Kopenhagen. Ich mache mir bei Ecken kaum noch Sorgen, zu selten klingelt es gegen die Roten nach derartigen Standards. Dumm nur, dass ausgerechnet heute die Dänen das Tor aus dem Nichts im Koffer haben. Der Ball wird hoch reingebracht, die Kopfballabwehr ist zu kurz – der Ball landet ausgerechnet bei N'Doye, der draufhält und – minimal abgefälscht – einnetzt. Wir sind konsterniert im Block A8. Die Dänen hinter uns hingegen aus dem Häuschen. Noch ...

Wie reagieren die Roten? Mund abputzen, weiter machen! Sie spielen, als hätte es kein 1:0 gegeben. Kaum sechs Minuten später gibt es den verdienten Lohn für eine starke Leistung: Chahed, stark am heutigen Tage, flankt auf Moa Abddellaoue, der per Kopf zu Schlauffi verlängert. Dieser ist endlich mal wieder humorlos und versenkt den Ball geradeaus in die rechte untere Ecke. Ein wunderbar herausgespielter Treffer. Rot kocht, tanzt, gröhlt. Weiß-Blau ist perplex. Es kommt noch besser. „Chancentod" Stindl erhält am rechten Strafraumeck, direkt vor unseren Füßen, den Ball, nimmt ihn brillant an und lupft ihn um den Gegner. Mit links (!) drischt er das Leder unhaltbar zum 2:1 in den Winkel (74.). In diesem Moment haben wir vier Punkte Vorsprung vor Platz drei in der Gruppe!

Der dänische Trainer probiert alles, wechselt drei Mal. Das ergibt eine gewisse Belebung, aber keine grundlegende Änderung. 96 rules, ok! Hoch konzentriert, mit Mut und Kraft zeigen sie, dass sie aus dem unglücklichen Hinspiel gelernt haben. Die dänischen Fans gehen bereits ab der 80. Minute – wie sich am Ende herausstellt, keine ganz dumme Entscheidung. Sie verpassen kaum brenzlige Szenen. Hochkonzentrierte 96er verteidigen das Ergebnis bis zum Ende. Die Fans feiern, die Mannschaft und der Trainer werden noch aus der Kabine geklatscht, ein Meer von Freude. Es dauert eine geschlagene halbe Stunde, bis wir Marit und ihre Freundin am Ausgang treffen. Der Abend endet fröhlich in einer schönen Kopenhagener Pinte, mit anständiger Live-Musik. Tausende Hannoveraner feiern mit! Was für ein Abend! Unvergesslich, wunderschön, zauberhaft – märchenhaft!

Wir genießen am Freitag, kaum verkatert, aber müde-glücklich die wunderschöne, etwas kalte dänische Hauptstadt. In den königlichen Pferdeställen kann Steffi glänzen – sie versteht etwas von den tollen Tieren dort – ich halte respektvoll Abstand. Wir treffen den Wikinger von der Fähre am Nihavn, zwischen diversen anderen roten Fan-Gruppen. Überall in der Stadt begegnen wir Roten und rufen uns mehr oder weniger dezent „Hannoooo-Veeeeeeeeeeeer" zu. Wir sind entspannt wie lange nicht und machen uns am Nachmittag auf den Heimweg … Überflüssig zu erwähnen, dass wir auch dort noch etlichen Fans begegnen. Etwas leiser nun, aber unglaublich zufrieden. Nach all den schrägen Erlebnissen schlafe ich am Abend in Hannover mit folgendem Gedanken ein: Wozu braucht man eigentlich Fantasie, wenn die Realität so fantastisch ist?

PRESSE-STREIFLICHTER
ANERKENNUNG FÜR EINE TOLLE AUFHOLJAGD UND STINDLS HAMMER-TOR

Frankfurter Rundschau

Hannover gewinnt 2:1 gegen Kopenhagen
… Dank einer starken Aufholjagd hat Fußball-Bundesligist Hannover 96 in der Europa League Kurs in Richtung Zwischenrunde eingeschlagen

RP Online

K.o.-Runde im Blick – 96 dreht das Spiel
Hannover 96 hat einen großen Schritt in Richtung K.o.-Runde in der Europa League gemacht.

Kicker

96 beendet Negativtrend - Dänen geben Führung aus der Hand

Schlaudraff und Stindl wenden das Blatt

Hannover 96 hat die Tür zur Zwischenrunde in der Europa League weit aufgestoßen. Die Niedersachsen gewannen beim FC Kopenhagen nach Rückstand mit 2:1 und haben nun bei noch zwei ausstehenden Spieltagen satte vier Punkte Vorsprung auf die Dänen.

FAZ.net

Hannover auf dem Weg in die K.o.-Runde

Hannover 96 steht vor dem Weiterkommen in der Europa League: Beim 2:1-Sieg beim FC Kopenhagen verwandeln die Niedersachsen einen 0:1-Rückstand noch zum Auswärtssieg. Lars Stindl erzielt ein Traumtor.

HAZ

Drei Punkte in Kopenhagen

Schlaudraff und Stindl schießen Hannover 96 zum Sieg

BILD

STINDL-HAMMER

Jetzt braucht Hannover noch einen Sieg.

Pukki vs. Papa ante Portas

Fantasie benötigt man nicht um sich vorzustellen, was los ist, wenn Schalke 04 in Hannover spielt. Fans, die zum Besten gehören, was der deutsche Fußball bietet, und ein Gegner, der mit Trainer Stevens und namhaften Stars wie dem wohl prominentesten Stürmer der Liga, Raul, natürlich die Hütte randvoll macht. Tolle Spiele wurden auch schon geboten. Das großartigste, an das ich mich erinnere, ist wohl das 4:2 aus der vorletzten Saison, das den Startschuss zum Saisonendspurt markierte, der mit dem Klassenerhalt der Roten endete.

Natürlich ist das Stadion auch dieses Mal randvoll. Auch heute wird Einiges geboten werden, allerdings nicht unbedingt ein glänzendes Spiel. Die „Familie" in N11 ist guter Dinge. Einige waren in Kopenhagen, andere hören neidvoll unsere Berichte, die wir gern mit glänzenden Augen und immer noch leicht heiseren Kehlen verbreiten. Die Stimmung ist gut, vielleicht aus biologischen Gründen einen Hauch leiser als sonst. Leise werden, das würde ich mir auch von den Schalker Fans wünschen. So wie damals, als wir zum Schluss dank Balitschs Hammer 4:2 siegten. Doch diese Hoffnung erfüllt sich zunächst nicht.

So ist anfangs die Kulisse deutlich besser als das Spiel. Ein bisschen zäh ist der Beginn, obwohl die Roten schon in der 8. Minute die erste Chance haben. Pinto taucht plötzlich frei vor Unnerstall auf, sein Schuss ist zu harmlos. Dann wird es ziemlich ruhig. Beide Mannschaften spielen das, was Trainer mögen, Zuschauer hingegen ärgert: mit disziplinierter Defensivarbeit machen sie Torszenen zu Mangelware. Dabei wirken die Roten besser, und zwar vor allem spielerisch. Das wirkt etwas überraschend bei der Klasse der Schalker Einzelspieler.

Wenn Spiele nicht so recht in Fahrt kommen wollen, jammern die Sportreporter immer nach einem Tor. Genau diesen Wunsch erfüllen leider zunächst die Schalker. Fuchs schickt Pukki steil durch die Mitte, der ist schneller als alle anderen, umkurvt Zieler und schiebt den Ball ins leere Tor, 0:1 (26.). Shit, f***, verdammt noch mal. Das Tor aus dem Nichts, dieses Mal gegen uns. Bis auf eine Ecke gleich zu Anfang war von den Knappen nichts zu sehen bislang. Wie wird sich das auswirken?

Die Roten machen keinen geschockten Eindruck. Kurz darauf legt sich ausgerechnet der Ex-Schalker Pander in halbrechter Position den Ball zurecht. Höchste Alarmstufe im Schalker Strafraum. Natürlich mit viel Effet und Dampf segelt der Ball Richtung Elfmeterpunkt und landet per Kopf wunderbar im rechten oberen Eck. JAAAAAAAA! Das ist die Antwort, 1:1 (29.). Wir blicken uns fragend an, wer war es? Eigentor? Eigentor! Papadopoulos ist der Unglücksrabe – Papa ante Portas! Ratlos steht er da, während die Fans der Roten ihre Freude ausleben. Niemand ist einsamer in einem Stadion als der Schütze eines Eigentors …

Breit grinsend genießen wir den Moment, der 96 so richtig ins Rollen bringt. Freistoß aus 18 Metern, Pander schlenzt knapp drüber (33.). Der Ex-Schalker will es seinem alten Club scheinbar zeigen, eine Minute später der nächste Schussversuch, der aber bei Moa landet. In letzter Sekunde rettet Unnerstall. Dann wird es richtig aufregend. Jones, einer meiner „speziellen Freunde", zeigt mal wieder seinen Charakter und zieht als letzter Mann Moa, der frei aufs Tor marschiert am Trikot. „ROOOOTTT" brülle ich sofort, doch Schiedsrichter Stark hat kein Ohr für mein Ansinnen, zieht lediglich die gelbe Karte. Indiskutabel, aber nicht zu ändern. Kaum zwei Minuten später Zweikampf im Strafraum, Papadopoulos erneut im Blickpunkt: er fällt Abdellaoue, doch Schiedsrichter Stark winkt ab. Zu allem Überfluss gibt es noch Gelb für Schlaudraff, der mit dieser Entscheidung nicht einverstanden ist. Meine Gesichtsfarbe nähert sich der von Uli Hoeness nach einer 0:3-Heimniederlage gegen Bochum!

15 Minuten Halbzeit reichen normalerweise, um bei einem Bier und einer Bratwurst das Gemüt ein wenig zu beruhigen. Heute gelingt dies nicht, und leider wird auch in der zweiten Hälfte noch Öl ins Feuer gegossen werden. So geht es nach der Pause elf gegen elf weiter.

Die besseren Elf bleiben zunächst die Roten. Stindl mit einem Kopfball setzt das erste Ausrufezeichen, knapp drüber (52.). Dann taucht das Schreckgespenst des Tages vor dem Tor von Zieler auf, doch Pucki verzieht aus spitzem Winkel (56.) Praktisch im Gegenzug steht Ya Konan frei vor dem Tor, auch er zielt knapp vorbei. Das Spiel ist jetzt richtig klasse, kaum Zeit zum Atem holen. Slomkas Jungs mit viel Drive, und endlich klingelt es! Schlaudraff am rechten Strafraumeck mit einer genialen Flanke. Mit dem Außenrist zieht er eine Bogenlampe zum langen Pfosten. Dort steigt Moa Abdellaoue am höchsten und tütet den Kopfball sauber ein. 2:1, ein Traumtor (59.).

Die Schalker drängen auf den Ausgleich, zunächst kommt nicht viel dabei heraus. 96 ist mit Kontern zielstrebiger. Wenn Schalke gefährlich wird, dann durch Pukki, der immer wieder nah dran ist. Dann schickt Stindl Schlaudraff, ein toller Pass, doch Schlauffi gerät ins Stolpern (70.). Kurz darauf probiert es Pinto mit einem Fernschuss, zu harmlos. Ein brillanter Spielzug bringt das nächste zählbare Ergebnis, leider ist erneut Pukki im Spiel. Farfan zieht an der Mittellinie los, niemand hindert ihn ernsthaft daran.

„Mensch, holt Euch doch Gelb ab", rufe ich, doch leider hört mich wieder keiner. Farfans Pass kommt präzise in den Sechzehner, wo der Finne den Ball nach rechts legt und dann aus spitzem Winkel genau ins lange Eck zielt. Der Ausgleich, 2:2! Wird das noch was heute? Dann kommt wieder mein Freund Jones ins Blickfeld. Dieser, Verzeihung, unfaire Knopf beginnt eine Rangelei mit Stindl. Stark belässt es bei einer Ermahnung, womit wir gleich zwei Buh-Männer hätten – spätestens jetzt hätte Jones den Platz verlassen müssen.

Nun spielen beide Teams mit offenem Visier. Jeder will hier gewinnen. Moralisch, denke ich, kann es heute nur einen Sieger geben. Allerdings braucht es zwei Glanztaten von Zieler gegen Holtby, um die Roten im Spiel zu halten (86.). Die letzte Chance ergibt sich für Kocka Rausch, sein Schuss streicht knapp am Tor vorbei (89.) Pooooooooh, was für ein Spiel. Wir sehen einander etwas ratlos an, sind uns aber einig: Das war eine der besten Darbietungen in dieser Saison. Wer nicht dabei war, hatte Pech!

Unsere Bilanz wird später durch die Fernsehbilder bestätigt: 96 besser, Stark in mindestens drei Szenen deutlich daneben. Ob das am Ausgang des Spiels etwas geändert hätte, spielt keine Rolle: dieses Unentschieden ist nun schon mindestens das vierte Spiel, das mit einem schalen Beigeschmack gewürzt wird. Allerdings hatten unsere Jungs es selbst in der Hand, die Führung zu verteidigen oder gar auszubauen. So bleibt zumindest eine Erkenntnis: auch die großen Teams der Liga beißen sich in der AWD-Arena die Zähne aus. Werder, Dortmund, Bayern und Schalke können hier nicht gewinnen in dieser Saison. Das hat es wohl noch nie gegeben!

Ya Konans „Tätlichkeit" aus 10 Metern Entfernung

Wie oft sehnen wir uns nach Urlaub, wenn wir eine hohe Belastung hinter uns haben. Journalisten und Fachleute vertreten auch oft die Meinung, dass gerade Teilnehmer an den internationalen Wettbewerben die Länderspielpausen gut tun, um ein wenig zu regenerieren. Die zweite Pause dieser Art endet mit dem Spiel in Wolfsburg. Die letzte Spielpause hat 96 nicht gut getan. Wird es ausgerechnet gegen Wolfsburg besser? Dieses Match wird oft von nicht-hannoverschen Journalisten „Derby" genannt. Eine derartige Anmaßung wird von echten 96-Fans bestenfalls mit einem Naserümpfen quittiert. Auch die Spieler der Roten sprechen eher von einem ganz normalen Spiel.

Beliebt ist dieser Gegner nicht bei den Roten. Leider aus ganz objektiven Gründen, denn oft gab es beim östlichen Nachbarn, der nahe der Stadt liegt, deren Name mir entfallen ist, nicht viel zu holen. Aber diese Roten sind die besten, die Hannover je gesehen hat, während die „Radkappen" mit 13 Punkten im Mittelmaß dümpeln. Zu wenig für die Champions-League-Ambitionen der ungeliebten Nachbarn. Es wäre gut, etwas mitzunehmen, um den Konkurrenten auf Distanz zu halten. Doch natürlich hat Chefshopper

Felix Magath auch diese Saison wieder Spieler eingekauft, die 96 sich wohl auch auf mittlere Sicht nicht leisten kann.

Verstecken müssen sich unsere Roten wahrhaftig nicht gegen diesen Gegner. Tun sie aber. Die Nachbarn sind von Anfang an im Vorwärtsgang, von 96 ist nichts zu sehen. Mandzukic mit zwei klaren Chancen (14., 16.) hätte schon für die Führung sorgen können. Doch erst glänzt Zieler, dann rettet Chahed in höchster Not. Moa stiehlt sich kurz darauf davon, der Assistent will ein Abseits gesehen haben (18.). Dann passiert es: Salihamidzic foppt am linken Strafraumeck seinen Gegenspieler, legt den Ball Richtung Mitte und zieht aus 20 Metern ab. Der Ball geht flach ins Eck, sicher nicht ganz unhaltbar, aber was nützt es? Es steht 1:0 (22.). Welch ein schwacher Start der Roten. Werden Slomkas Jungs jetzt wacher? Ein bisschen. Zunächst kommt Schlaudraff im Gegenzug gefährlich vors Tor. Sein Schuss wird geblockt und landet bei Moa, der sich aber gegen die Wolfsburger Verteidiger nicht entscheidend durchsetzen kann. Kurz darauf Träsch mit einem Sprint aus der eigenen Abwehr. Seine Flanke kann Chahed gerade noch klären.

Wolfsburg macht weiter Druck, 96 ist viel zu passiv, bekommt keinen Zugriff auf die schnellen Aktionen des Gegners. Doch das nächste Tor fällt nach einem Standard. Ecke von der rechten Seite, Verlängerung per Kopf und dann steht „Kopfballungeheuer" Salihamidzic da und verwandelt per Kopf. Ich kann mich nicht erinnern, je ein Kopfballtor von ihm gesehen zu haben, doch ausgerechnet gegen 96 ist es so weit. Es steht 2:0, durchaus verdient. Wir sind bedient. So wird das absolut nichts heute. Im Gegenteil: wir müssen aufpassen, dass das hier keine richtige Packung wird. Der VfL ist deutlich aktiver und besser. Trotzdem gelingt tatsächlich vor der Pause noch der Anschluss. Mr. Zuverlässig in Sachen Standards besorgt es dieses Mal mit einer Ecke, auf den kurzen Pfosten gezogen. Dort steigt Schulz hoch und köpft wuchtig in den kurzen Torwinkel, 2:1 (43.) Bravo, so kann man zurück ins Spiel kommen! Damit steht der Pausenstand fest.

Kopfschütteln und Ratlosigkeit. Das wird so nichts. Sind das die gleichen, die vor vier Wochen die Bayern schwindlig gespielt haben? Unfassbar, diese Leistung.

Nach der Pause wird es nicht besser. Die Roten bemühen sich, die oft so wackelige Abwehr der Nachbarn aber steht heute wie eine

Eins. Die ersten zehn Minuten nach der Halbzeit passiert nicht viel Spannendes. Doch dann ist schon wieder Wolfsburg da und schafft die Vorentscheidung. Dejagah mit einem schönen Lauf über rechts, den er mit einer Flanke Richtung Elfmeterpunkt abschließt. Dort steht Chris einsam und verlassen und hat keine Mühe, sich die Ecke auszusuchen, 3:1 (56.). Verdammt, so eine Schmach gegen diesen Gegner! Das tut doppelt weh.

Das ist aber noch lange nicht der Höhepunkt des Elends. Zwei Minuten später liegt Hasebe an der linken Strafraumgrenze verletzt am Boden. Ya Konan sitzt mit dem Ball in der Hand am Torpfosten und wirft ihn, sicher aus zehn Metern Entfernung, in Richtung des Japaners, der von dem „Geschoss" getroffen wird. Schiedsrichter Aytekin, schon vorher oft zweifelhaft in seinen Entscheidungen, zieht die rote Karte! Das dürfte ins Guinessbuch gehören: Tätlichkeit aus zehn Metern Entfernung! Ya Konan versteht die Welt nicht mehr, ich breche in schallendes Gelächter aus: eine solche rote Karte habe ich noch nicht gesehen. Das kann ja heiter werden.

Ein echtes Aufbäumen unserer 96er bleibt leider aus. Zwar kommen wir noch zu ein, zwei halben Chancen, doch dann machen die Gastgeber alles klar: Madlung packt bei einem Freistoß aus 25 Metern eine Rakete aus, die wie an der Schnur gezogen oben im kurzen Eck einschlägt. 4:1, das war es. Nun passiert nicht mehr viel. Wie begossene Pudel schleichen die gleichen Sportler vom Platz, die noch vor wenigen Tagen in Kopenhagen auf Wolke 7 schwebten oder gegen Schalke ein Fußballfest geboten haben.

Muss man das verstehen? Wenn das so weiter geht, sollte man mit Schlimmerem rechnen. Wasser auf die Mühlen des typischen Hannoveraners, der den Braten ja schon immer gerochen hat. Zu allem Überfluss kommt jetzt auch noch eine Sperre für Ya Konan hinzu. Und nun kommen die Hamburger, die nach einem Sieg gegen Hoffenheim Morgenluft wittern. Mit der Leistung von heute winkt wohl die erste Heimniederlage, so viel weiß der Ur-Hannoveraner. Oder?

Schlaudraffs Wahnsinns-Tor als Sahnehäubchen

Es wird so viel geschrieben über Gewalt und Randale in den Stadien. Dabei liefert der Fußball auch so viel freundschaftliches, verbindendes Miteinander. Rivalitäten und Feindschaften sind schlagzeilenträchtiger als Freundschaften über Generationen, so wie die des kleinen und des großen HSV. Nun zweifeln mittlerweile Viele, welcher denn nun der kleine und welcher der große HSV ist. Fest steht aber, dass bei aller Konkurrenz eine schöne, langjährige Freundschaft zwischen den Fans der Nordrivalen herrscht und man im Unterschied zu Bremer Besuchen keine Ausschreitungen befürchten muss. Im Gegenteil, „Hamburg, meine Perle", tönt Lotto King Karls Hymne durch das Stadion und Viele singen mit. Der schräge Barde, der im hannoverschen Rock-Urgestein Dete sein Gegenstück hat, ist nicht nur bei HSV-Fans Kult, aber dort besonders.

Nicht immer halten die Spiele der beiden Teams, was die Stimmung verspricht. Doch dieses Mal wird es so sehenswert und spannend, dass niemand sagen kann, das Spiel wäre sein Eintrittsgeld nicht wert gewesen. Für die Hamburger geht es darum, sich vom Tabellenende zu entfernen, während die Roten den Abstand nach oben nicht zu groß werden lassen wollen. So ist bei beiden Teams für genügend Motivation gesorgt, und das merkt man von Anfang an.

Vor prall gefüllten Rängen geht es sofort zur Sache. Dabei helfen manchmal auch Fehler, wie der von Cherundolo, der fast zum Spielmacher der Hamburger mutiert, als er Guerrero den Ball in die Füße spielt. Der probiert einen Doppelpass mit Son und kommt in 22 Metern Entfernung vom Tor zum Schuss. Knapp vorbei – so etwas kann auch ins Auge gehen. Anfangs spielen vor allem die Hamburger forsch nach vorne. Nach zehn Minuten ein Freistoß, schön von Kacar auf Jansen gelegt, doch der verzieht (10.).

Was machen Slomkas Jungs? Die haben die besseren Chancen! Diekmeier und Kacar sind sich nicht einig, Pinto schnappt sich den Ball und spielt steil auf Schlaudraff, der alleine vor Drobny auftaucht und diesen zu einer tollen Parade zwingt (14.). Kurz darauf versucht Moa sein Glück, ebenfalls freistehend aus spitzem Winkel. Wieder pariert Drobny (17.). Dann ein Freistoß von der Außenlinie, schön aufs lange Eck gezogen, wo Haggui hochsteigt. Sein Kopfball findet erneut in Drobny seinen Meister (21.). Ist das der Torwart, der angeblich einen Problemfall darstellt?

Zieler bekommt auch genügend Gelegenheit, sich auszuzeichnen. Aogo kommt auf links durch und passt Richtung kurzen Pfosten, wo Jansen abschließen kann, aber nicht richtig trifft. Unser Keeper packt entschlossen und sicher zu (26.). Ein rasantes 0:0 bis hierhin, kaum Atempausen. So bleibt es auch bis zur Halbzeit. Rincon auf Son, der aus aus 20 Metern schießt. Zieler muss sich mächtig strecken, um den Ball zu entschärfen (29.). Noch einmal die Roten: Moa setzt Schlauffi in Sszene, der in rechter Position aus 13 Metern abschließt. Erneut hält Drobny (36.). Es geht hin und her, bis zur Halbzeit gibt es genug zu sehen. Die ersten 45 Minuten enden torlos.

Das Pausenbier wird mit angeregten Gesprächen eingenommen. Das Spiel ist unterhaltsam und spannend, genug Szenen für angeregte Plauderei. Hamburg präsentiert sich nicht wie ein Absteiger, und das ist gut so. Wir sind uns einig: das wird ein hartes Stück Arbeit, wenn wir heute gewinnen wollen.

Nach der Halbzeit wird es etwas ruhiger. Beide Mannschaften haben einen Gang zurückgeschaltet. Die erste Viertelstunde nach

dem Pausentee gehört eher den Hamburgern. 96, für eine Heimmannschaft viel zu passiv, steht sehr tief. Der HSV bemüht, aber
nicht effektiv. So sehen wir wenig Torchancen. Es dauert fast zwanzig Minuten, bis wir die erste heiße Szene beobachten, und die sitzt
– leider. Denn nach einer Ecke des HSV verlängert Töre auf Bruma,
der aus kurzer Distanz den Ball mit Rechts ins Tor befördert (64.).
Die Hamburger wittern Morgenluft, 96 ist merkwürdig unsicher.
Wieder Töre, dieses Mal mit einer Flanke auf Westermann. Schmiedebach rettet auf der Linie (67.). Rincon (72.) und Töre (77.) lassen
weitere Chancen aus. Wann kommt das Aufbäumen der Roten?

Es müssen mal wieder die Standards her, natürlich erst einmal
Pander. Der zieht aus 30 Metern einen Freistoß drauf. Drobny kann
nur zur Ecke klären (78.). Die tritt Pinto, ich sage wie immer „Pogatetz" zu meinem Sohn. Meine Hoffnung, dass unser österreichi-
scher Abwehrhüne endlich mal einen Standard zum Kopfballtor
nutzt, erfüllt sich nicht. „Was macht der?", denke ich, als Pinto die
Ecke auf die Strafraumgrenze zieht. Dort stürmt Schlaudraff heran
und hält voll drauf. Volley, links hoch, schlägt ein Schuss ein, der
ganz Deutschland begeistert, 1:1 (79.), Tor des Monats! Das Stadion, gerade noch sehr ruhig, kocht, tanzt, klatscht ab, hüpft und
was man sonst noch so alles aus Freude tut.

Es passiert nicht mehr viel. 96 rettet einen Punkt dank Pintos
und Schlauffis genialer Koproduktion. Was für ein Spiel. Was kann
man zu solch einem Spiel sagen? In der ersten Halbzeit Torchancen
bester Güte versiebt, Hälfte zwei dagegen mit Glück nur mit einem
Gegentor überstanden. Trainer äußern an solchen Tagen oft, die
Mannschaft habe nicht gut gespielt, aber am Ende eine tolle Moral
bewiesen. Wir sind uns einig auf der Tribüne: da sind wir mit dem
berühmt-berüchtigten blauen Auge davon gekommen.

Bevor es nun nach Freiburg geht, steht erst einmal eine merkwürdige Reise an. Europa-League-Gruppenphase in Lüttich, wo ein
Bürgermeister seine Wähler durch Entscheidungen gewinnen will,
die kein Mensch verstehen muss. Werden die Roten dort wieder so
eine Gala hinlegen wie in Dänemarks wunderschöner Hauptstadt?

PENKMANS EINWÜRFE II:
DIE DEFINITION VON GLÜCK

Der Hannoveraner gilt nicht gerade als der Typ Mensch, der freudestrahlend durch die Gegend läuft und den ganzen Tag vom Lachen abgehalten werden muss. Insofern ist es vielleicht auch verständlich, dass Hannover 96 sich auf eine treue Fangemeinde verlassen kann, die oft seit Jahrzehnten dabei ist. Spaßfußball, den hat 96 nicht sonderlich oft geboten, solange ich mich erinnern kann. Irgendwie passte das Alles zusammen: Fußball, der nennen wir es mal sparsam dosierte Erfolgserlebnisse mit einigen lichten Momenten der Fußballkunst verband, und Fans, die aus einer Gegend stammen, in der man insgesamt, sagen wir mal, reserviert auftritt.

Natürlich gab es diese beiden sensationellen Jahre in der Regionalliga, wo man sich meist nur über die Höhe des anstehenden Sieges austauschte. Natürlich gab es die Rekord-Saison in der zweiten Liga unter Ralf Rangnick, die mit dem souveränen Aufstieg endete. Ansonsten wurde man von manch einem fragend angeschaut, wenn man berichtete, dass man am Wochenende ins Niedersachsen-Stadion gehen würde. Neid zumindest wurde einem selten entgegen gebracht.

Seit zwei Jahren ist das irgendwie anders. Hatte man früher 17 Versuche pro Saison, um ein oder zwei richtig geile Spiele zu sehen, legt man heute stolz seine Dauerkarte auf den Tresen und genießt die neidischen Blicke. Plötzlich kann jeder verstehen, was die Faszination von 96 ausmacht. Selbst außerhalb von Hannover kennt man nun die Namen zumindest der Leistungsträger. Man ist glücklich in Hannover, glücklich über einen Verein, für den man sich früher fast entschuldigen musste.

Schon seit einiger Zeit befasst sich auch die Forschung mit dem Glücksempfinden der hannoverschen Fußballfans. Wie empfinden die Hannoveraner Glück? Welche Ursachen hat Glück in der Nordkurve? Kann man Glück für 96-Fans definieren? Dabei geht es nicht um so banale Fragen wie etwa, was bei einem Traumtor für die Roten passiert, was der Hannoveraner empfindet, wenn unser Keeper einen Elfmeter hält oder wie es sich anfühlt, wenn man schon nach zwei Minuten Anstehen eine knusprige, knackige und sogar hei8e Bratwurst in seinen Händen hält. Die Forschung rätselt eher darüber, wie sich das Glücksempfinden im Verlauf einer ganzen Saison entwickelt.

Bis vor zwei Jahren ungefähr war man der Meinung, des Rätsels Lösung gefunden zu haben. Ein international renommiertes Team hatte den NAF entwickelt, den Nichtabstiegsfaktor. Der NAF ist das Ergebnis einer mathematischen Analyse, die einen Zusammenhang zwischen der Punktzahl der Roten und der der Konkurrenten im Kampf gegen den Abstieg herstellt. Der Ansatz ist vergleichsweise einfach: Man nehme die Punktzahl der Roten hoch drei, um den ersten Wert „P96" zu erhalten. Dann multipliziere man die Punktzahl der drei schlechtesten Abstiegskonkurrenten miteinander für den Wert P2L. Dieser Wert wird nun von P96 abgezogen, so erhält man:

$$NAF1 = P96 - P2L$$

Ist der NAF1 positiv, ist der Hannoveraner glücklich, allerdings zunächst nur bis zum nächsten Spieltag. Mit deutlich positiven Werten kann das Glücksgefühl auch länger anhalten, so die Forscher. Allerdings reicht das nicht aus, um das sogenannte hannoversche Gesamtglück festzustellen. Hierfür gibt es den NAF2, auch Saisonglücksfaktor genannt. Dieser berechnet sich ganz einfach aus dem NAF1, indem man diesen mit der Zahl des laufenden Spieltags multipliziert.

Nun wird es allerdings kompliziert: Im Gegensatz zum NAF1, der einfach mit steigenden Werten mehr Glück ausdrückt, hängt beim NAF2 das Ausmaß des Glücksgefühls vom Spieltag ab. Während Mitte der Saison große Werte zu geradezu euphorischen Zuständen führen, kleinere Werte hingegen zu tiefen Angstpsychosen beitragen können, ist es am Ende der Saison genau umgekehrt: gerade sehr geringe Zahlenwerte lösen erstaunliche Begeisterung aus, speziell am 34. Spieltag: Unter dem Schlagwort „Nichtabstiegs-Paradoxon" verbirgt sich das Phänomen, dass 96-Fans jahrelang umso fröhlicher waren, je knapper der Abstieg vermieden wurde.

Doch diese Theorie hat seit etwa zwei Jahren praktisch keine Gültigkeit mehr. Zwar gibt es noch vereinzelt Fans, die dem NAF folgen, doch seit der Hinrunde 2010 funktioniert dieses Modell praktisch gar nicht mehr. Allerdings hat man sehr schnell herausgefunden,wie das Glücksempfinden der Hannoveraner sich neu definieren lässt: der Nr1-Faktor hat das Regime übernommen. Dieser funktioniert ganz ähnlich, jedoch geht es nun darum, den Vergleich mit den drei anderen Nordclubs in der Liga herzustellen. Dazu ermittelt man zunächst wieder „P96". Als zweite Größe wird dann „PRVN"[1] berechnet. Dazu multipliziert man die Punkte der Nordclubs aus Hamburg, Bremen und Siewissenschonwo (der Stadt, wo der ICE so ungern anhält). Der Nr1-Faktor ergibt sich nun wieder aus der Differenz:

$$FNr1 = P96 - PRVN$$

Ist dieser Wert größer als Null, sind die hannoverschen Fans zunehmend glücklich. Damit hat man die Basis des Glücks neu definiert. Allerdings muss man nun noch den ELF[2] mit einbeziehen. Der ELF errechnet sich aus der Formel:

$$ELF = 7 - (\text{Tabellenplatz der Roten}).$$

Sollten zwei Champions-League-Teilnehmer ins DFB-Pokalfinale vordringen, wird die 7 durch eine 8 ersetzt.

Nun kann man den TFNr1[3] errechnen:

$$TFNr1 = ELF * Fnr1$$

Wiederum gilt: je höher der Wert, desto glücklicher ist der hannoversche Fan. Ein Index, der im engen Zusammenhang mit dem FNr1 steht, ist die Häufigkeit, mit der das schöne Lied „Die Nr. 1 im Norden sind wir" gesungen wird, und mit welchem Schalldruck

---

1   *PRvN leitet sich ab aus Punkte und „Rest vom Norden"*

2   *ELF = Europa-League-Faktor*

3   *Tnr1F= Totaler Nummer Eins Faktor*

das geschieht. Manche behaupten sogar, dass man sich die ganze Rechnerei sparen kann, indem man einfach in die Tabelle schaut und zählt, wie viele Nordclubs hinter den Roten stehen. Doch dieses Verfahren wird von der Wissenschaft entschieden als unseriös zurückgewiesen. Klar ist jedoch, dass der NAF momentan nicht mehr als Messgröße dient.

Noch nicht erforscht ist die Frage, inwieweit eine Pokalfinalteilnahme der Roten Einfluss auf das Glücksempfinden hat. Hierüber erhofft man sich von der kommenden Saison deutlich mehr Klarheit. Zwar hat man aus dem Jahr 1992 noch Daten zur Verfügung, die auf zügellose Freude hinweisen, doch diese Daten sind wissenschaftlich gesehen veraltet. Als sicher gilt jedoch, dass die hannoverschen Fans die letzten zwei Jahre weitaus glücklicher sind, als es zu Zeiten des „NAF" der Fall war. Vielleicht auch deshalb, weil sie im europäischen Wettbewerb unerwartet große Momente geboten bekommen?

30.11.2011
STANDARD LÜTTICH – 96

Europaphorie, zweiter Akt, fünfter Aufzug
Mit der schwächsten Leistung
in die KO-Runde

Politiker und Fußball, das ist so eine Sache. Natürlich nutzen viele von ihnen diesen Sport als Bühne, um sich sportinteressiert, volksnah und heimattreu darzustellen. Sicher sind Etliche wirklich Fußballfans, die Feuer und Flamme für den einen oder anderen Club sind. Feuer und Flamme, das fürchtet offenbar ein belgischer Politiker, könnten das Motto des Tages werden, wenn die Roten nach Lüttich kommen. Willy Demeyer, Bürgermeister von Lüttich, plagen scheinbar schlimmste Sorgen um seine Stadt, wenn Fans aus Hannover anreisen.

Also erlässt er eine Verordnung, die es in sich hat: höchste Sicherheitsstufe vorm Auswärtsspiel der Roten. Das bedeutet, dass die Zuschauer praktisch nur direkt ins Stadion und wieder zurück reisen dürfen. Eine Anreise mit dem eigenen PKW ist mal gleich komplett verboten. Fan-Busse werden ab der belgischen Grenze von der Polizei eskortiert und selbst die Käufer des Gold-Pakets, das die TUI für betuchte oder komplett verrückte Fans geschnürt hat, dürfen während des Sightseeings weder Shirts noch Schals oder sonstige Fan-Utensilien tragen. Das nennt man echte Gastfreundschaft.

Zugegeben, mir war in Kopenhagen auch nicht immer ganz wohl, wenn ich den einen oder anderen Mitreisenden beobachtet habe. Doch im Großen und Ganzen hatte ich jederzeit das Gefühl, dass die Situation dort übersichtlich und insgesamt friedlich war. 10.000 Hannoveraner haben dort eine prima Visitenkarte abgegeben, ein wunderbares Fußballfest gefeiert. Die Dänen haben sich ihrerseits, bis auf mein € 70-Knöllchen für falsches Parken, als sehr gute Gastgeber präsentiert. Wie kommt dieser belgische Heini nur auf solch eine Maßnahme? Es wird wohl sein persönliches Geheimnis bleiben.

Also werden 1500 Hannoveraner Fans wie schwer Erziehbare behandelt, als sie sich auf den Weg in die belgische Mittelstadt machen. Die Empörung in Hannover ist gewaltig, das Forum kocht geradezu, das Tagesgespräch mit Nachbarn und Kollegen hat ein zentrales Thema. Auf diesen Mist kann es eigentlich nur eine Antwort geben, nämlich dieser Mannschaft so richtig schön einen einzuschenken. Das wäre gleich doppelt nützlich, denn auch in der Tabelle wären wir dann vorn.

Wieder einmal warten wir gespannt auf die Übertragung zu der unsäglichen Anstoßzeit um 21:05h. Immerhin, die Stimmung im Stadion hört sich gut an. Natürlich kann man auch die 96-Fans gut wahrnehmen, womöglich zusätzlich motiviert durch die respektlose Behandlung in Belgien. Endlich geht es los!

Kaum dass das Spiel angepfiffen ist, wird es auch schon unterbrochen. Heftige Aktion gegen Stindl, der muss behandelt werden (1.). Dann wird Fußball gespielt. Die erste Szene gehört den Roten. Zweikampf im Strafraum der Lütticher, Schlaudraff kommt zu Fall, der Pfiff des italienischen Schiedsrichters kommt auch: er zeigt unserem Spiritus Rector die gelbe Karte. Vertretbar. Es bleibt intensiv und robust. Schon nach 11 Minuten sieht Dolo für eine satte Sense ebenfalls Gelb. Richtig attraktiv ist das Spiel noch nicht, aber packend.

Zielers Wackler bei einer Ecke bringt Cyriac die Chance, doch Pogatetz blockt (12.). Viel Stückwerk bei den Roten, wenig Durchdachtes nach vorn. Auch die Belgier sind noch nicht zwingend. Doch ab der 20. Minute werden die immer gefährlicher. Mujangi kommt über rechts und zieht aus spitzem Winkel ab, zielt aber am langen Pfosten vorbei (22.). Am auffälligsten bislang Tchité, der nicht nur mit seiner schrägen Frisur ins Auge fällt. Der Mann ist schnell und weiß, wo er hin will.

Dann gibt es Ecke von links. Auf den Elfer gezogen, wird der Ball an den langen Pfosten verlängert. Dort lauert eben jener kleine Paradiesvogel, tritt an und nimmt das Leder direkt. Keine Chance für Zieler, der Schuss landet mit Schmackes im langen Eck, 1:0 für die Belgier (26.)!

„Aufwachen", denke ich, „Spielt endlich Fußball!"

Warum erhört mich nur keiner? Die Roten spielen erst einmal Handball, lassen den Ball um den Gegner herum laufen, ohne Raumgewinn. Fast zehn Minuten verlaufen relativ ereignislos, dann gerät der Ball irgendwie zu Schlaudraff, der allein auf Bolat zuläuft. Schlauffi versucht den Ball in die Ecke zu schieben, aber Bolat hat den Braten gerochen und fischt die Kugel weg (35.). Einzig Panders Ecken sorgen vor der Halbzeit noch für etwas Gefahr, dann wird erst einmal abgepfiffen. Das war nichts! Die Belgier wirkten frischer und zielstrebiger. Der Zwischenstand geht absolut in Ordnung. Da muss reichlich was passieren, wenn wir dem Demeyer zeigen wollen, wo der Hase seinen Puschel hat.

Wenn man in so einer Situation ist, gibt es zwei Varianten, um das Spiel zu drehen. Entweder die ersten zwanzig Minuten nach der Halbzeit richtig Power machen, oder erst einmal für Sicherheit sorgen, mit Ballbesitz und Geduld den Gegner nach und nach weich spielen. Nichts davon passiert. Die Belgier zeigen direkt nach Wiederanpfiff, dass sie das Spiel nicht mehr hergeben wollen, ohne zu viel zu riskieren. Bissig in den Zweikämpfen, kaufen sie den Roten immer mehr den Schneid ab. Es ist von allen Europa-League-Spielen das bisher schlechteste der Roten, da sind wir uns einig. Zudem hat Lüttich mit Cyriac und Tchité zwei schnelle Angreifer, die uns immer wieder traktieren. Kein Wunder, dass ebendieser Cyriac sich den verdienten Lohn abholt.

Pinto erkämpft sich den Ball im Mittelfeld, verliert ihn aber direkt wieder. Dann geht es ratzfatz: Tchité auf Mujangi, der sieht Bia, der zieht in die Tiefe und flankt zu Cyriac. Lüttichs Stürmer muss den Ball nur noch über die Linie drücken, und es steht 2:0 (59.). War es das für heute? Ja, definitiv. Es lohnt nicht, viel mehr von diesem Spiel zu berichten. Spielerisch kommt kaum etwas von den Roten. Eher noch dürfen wir uns bedanken, dass die Belgier nicht alles konsequent zuende spielen, dann könnte es sogar eine Packung werden. Es bleibt bei einem 2:0, das deutlicher war, als es das Ergebnis ausdrückt.

Müde schleichen die Roten vom Platz, aber plötzlich gibt es doch noch Grund zum Jubeln. Das Glück hat uns ein Unentschieden in Kopenhagen beschert. 96 hat die KO-Runde erreicht! Nun schmeckt mir mein Rest Bier doch noch!

Ich fange dennoch an, mir Sorgen zu machen, und bin damit beileibe nicht allein. Die Fans sind beunruhigt. Vier Pflichtspiele ohne Sieg, die Mannschaft wirkt gehemmt, ideenlos seit einiger Zeit. Passiert den Roten das, was einige Mannschaften vorher schon erlebt haben? Überraschend international qualifiziert und dann durch die Doppelbelastung in größte Nöte geraten oder gar abgestiegen?

„Es wird Zeit für ein Erfolgserlebnis", denke ich.

Vielleicht auswärts in der Bundesliga? Freiburg heißt der nächste Gegner.

Zwei Freiburger Tore, ein Punkt für Hannover

Freiburg ist definitiv eine Stadt, die einen Ausflug wert ist. Wunderbar im Breisgau gelegen, bietet die Innenstadt ein tolles Flair und etliche Sehenswürdigkeiten. Der Wohnort unseres Bundestrainers Jogi Löw ist eine durch und durch angenehme Ortschaft. Auch für die Roten ist die Reise dorthin ein gern genommener Ausflug, denn hier hat 96 seit 2004 nicht mehr verloren.

Es wäre sicher gut, diese Serie nicht abreißen zu lassen, denn eine andere macht allmählich Sorgen: seit vier Spielen hat Slomka mit seiner Truppe nicht gewonnen. So etwas kostet nicht nur Punkte, es kann auch aufs Selbstvertrauen gehen. Hängt man erst einmal in der Misserfolgs-Schleife, geht es manchmal schneller abwärts, als es einem lieb sein kann.

Freiburg geht es nicht besser, was die Nerven betrifft. Als Vorletzte stecken sie tief im Abstiegskampf mit ihrem neuen Trainer Marcus Sorg. Ihr einziger Heilsbringer, Papiss Demba Cissé, droht zudem abzuwandern. Doch für Freiburg ist das Wort Abstiegskampf ja mehr oder weniger erfunden worden. Der SC ist ein Phänomen, und das schafft Sympathien und Respekt. Mit kleinen Budgets, aber großem Sachverstand gelingt es den Breisgauern immer wieder, in der Bundesliga dabei zu sein. Sie kennen sich aus mit der Aufgabe, das fast Unmögliche möglich zu machen.

Heute gilt es in jedem Fall, etwas mitzunehmen für die Roten, will man den Anschluss ans obere Ende der Tabelle nicht verlieren. Ein Sieg wäre gut für das Selbstvertrauen. Zudem ist die Auswärtsbilanz bisher nicht überzeugend. Also muss man beim SC etwas tun. Wieder einmal im Ferry, verfolgen wir, ob das gelingt. Stindl verletzt, dafür Sorgenkind Ya Konan von Beginn an dabei. Nach seiner überragenden Vorsaison will der Ivorer irgendwie nicht so recht in Tritt kommen. Vielleicht hilft ein Einsatz in der Startelf?

Die ersten Minuten wecken nicht den Eindruck. Wie beim Pingpong flippert Freiburg 96 den Ball zu und erhält ihn postwendend zurück. Es wird unruhig-ruhig im Ferry, vorne rechts beginnt unser Quotencholeriker bereits nach kurzer Zeit deutlich zu werden. Der arme Tisch vor ihm wird permanent geprügelt, während wir mit einer Mischung aus Belustigung und Ärger seinen Tiraden lauschen. Das ist kein Bundesliga-Niveau, was wir da sehen. Doch plötzlich packt Pander seine Genialität aus und spielt Moa einen wunderbaren Pass in die linke Strafraumecke. Der zieht sofort ab, aber knapp drüber (13.). Ach, wenn das Tor aus dem Nichts doch endlich wieder käme! Egal, ein gutes Zeichen, oder? Tatsächlich wird es etwas besser, 96 ist am Drücker. Doch der letzte Pass kommt nicht. Sieht gut aus, bringt aber nichts Zählbares.

Freiburg mit Konter-Versuchen, doch die Roten sind aufmerksam. Dann vielleicht Standards? Aus dem rechten Halbfeld flankt Schuster einen Freistoß zum langen Pfosten. Dort steht Butscher bereit, doch Schulz klärt vor der Linie (27.). Durchatmen! „Schmiedi Gonzalez" hatte sich kurz zuvor verletzt, für ihn kommt Rausch. Schlaudraff steht nach tollem Flügellauf von Rausch einschussbereit am Elfer, doch Bastians klärt (30.). Ein Tor wäre mittlerweile verdient für die Roten. Vielleicht jetzt? 43. Minute: Rausch auf Schlauffi, der allein vor Baumann steht und den Ball aufs lange Eck schlenzt – Pfosten! Der Abpraller landet wiederum bei Rausch, doch der schließt, vielleicht zu eilig, mit rechts genau auf Baumann ab. Wieder nichts. Dann fast eine Kopie des Angriffs zuvor, Moa Abdellaoue zieht fast bis zur Grundlinie und flankt mit Power und Effet flach vors Tor. Dort steht Bastians vor Ya Konan und versenkt den Ball im eigenen Kasten, 0:1 (44.).

„Schade"; denke ich, „dass Didi den nicht bekommen hat."

Egal, das Tor wird gern genommen. Mit der Führung in die Kabine, das tut gut. Wir sind entspannt. Das kann mal wieder was werden heute.

Gleich nach der Halbzeit wird dieser Eindruck bestätigt. Rausch kommt über halblinks zum Schuss und packt eine echte Rakete aus. Baumann muss alles bieten, um den Ball aus der kurzen Ecke zu kratzen (48.). Aber die Freiburger wollen das Spiel nicht wegschenken. Mit hoher Laufbereitschaft drücken sie auf den Ausgleich. Doch den Torschützen vom Dienst haben die Roten bislang im Griff. Cissé wird geblockt oder ausgebremst. Dann aber darf Flum aus dem Halbfeld entspannt flanken und ausgerechnet dieser Cissé steht mutterseelenallein am Elfmeterpunkt. Der Hirte haut einen Kopfball wie einen Torschuss ins lange Eck, der Ausgleich, 1:1 (67.). Wieder so ein Aussetzer, der Punkte kostet?! In der Tat, allerdings hat der SC sich den hart erarbeitet. Der Senegalese kommt noch einmal zum Abschluss, wieder per Kopf, dieses Mal ist Zieler da und rettet das Unentschieden. Das Spiel bleibt eher unansehnlich, von 96 kommt kaum Konstruktives. Letzte Chance in der 88. Minute: Stoppelkamp, gerade eingewechselt, spielt schön auf Didi, doch Baumann verkürzt geschickt den Winkel.

Das war es. Hier war mehr drin heute. Die Chancen nutzen, die seltsame Schwäche der zweiten Halbzeit abstellen, was auch immer: die Fans bekommen allmählich das Gefühl, dass diese Saison weder Fisch noch Fleisch wird. Wir fragen uns, warum Slomka stets so spät wechselt, was mit der Bank los ist, warum Ya Konan kein Selbstvertrauen mehr hat. So sieht kein wirkliches Märchen aus, oder? Zu allem Überfluss kommt nun Leverkusen, die vor der Saison die Champions League ins Visier genommen hatten. Wenn wir da verlieren, können wir den Blick nach unten richten. Es wird dringend Zeit, mal wieder zu gewinnen, sonst kann ich mir die zweite Version des Märchens sparen. Also gegen die „Pillendreher"?

Nullnummer gegen schlappe Leverkusener

Langsam neigt sich der Herbst seinem Ende zu. Man möchte fast die Winterpause herbeiwünschen, wenn man auf die letzten Wochen sieht. Unentschieden in Massen, gute Leistungen dagegen Mangelware. Noch zwei Spiele, dann wissen wir, wo wir stehen. Gegen Leverkusen, so viel ist klar, müssen wir punkten, aus Prinzip, mit Blick auf die Tabelle und mit Sicht auf die vielleicht angeknackste Psyche der Mannschaft. Verlieren verboten heißt es auch für Robin Dutt, der mit Alt-Weltstar Ballack offenbar Zoff hat und mit dem Rest der Mannschaft nicht dort steht, wo Völler gern hin will. Der Haussegen hängt schief bei der Werkself, das pfeifen die Spatzen von den Dächern.

Was aber nützen Spekulationen, wenn die Wahrheit auf dem Platz liegt? So geht es also vor einem fast vollen Stadion um Punkte für die Winterpause, stets wichtig, um Unruhe im Umfeld und in den Medien zu vermeiden. Chahed, Rausch und Stindl für Dolo, Pander und Ya Konan in der Startelf, während bei den Leverkusenern der prominenteste Spieler erneut auf der Bank bleibt. Aber Bayer, gespickt mit Nationalspielern aus diversen Ländern, ist normalerweise eine Mannschaft, die feine spielerische Kost genug im Angebot haben sollte, um einen genussvollen Fußball-Nachmittag zu verbringen. Slomkas Jungs, zuhause bislang eine Macht, sollten dem mit Herz und Engagement entgegentreten, dann darf man sich auf ein tolles Spiel freuen.

Die Roten zeigen von Anfang an, dass sie wollen. Schon nach zwei Minuten hebelt Chahed die Abwehr aus. Sein Lupfer erreicht Stindl, der einfach direkt drauf hält. Das Telefon klingelt leider nur in Kopenhagen, hier geht der Ball deutlich drüber. Egal, ein gutes Zeichen. Nach acht Minuten Ecke, kurz ausgeführt, Schlauffi im Doppelpass mit Rausch. Der drischt den Ball ans Außennetz (9.). Kurz darauf noch ein Fernschuss von „Kocka", knapp drüber (12.) Dann taucht Schlauffi allein vor Leno auf, nimmt den wunderbaren Pass von Stindl direkt und schießt Leno fast die Ohren ab – der Keeper hat keine Chance, auszuweichen.

Rausch dieses Mal mit einem schlimmen Querschläger an der Mittellinie. Der landet bei Derdiyok in halblinker Position. Der Schweizer nimmt den Ball an, haut sofort drauf und verfehlt Zielers Kasten nur knapp. Huiiii ... Kurz darauf Ecke für 96, Castro spielt den Ball klar mit der Hand. Der Pfiff von Gagelmann bleibt aus. Von Leverkusen ist fast nichts zu sehen. Eine Halbchance, als Sam über rechts geht und auf Schürrle ablegt, der jedoch drüber zieht. Dann knallt es, und zwar heftig. Pogatetz steigt hoch und trifft mit seinem Dickschädel Rolfes, beide bluten, können aber weiter machen. Es bleibt beim 0:0 zur Pause.

Wir nicken uns zu: kein schlechtes Spiel. Nicht überragend, natürlich fehlen die Tore. Die Effektivität der ersten Spiele, wo ist sie geblieben. Überspielt? Mangel an Konzentration oder Selbstbewusstsein? Oder fehlt einfach ein bisschen Glück? Das hatten die Roten in dieser Hinrunde definitiv nicht im Übermaß, jedenfalls nicht in der Bundesliga.

Egal, die zweite Halbzeit muss es zeigen. Die Roten bleiben wach, vielleicht um dem eingewechselten Ballack Paroli zu bieten? Zwar geben die Gäste den ersten Warnschuss durch Kießling ab, der nach Solo von Schürrle knapp verzieht. 96 setzt die Werkself unter Druck. Zunächst fehlt es noch ein bisschen an Genauigkeit, etwa bei Moas Kopfball nach starker Flanke vom aufmerksamen Schulz (48.), oder bei zwei Schüssen von Stindl und Schmiedebach, die jeweils geblockt werden (53.). Doch die Roten marschieren viel zielstrebiger jetzt. Schlaudraff packt Turbo und Technik auf dem rechten Flügel aus und lässt gleich zwei Leverkusener alt aussehen. Flanke auf Moa, dessen Kopfball aufs kurze Eck direkt bei Leno landet. Wir nicken uns zu, schauen aber nervös auf die Uhr. Wann schlägt es endlich ein?

Erstmals Gefahr vorm Tor der Roten in der 64. Minute, als Sam über rechts in den Strafraum dringt, aber aus spitzem Winkel in Zieler seinen Meister findet. Ballack spielt auch mit, wenigstens in der 72. Minute: Pass auf Kießling, doch Zieler ist rechtzeitig unten, keine Gefahr. Vorher war Ballack eher durch Fouls und Meckern aufgefallen. 96 läuft die Zeit davon, irgendwie gehen auch die Ideen aus. Ecke, Kopfball Haggui, zu harmlos (78.). Kurz vor Schluss rückt Gagelmann nochmals in den Blickpunkt:: Kießling fällt wie vom Blitz getroffen, als einziger im Stadion sieht der Schiedsrichter keine Schwalbe, Freistoß an der Strafraumgrenze. Immerhin, so kriegt Ballack noch eine sehenswerte Szene – und das Publikum einen letzten gefährlichen Freistoß zu sehen. Leicht abgefälscht kommt der Ball aufs Tor, doch Zieler faustet mit Klasse und souverän den Schuss vor der Latte weg. Es bleibt torlos.

Wir gehen mit dieser Mischung aus Enttäuschung und Anerkennung nachhause, die für Unentschieden wohl typisch ist. Ein Punkt macht nur selten Freude, nämlich meist am Ende der Saison, wenn es genau um diesen einen geht. Wir haben schon so viele Unentschieden, das ist das Problem. Nur Dreier bringen uns wirklich weiter. Doch diese Leistung, Leverkusen eindeutig dominiert, die lässt hoffen. Trotzdem kannst Du nur einen Dreier machen, wenn Du ein Tor schießt. Mindestens. Genau dort hakt es in letzter Zeit, Ladehemmung.

In der Bundesliga geht es vor der Winterpause noch zum Betzenberg. Vorher kommt zum Schaulaufen Vorskla Poltava zum letzten Besuch in der Gruppenphase der Europa League zu uns. Werden die Roten uns ein wenig Spaßfußball schenken?

Europaphorie, zweiter Akt, sechster Aufzug
Entspanntes Schaulaufen

Wenn es um nichts mehr geht, gibt es zwei grundsätzliche Möglichkeiten, wie ein Spiel verlaufen kann: Entweder, es wird grottenlangweilig, keiner will sich verletzen oder unnötig anstrengen, oder es gibt schön was zu sehen an Törchen und technischen Feinheiten, oft erleichtert durch nicht ganz so aggressives Abwehrverhalten. Das heutige Spiel gegen „Poltenhausen" bietet die Voraussetzungen und liefert am Ende von beiden Möglichkeiten ein bisschen.

Solche Spiele sind Gelegenheiten für den Trainer, denjenigen Spielpraxis zu geben, die auf dem Sprung sind, ihn aber nicht so richtig schaffen, z. B. Artur Sobiech. Oder, wie im Falle von Lala, unserem Altin-ternationalen (man verzeihe mir den kleinen Kalauer), die Ehre eines vielleicht letzten internationalen Einsatzes auf Vereinsebene von Anfang an zu erweisen. Noch viel schöner ist es wohl, dass mit Miller einer im Tor steht, der von seiner Therapie aufgrund seines Burn-Out-Syndroms zurück ist. Was für ein schöner Moment, welcome back, Markus! Später wird auch Christofer Avevor noch zu ein paar internationale Minuten kommen.

Er wird nicht viel zu tun bekommen an diesem Abend. Ob sie nicht wirklich wollen oder nicht besser können, die Gäste aus der

Ukraine werden sich heute das Prädikat „größtenteils harmlos" verdienen. Umgekehrt werden die Roten nicht unbedingt ein Feuerwerk abbrennen, aber wer will es ihnen verübeln?

Immerhin, Ya Konan will sich zeigen, das ist von Anfang an zu spüren. Gleich in der zweiten Minute probiert er es von der Strafraumgrenze, Doganskiy hat keine Probleme mit dem Schuss. Dann passiert eine ganze Zeit lang recht wenig. Poltawa verteidigt ordentlich, 96 stürmt nicht gerade auf Deubel komm raus. Ein Fehler der Gäste leitet die erste bemerkenswerte Szene ein. Von der Eckfahne aus spielen die Ukrainer den Ball direkt Pinto in die Füße, der zieht sofort an und sieht in der Mitte Rausch. Sein präzises Zuspiel nimmt der Linksfuß kurz an und zieht dann direkt mit rechts ab. Der Ball geht flach ins linke Toreck, 1:0 (24.). Das „Tor aus dem Nichts" ist mal wieder da!

Nun wird die Partie etwas flotter. Auch die Ukrainer trauen sich mal nach vorn, doch Rebenok zielt in die Wolken (28.). Kurz danach kommt Rausch über links, doch seine Flanke ist einen Tick zu lang für Stindl (32.). Direkt im Anschluss hat Sobiech seine erste Szene – mal wieder Gelb! Er nimmt eine Flanke wohl mit der Hand mit, sein Schuss an die Latte ist allerdings sehenswert (33.). Muss man da Gelb zeigen? Geschmackssache, aber auch egal. Poltawa weiter aufgerückt, das ist gut für unsere schnellen Gegenangriffe. Ein bisschen wie beim Völkerball geht der Ball hin und her, landet dann bei Stindl. Der schaltet ebenso schnell wie Ya Konan und spielt das Leder in die Gasse. Klasse Pass, klasse Sprint von „Dieter", der nach innen zieht und aus 11 Metern abzieht. Der Schuss wird unhaltbar abgefälscht und landet im linken oberen Eck, 2:0 (34.)! Nun ist die Arena obenauf, prima Stimmung.

Die Roten lassen die Gäste kommen, die aber wenig Durchschlagskraft zeigen. Bis zur Nachspielzeit, da geht Bezus rechts durch und legt Richtung Elfer. Eggimann legt auch, und zwar seinen Gegenspieler Januzi, den er mit einem etwas ungeschickten Tackling zu Fall bringt. Elfmeter, wohl berechtigt. Bezus schießt hart Richtung Tormitte, während Miller ins rechte Eck fliegt. Es steht 2:1 (45.).

Die Halbzeitpause ist entspannt wie selten, wir lassen uns die Bratwurst schmecken und albern ein wenig herum. Klar, es geht noch um den UEFA-Koeffizienten, die Nationenwertung und eine

Punktprämie in sechsstelliger Höhe. Stolz sind wir jetzt schon: Wir überwintern im Wettbewerb! Wesentlich prominentere Clubs sind schon draußen, während unsere Roten verdient die KO-Phase erreicht haben. Hoffentlich gibt es einen attraktiven Gegner, vielleicht Spanier? Eine Runde weiterkommen, das wäre klasse. Natürlich wollen die meisten die Auslosung live verfolgen.

Nach der Pause bekommt Stoppelkamp seine Belohnungshalbzeit.

„Zeig dich doch heute mal, Junge," denke ich. Daraus wird leider nicht viel.

Zunächst zeigt sich Ya Konan. Nach einer langen Flanke von Rausch probiert er es mit einem schwierigen Volley, der Ball verspringt (48.). Fünf Minuten später dann Stoppel, sein Heber aus der Distanz ist völlig ungefährlich (53.). Kurz darauf landet Pintos Ecke bei Eggimann, dessen Kopfball aber das Tor verfehlt (54.). Die Roten sind Herr im Haus. Dann ein Gerangel im Strafraum der Gäste, Pogatetz kommt zu Fall: Elfmeter! Wird es nun deutlich? Rausch tritt an, zielt aufs linke Eck. Dolganskiy hat die Ecke geahnt und lenkt das Leder um den Pfosten (56.). Schade, den Treffer hätte ich Kocka so gegönnt!

Auch Pinto hat Lust, sich auf dem Spielbericht mit einem Tor zu verewigen. Doch weder in der 60. (knapp vorbei) noch in der 69. (toll gehalten) sind seine Schüsse von Erfolg gekrönt. Vorskla weiterhin harmlos, bis auf Fernschüsse ist nicht viel zu sehen. Schmiedebach kommt in der 71. zu seinem Einsatz. Fünf Minuten später schaltet er am schnellsten, schickt vom eigenen Strafraum aus „Dieter" Ya Konan auf dem rechten Flügel. Der kommt nicht aus dem Abseits und hinterläuft die Abwehr, hat vorher schon geschaut und Sobiech gesehen, der am Elfer lauert. Ein präziser Pass, der Pole hält den Fuß hin und trifft in die Mitte des Tores, 3:1 (76.). Ein wunderschönes Tor! Viel passiert danach nicht mehr, doch die wirklich tollen Fans feiern ihr Team auch so gebührend!

Kaum zu glauben, obwohl wir uns schon ein Spiel zuvor qualifiziert haben, ist das der erste Heimsieg in der Gruppenphase. Im Gegensatz zur Liga, wo es auswärts hakt, haben die Roten international genau dort ihr Erfolgsrezept gefunden! Wir genießen die entspannte Atmosphäre, sind zufrieden mit einem recht unterhaltsamen, wenn auch nicht hochklassigen Spiel. Immerhin, vier Tore, zwei Elfmeter gesehen, die Punkte eingesammelt, eine ordentliche Leistung der B-Elf! Noch viel beeindruckender ist die Bilanz der Gruppenphase: drei Mal gewonnen, nur eine Niederlage, zwei Auswärtssiege, zwei Unentschieden. 96 ist angekommen in Europa! Nun sollte aber noch ein Sieg gegen Kaiserslautern drin liegen, oder?

Magerkost am Betzenberg

Der letzte Spieltag beschert den Roten eine Chance, dem Jahr noch einen besseren Anstrich zu verpassen. Mit einem Dreier, selbst unter den Weihnachtsbaum gelegt, wären 25 Punkte voll, eine Serie von sechs Pflichtspielen ohne Sieg wäre beendet und die Fans würden ihre aufkeimende Besorgnis ein wenig ablegen können. Zudem spielen einige Konkurrenten um Europa gegeneinander, so dass man sich oben festsetzen könnte. Die Lauterer stehen mit dem Rücken zur Wand, der Sturm ein laues Lüftchen. Itay Shechter, vor der Saison noch heiß bei 96 im Gespräch, ist bislang deren Haupttorschütze, dazu genügen gerade mal drei Treffer.

Ansonsten ist der Betze zwar noch beeindruckend, aber nicht mehr furchterregend. Ausverkauft ist die Hütte nicht. Noch ist Hannover, trotz respekteinflößender Leistungen und Tradition, keine Zugnummer in der Liga. Für 96, so viel steht fest, gehört dieses Auswärtsspiel zu den lösbaren Aufgaben. In der Rückrunde werden die dicken Brocken auswärts kommen, also muss man jetzt hamstern, oder?

Die „Roten Teufel" wissen offenbar, worum es geht. Von Anfang an zeigen sie viel Engagement, unsere Roten stehen kompakt und lassen nichts zu. Die Lauterer laufen, die Niedersachsen machen die Räume eng. Es zieht sich wie Brei. So entsteht die erste Szene eher zufällig, weil ein Lauterer patzt. Chahed drischt den Ball vom eigenen Strafraumeck geradeaus nach vorne, wo nach 60 Metern Ball-Weg Abel die Kugel nicht kontrollieren kann. Schlitzohr Moa Abdellaoue ist gedankenschnell dabei, schnappt sich das Leder und stürmt halbrechts frei auf Keeper Trapp zu, dem er den Ball trocken in die lange Ecke legt, 0:1 (13.), der perfekte Start – das „Tor aus dem Nichts".

Nun müsste es doch wohl so laufen: Lautern stürmt und 96 kontert, oder? Zunächst weder das eine, noch das andere. Bonjours Tristesse am Betze. Die Roten warten ab, kontrollieren Ball und Gegner – eine schöne Formel für ein langweiliges Spiel. Wenn es nützt, ist es mir recht. Der FCK kriegt nichts gebacken, Es dauert bis zur 26., bis Tiffert einschussbereit auf eine Flanke lauert, Chahed rettet in höchster Not. In der 30. versucht Abel erneut, Moa ins Spiel zu bringen, der jedoch den Querpass, wohl auch wegen eines Platzfehlers, verstolpert. Schlaudraff stand in bester Position! Die dickste Chance hat Kouemaha, als Fortounis mit schönem Flügellauf durchkommt und auf den kurzen Pfosten passt. Der haut den Ball genauso ungehindert wie überhastet ins Nirgendwo. 96 nimmt die Führung mit in die Pause.

Nun spielt nur noch Lautern. Von wegen 96 kontert. Nichts dergleichen, die Roten finden offensiv nicht statt. Hinten stehen sie zunächst gut, aber ein zweites Tor, das sollte man doch anpeilen gegen so einen Gegner! Ich bin verwundert, dass unsere große Stärke, der „Zehn-Sekunden-Fußball", in dieser Spielzeit nicht oft zum Tragen kommt. Heute gar nicht ... Dafür lassen wir zunächst nichts Ernstzunehmendes zu. Was an Abschlüssen kommt, landet weit vom Tor oder wird geblockt, Flanken klärt unsere Innenverteidigung mit Umsicht. Es dauert bis zur 65. Minute, bis Zieler richtig geprüft wird. Fernschuss von Bugera, ein schönes Brett, aber auch dankbar für unseren Keeper, der spektakulär klären kann. Doch dann ist es passiert: Tiffert steil auf links zu Sahan, der zieht bis an die Grundlinie und legt dann auf den Elfer zu Nemec. Der zielt präzise ins rechte Eck, Zieler ohne Chance gegen den verdeckten Schuss, der Ausgleich (68.). 1:1, wird das ein zweites Standard-Ergebnis der Roten?

Drei Minuten darauf taucht Fortounis von halbrechts frei vor Zieler auf. Der klärt klasse mit dem Fuß (71.). Knapp! Allmählich wird der Spielstand glücklich und Lauterns Torflaute in der Liga nachvollziehbar. Wer solche Chancen auslässt ... Das Spiel bleibt dürftig, die Torszenen werden weniger und schlechter. 96 nur mit halben Sachen vor dem Tor, nichts, was das Herz in Wallung bringt. Auch der FCK hat sein Pulver verschossen. Nur Itay Shechter hat noch irgendeine Rechnung offen. Nach einem eher harmlosen Zweikampf mit Schmiedebach tritt der Israeli unserem Kampfterrier in die Wade und holt sich die rote Karte ab!

So geht es am Ende mit einem Unentschieden der schlechteren Art in die Winterpause. Mir tun ein wenig die Hartgesottenen Leid, die sich auf die Reise in die Pfalz gemacht haben. Das war nichts, wofür man gern Eintritt zahlt! Aber so ist das Leben des 96-Fans jahrelang gewesen. Immerhin, wir nehmen einen Zähler mit, heute wenigstens mal glücklich. Andererseits ist das natürlich ein Alarmsignal, wenn man gegen einen Abstiegskandidaten, gegen den schwächsten Sturm der Liga so ins Wanken gerät. Wie soll man das nun deuten? Vielleicht tröstet ein Blick auf die Tabelle: 96 überwintert auf Platz 7, mit einem guten Polster nach unten und einem überschaubaren Abstand nach oben. So sitzen wir also einige Wochen zwischen den Stühlen. Kann man sich womöglich noch sinnvoll verstärken?

PENKMANS QUARTALSABSCH(L)USS, TEIL II HERBST 2011: EUROPA-MÄRCHEN UND BUNDESLIGA-WIRKLICHKEIT

Der Winter steht vor der Tür. Zeit, Bilanz zu ziehen. Für die Bundesligisten und ihre Fans ist es stets eine Zwischenbilanz, die ansteht. Die Hannoveraner sind ein wenig verwirrt über diesen Herbst. Ist das Glas halb voll oder halb leer? 96 ist ein bisschen abgerutscht in der Tabelle der Bundesliga. Schon ziehen sich Sorgenfalten als tiefe Furchen über die hannoverschen Fan-Gesichter. Die letzten Leistungen lassen Skepsis angebracht erscheinen, sieben Spiele in der Liga ohne Sieg. Klar, war manchmal auch Pech im Spiel, doch die Furore der vergangenen Saison ist ein wenig verflogen.

Was war das für ein Herbst?

Natürlich ist ein siebter Platz zur Halbserie ganz ordentlich für einen Club wie 96. Noch vor drei Jahren hätten alle applaudiert, doch nach der Vorsaison hört man leise und auch lautere Zwischentöne der Enttäuschung allerorten. Acht Punkte weniger als letztes Jahr zu diesem Zeitpunkt, ein schlechtes Zeichen. Die Warner und Unken kriechen aus ihren Löchern und fürchten Schlimmes. Doppelbelastung, zu wenig Qualität im Kader, Ladehemmung im Sturm und wenig spielerische Mittel im Mittelfeld. Das ist zu wenig für höhere Ziele. Als „Meister der Unentschieden" hast Du nichts gewonnen, wenn es für Siege drei Punkte gibt. Zu oft reicht es nicht für einen Dreier, und auswärts schon gar nicht. Da stehen magere sechs Punkte zu Buche.

Für sechs Punkte hat man in der Gruppenphase der Europa-League gerade einmal drei Auswärtsspiele gebraucht. Das ist etwas, was schwer erklärbar ist. Auf der Welle der hannoverschen Europaphorie surfen die Roten auswärts zu zwei Siegen, in der Liga schafft man es nicht einmal, in Augsburg, Kaiserslautern oder Freiburg einen Dreier zu landen. Europa, das glättet die Stirn des hannoverschen Fan-Gesichts wieder. Das Grinsen wird so breit, dass es rundum gehen könnte, wären nicht die Ohren im Wege, und die Augen leuchten in freudiger Erinnerung an die, Verzeihung, Schlacht von Poltawa und die Glanzleistung von Kopenhagen, gekrönt von Stindls herrlichem Treffer nebst Telefon-Pantomime.

Doch Glanz auf europäischer Ebene ist eher was für die Ehre. Die Liga, so viel ist klar, zählt auf Dauer mehr. So werden Forderungen laut nach Verstärkungen, vor allem für das Mittelfeld fehlt Kreativität. So knauserig, wie 96 einzukaufen pflegt, stellt sich jedoch die Frage, was die „heiligen drei Könige" Kind, Schmadtke und Slomka, den Fans wohl in diesem Winter in die Krippe legen. All zu viel Optimismus, Hoffnung auf sinnvolle Verstärkungen kann man aus Hannover nicht vermelden. In der Bundesliga „auf dem Boden der Wirklichkeit", europäisch auf der Wolke eines Traums. So beginnt für die Roten die Winterpause.

Winter in Hannover:
Von der Wirklichkeit zurück zum Traum?

Die Winterpause ist kurz, jedoch lang genug, um Gerüchte ins Kraut schießen zu lassen. Schließlich ist Transferperiode, die Zeit, in der die Journalisten mal diesen Spieler bei diesem Verein sehen, mal jenen bei jenem. Seit einiger Zeit amüsieren mich die Gerüchte immer mehr. Natürlich will sich 96 umsehen, doch Verstärkungen müssen es eben sein und machbar. Das hieß zuletzt, das meist gar nichts passiert. Ich persönlich halte ohnehin nicht viel von Wintertransfers. Helmes, so heißt es, sei im Gespräch. Der Torjäger mit Ladehemmung, von Magath in Wolfsburgs Zweite degradiert, sei wechselwillig.

„Was sollen wir denn mit dem?", frage ich mich.

Auch Lakic kommt nicht von Wolfsburg an die Leine. Ein gewisser Moshaka Bakenga, woher wohl, ist ebenfalls im Gespräch. Wieder ein Stürmer mit afrikanischen Wurzeln aus Norwegen, natürlich hoch talentiert.

A pro pos Afrika: zu allem Überfluss müssen die Roten während des Afrika Cups auf Haggui und Ya Konan verzichten. Wieder keine Saisonvorbereitung für „YaKo", ein Innenverteidiger weniger zum Rückrundenstart, zudem fehlt uns bei Standards Hagguis Kopfballstärke. Die Spielerdecke ist dünn zu Beginn der zweiten Halbserie. Zu dünn?!

Konkret wird vor der Rückrunde nichts. Kurz vor Toresschluss bahnt sich dann doch noch etwas an: Mame Biram Diouf, senegalesischer Stürmer in Diensten von Manchester United, soll kommen. Schnell macht die Nachricht die Runde, und natürlich wird der Name diskutiert. Warum ein Stürmer, kein Mittelfeldspieler? Egal, er gilt als torgefährlich, schnell, kopfballstark, technisch gut. Also alles, was ein Stürmer braucht. Ca. € 2 Millionen Ablöse sind im Gespräch, viel Geld für hannoversche Verhältnisse. Aber wird er etwas bieten, was 96 nach vorn bringt? Kann er, der sich in England nicht in die erste Mannschaft gespielt hat, bei den Roten erste Wahl werden?

Im HAZ-Forum spekulieren wir, was das wird und soll. Wir mutmaßen, dass Schlaudraff stärker im Mittelfeld eingesetzt werden soll, ohne dass wir einen Qualitätsverlust im Sturm haben. Aber wird uns dieser Transfer weiterhelfen? Der Winter wird es zeigen. Die Rückrunde beginnt ohne Verstärkungen und, logisch, wie der Sommer, mit einem Auftaktprogramm, in dem 96 punkten muss, will man oben dran bleiben. Wird das gelingen?

Not gegen Elend in Sinsheim

Dem Tabellenstand nach ist der Auftakt der zweiten Saisonhälfte vielversprechend: Hoffenheim und 96 liegen nur einen Punkt auseinander in Lauerstellung für die internationalen Ränge. So etwas nennt man Verfolgerduell. Oft geht es gerade in solchen Spielen richtig zur Sache. Verlieren ist verboten! Ein Sieg kann einen richtigen Sprung nach vorn bedeuten und Luft nach hinten verschaffen. Ganz nebenbei würde ein Erfolg bei den ungeliebten Hoffenheimern den meisten Fans der Roten ein inneres Frühstück sein.

Wir genießen mal wieder die familiäre Atmosphäre im RSV-Restaurant, mit allem, was dazu gehört. Das einzige was fehlt, ist ein anständiges Fußballspiel. Die Voraussetzungen für 96 sind nicht eben günstig: neben dem Afrika-Cup dünnen Verletzungen (Pinto, Schulz) und Erkrankungen (Schlaudraff) den Kader aus. So kommen Royer und Stoppelkamp zu Startelf-Einsätzen. Insgeheim hoffe ich, dass die beiden die Chance nutzen, aus dem Schatten zu treten. Diese Hoffnung wird sich ebenso wenig erfüllen wie die auf ein tolles Spiel der Roten.

Dabei beginnt die Partie bei ungemütlicher Witterung vielversprechend. Stindl bringt Stoppelkamp auf rechts gut ins Spiel. Der macht in aussichtsreicher Position – mal wieder – einen Haken zu viel, um sich den Ball auf rechts zu legen (6.). Fünf Minuten später sind die Gastgeber da. Mlapa zischt über den rechten Flügel bis zur Grundlinie und gibt scharf und flach herein. Ibisevic kommt nur hauchdünn zu spät. Mein Puls steigt. Das darf man nicht zu oft zulassen! Sechs Minuten darauf machen die Roten es besser, als Stoppelkamp steil geht und Moa anspielen will. Vestergaard grätscht eben noch den Ball weg (17.). Schade. Stindl steht plötzlich frei vor Starke und zieht ab, zu ungenau. Starke klärt per Faustabwehr (18.). Bis hierhin ein ordentlicher Auftritt, zumal die Gastgeber zwar mehr Spielanteile haben, sich aber am guten Verbund der Roten die Zähne ausbeißen. Dann macht sich Ibisevic mit einem plumpen Schwalbenversuch fast lächerlich. Der Bosnier kann froh sein, keinen Karton zu sehen (22.).

„Stoppel" will, versucht es aus 15 Metern mal mit links, auch jetzt kommt nichts Zählbares heraus (22.). Auch Schmiedebach hat mit einem Fernschuss kein Glück (25.). Kurz darauf wird Ibisevic schön freigespielt und will, allein vor Zieler, ins lange Eck schieben. Doch unser Keeper ist voll da, rettet mit der Fußspitze das 0:0 (26.). Jetzt sind die Hoffenheimer zehn Minuten lang am Drücker, mehr als ein paar Fernschüsse kommen jedoch nicht heraus. Überhaupt lebt das Spiel eher von individuellen Fehlern als von Spielkunst. So werden die letzten zehn Minuten vor der Pause ereignisarm und bleiben ohne zählbare Ergebnisse.

Nichts Dolles, da sind wir uns in der Pause einig. Dabei ist Hoffenheim heute nicht stark, da müsste doch etwas gehen? Etwas Enttäuschung macht sich breit über die Zurückhaltung der 96er.

Das haben sich Slomkas Jungs wohl auch gesagt. Die haben den besseren Start, Stoppelkamp wird aber bei zwei Versuchen erst geblockt (48.) und schießt dann Beck an (49.). Endlich ein richtig guter Angriff der Roten, Pander über links flankt zum jungen Royer mit viel Effet. Der kommt einen Schritt zu spät, allerdings nicht das erste Mal (55.). Man hat den Eindruck, die Bundesliga ist zu schnell für den Österreicher. Auch in der 67. Minute, als er sich den Ball auf links legen will, statt direkt mit rechts abzuziehen. Von den Gastgebern keinerlei Torgefahr bis hierhin. Immerhin das ist positiv, ansonsten wirken die Aktionen der Roten nicht klar, nicht zielstrebig genug.

Es bleibt insgesamt unansehnlich, ein Abbild des Wetters, das von Regen und Wind bestimmt wird. Kurz vorm Ende noch einmal die Kraichgauer: Braafheid kommt von links zum Flanken, Ibisevic kriegt keinen klaren Abschluss hin (81.). Drei Minuten später macht Johnson es besser, Zieler pariert souverän (84.). So allmählich finden sich beide Teams mit dem Remis ab.

So bleibt es am Ende dabei. Unterhaltsam war das nicht, aber immerhin, ein Pünktchen eingesammelt. Stanislawski hingegen wird zunächst die erste Halbzeit seiner Mannschaft und die 96er loben, ein paar Tage später aber wettern wie ein Rohrspatz, weil der Druck im Kraichgau wächst. Seine Tage dort, das stellt sich dann heraus, sind gezählt. Wenn man das heutige Spiel nimmt, ist das nicht verwunderlich, denn von einer Heimmannschaft muss schon etwas mehr kommen. Die Roten haben ihre Chance hier liegen gelassen, mit etwas mehr Mut vielleicht den lang ersehnten Auswärtssieg einzufahren.

Später wird Zieler sagen, dass man mit Unentschieden nicht nach vorne kommt. Die Chance bietet sich im nächsten Heimspiel gegen Nürnberg. Aber Vorsicht: die Mannschaft des altgedienten 96ers Dieter Hecking hat in der letzten Saison zum Schluss sogar an den internationalen Plätzen geschnuppert. Nun stehen sie gerade einmal drei Punkte hinter 96. Das Gebot gilt also weiterhin: verlieren verboten! Dabei müssten die Roten doch endlich das Siegen wieder lernen ...

Moas frühe Entscheidung

Flutlichtspiele sind diese Saison ein bisschen Mangelware, was die Bundesliga betrifft. Durch die Teilnahme an der Europa-League dürfen wir uns dort mit dem besonderen Flair begnügen, das Fußballabende unter der gleißenden Beleuchtung der riesigen Masten haben. Immerhin, gegen Nürnberg dürfen wir dieses Vergnügen genießen. Vielleicht ist es ja das Flutlicht, das die Roten zu besonderen Leistungen inspiriert? Europa, das war bisher überwiegend „lecker Fußball", während in der Liga eher Hausmannskost angeboten wurde.

So geht es Freitags abends in die Arena. Ein bisschen erstaunt blicke ich ins weite Rund und stelle fest, dass die Bude gerade einmal dreiviertel voll ist. Die Stimmung ist gut. Die Nürnberger Fans verbindet eine eher freundschaftliche Beziehung mit Hannover. Royer durfte nach seiner mäßigen Leistung in Hoffenheim für Pinto Platz machen. Nürnberg, packen wir das endlich mal wieder? Von fröhlich optimistisch bis vorsichtig skeptisch geht die Skala der Statements vorm Spiel. Eigentlich sind wir uns einig: wenn nicht jetzt, wann dann?

Die Nürnberger, nicht unbedingt für nassforschen Angriffsfußball bekannt, starten frech. Schon die erste Minute beschert uns einen Fernschuss von Cohen, aber viel zu ungenau. Dann versucht sich Eigler, der von Simons steil geschickt wird, auf halbrechts (5.). Na, na, das wirkt unkonzentriert in der Defensive. Doch zwingend ist das nicht, und nun sammeln sich die Roten. Moa kommt nach einem Eckball zum Abschluss, hauchdünn drüber (7.). Weiter so! Pinto versucht sein Glück mit einem Hammer aus 25 Metern, Schäfer kriegt gerade noch die Finger dran (9.). Muss der ausgerechnet gegen seinen alten Verein so gut halten?

96 mit Herz und Hirn im Vorwärtsgang, auch spielerisch überzeugend. Dann ein Ballgewinn in der eigenen Abwehr, über Pander und Rausch zu Pinto, der aus zentraler Position in der eigenen Hälfte Stindl steil auf rechts bedient. Der geht über Außen und zieht dann unbehindert eine perfekte Flanke vors Tor, wo Moa die Kugel direkt aus der Luft nimmt und halbhoch ins rechte Eck nagelt – ein Traumtor von der Entstehung bis zum Abschluss, 1:0 (18.)! 96 weiter mit sicherem Kombinationsfußball, Nürnberg mit einer Art „Kick and Rush", ohne Aussicht auf Erfolg. In der 28. Minute könnte Eggimann nach Ecke von Stindl erhöhen, sein Kopfball geht knapp drüber. Direkt im Anschluss spielt Rausch die Nürnberger schwindlig und legt für Pinto auf. Sein Hammer geht Richtung Oberrang. Keiner hat Zweifel, wer hier das Spiel gewinnt. Zieler dürfte ziemlich frieren bisher, bestenfalls kommt mal eine Flanke vor sein Tor. Kurz vor der Pause spielen Schmiedebach und Schlaudraff Tiqui-Taca mit der Nürnberger Abwehr, Schäfer kriegt am Fünfer gerade noch den Fuß dazwischen. Dann ist Pause.

„1:0 ist eigentlich zu wenig," ist der Tenor unserer Halbzeitanalysen. Das Expertengremium in N 11 hat wie immer mit Argusaugen das Spiel überwacht. Natürlich wird auch das Phrasenschwein ins Spiel gebracht: „Das kann sich noch rächen." Zu oft schon haben wir zwei ganz unterschiedliche Halbzeiten in dieser Saison gesehen.

„Aber das Ding müssen wir heute machen. So schwach hätte ich Nürnberg nicht erwartet."

Sind sie auch nicht. Plötzlich beginnen die Gäste, Gas zu geben. Die ersten Minuten nach der Pause bekommt 96 keinen Zugriff auf das Spiel. Ein Konter durch Rausch wird zu überhastet abgeschlossen (48.), ansonsten ist nun Nürnberg gefährlich. Die sind giftig, greifen früh an und drehen so ein wenig den Spieß um.

Atemstillstand in der 55. Minute: Pekhart hechtet in eine Flanke, Zieler kriegt gerade noch den Fuß an den Ball. Kurz darauf geht Pogatetz mit Wollscheid in den Clinch, Rot? Schiedsrichter Fritz hat nichts gesehen. Glück für den Österreicher. Dann rückt Schäfer in den Blickpunkt, hoher Ball Richtung Fünfer, Eggimann steigt zum Kopfball hoch, Schäfer geht, deutlich nach dem Pfiff, in den Mann. Nicht seine erste Nickligkeit heute. Mein Freund Martin ist außer sich über den Ex-Hannoveraner.

Von Überlegenheit der Roten kann nicht mehr die Rede sein. Zittern und Hoffen bestimmen die Gefühlswelt auf der Tribüne. Das Spiel ist nicht zum Zungeschnalzen, für Spannung und Emotionen freilich ist gesorgt. Wir feuern an, was das Zeug hält. Doch die Chancen haben fast nur noch die Nürnberger: Feulner flankt, Pekhart verlängert auf Bunjaku, Zieler ist dazwischen. Das war in höchster Not! Dann probiert es Didavi mit einem Freistoß über die Mauer, aber auch über das Tor. Noch knapp zehn Minuten (83.), kriegen wir das über die Bühne? Der Dreier wäre enorm wichtig.

Freistoß für Nürnberg von halbrechts, Hlousek bringt den Ball gefährlich auf Hegeler, der am Fünfer nur noch einschießen muss – zum Glück steht ausgerechnet sein Mannschaftskamerad Didavi im Weg. Poooh, das wäre es wohl gewesen. Nur noch wenige Minuten. Wieder einmal fluche ich, dass die Stadionuhr so langsam läuft. Man mag gar nicht mehr hinsehen. Zwei Minuten Nachschlag gibt es. Dann ist es vollbracht. Nach acht Spielen ohne Sieg ist eine Serie beendet. Ich hasse diese Unsitte der Journaille, immer neue Serien und Rekorde zu kreieren. Doch ein Negativlauf, das ist schon von Bedeutung.

Nun ist der Start in die Rückrunde schon ganz anders zu bewerten. Ein am Ende glücklicher Sieg gegen Nürnberg, ein Pünktchen aus Sinsheim mitgenommen, macht vier aus zwei Spielen und Platz sieben in der Tabelle. Bedenklich zwar, dass die zweite Halbzeit fast verschenkt wurde, aber die Punkte sind im Sack. Die Konkurrenten haben den Roten den Gefallen getan, nahezu optimal zu spielen. So stehen wir nun mit vier Punkten Vorsprung vor dem Auswärtsspiel in Berlin prima da. Sollte es gelingen, bei der alten Dame Hertha, bei der es recht turbulent zugeht, ein weiteres Ergebnis klar zu machen?

Frischer Wind im Sturm der Roten: Schmadtke angelt Diouf

Wintertransfers sind nicht unumstritten bei den Roten. Die letzten Jahre waren häufig wenig erfolgreich, manche Einkäufe fast peinlich. Doch die Unruhe über die Leistungen der Roten auch und besonders im offensiven Bereich hat offenbar nicht nur die Fans erfasst. Als schon gar nicht mehr mit Neuverpflichtungen gerechnet wird, kommt der Name Mame Biram Diouf in die Schlagzeilen. Der Spielbetrieb läuft bereits, als Dioufs Verpflichtung offiziell bekanntgegeben wird. Der Stürmer, der sich bei Manchester United gegen Rooney und Co. nicht durchsetzen konnte, kommt für knapp zwei Millionen nach Hannover.

Ein bisschen überraschend ist es schon, dass 96 einen Stürmer verpflichtet, hatten die meisten doch das Problem eher im Mittelfeld gesehen. Allerdings weisen Videos und Berichte darauf hin, dass da einer kommt, der Spaß machen könnte.

Im HAZ-Forum spekulieren wir, wie dieser weitere Stürmer uns helfen soll. Wir sind uns relativ schnell einig: Schlaudraff wird hinter den Spitzen spielen, zumal er zwar wunderschöne, aber leider nur wenige Tore schießt. So hoffen wir, dass Goldhändchen Schmadtke uns erneut einen erfolgreichen Griff in seine Trickkiste präsentiert. Wird das die erste richtig gute Winterverpflichtung seit etlichen Jahren?

Moas Abschluss krönt Dioufs Debut

In Berlin ist jede Menge Theater, schon traditionell. Die überraschende Trennung von Markus Babbel als Trainer, von wilden Gerüchten und Skandälchen begleitet, hat Michael Skibbe, von dem es hieß, dass er in der Türkei nicht sonderlich glücklich gewesen sei, ein neues Engagement in der Bundesliga beschert. Skibbe ist nicht eben einer meiner Lieblingstrainer. Es gibt Vereine, gegen die müssen die Roten unbedingt gewinnen, wenn es nach mir geht, und es gibt Trainer, bei denen das so ist. In diesem Fall trifft beides zu, also hat 96 keine Wahl: gegen Hertha ist ein Sieg Pflicht.

Das würde die äußerst müde Auswärtsbilanz aufbessern. Angst vor der Kulisse kann man wenigstens nicht ins Feld führen, heute verirren sich gerade mal 37.000 ins Olympia-Stadion, wo mehr als die doppelte Anzahl Zuschauer Platz fänden. Sorgen macht eher noch der Umbau der Abwehr, denn Pogatetz wurde nachträglich für drei Spiele gesperrt nach seiner Tätlichkeit gegen Wollscheid. Andererseits hat Slomka seine neue Geheimwaffe im Gepäck: Mame Biram Diouf, nach einigen Kleinigkeiten nun spielberechtigt, sitzt zumindest auf der Bank. Mann, würde ich den gerne sehen!

Was wir im Ferry sehen, ist allerdings nicht das, was wir gern sehen würden. Berlin im Vorwärtsgang, 96 nur defensiv, fast hilflos im Aufbau. OK, zunächst 96, nicht mal schlecht: Freistoß Pander, lang und wie immer mit viel Effet. Schlaudraff kann abschließen, doch der Versuch geht deutlich daneben (1.). Das war es dann aber erst einmal. Nun ist Hertha feldüberlegen und kommt zu Chancen. Freistoß Ebert auf Niemeyer, dessen Kopfball geht knapp drüber. Viele Fouls, hier wird gearbeitet! Ebert treibt an, einige Halbchancen für Berlin. Es dauert bis zur 22. Minute, ehe Stindl mal einen Schuss wagt, der aber zu weit in die Mitte geht. Zwei Minuten später Schmiedebach aus der Distanz, ca. 25 Meter. Der Ball ist aber sichere Beute für Kraft. 29. Minute, Freistoß Berlin: Ebert zieht ab, wieder ein bisschen zu hoch.

Dann wird Lasogga im Strafraum nur halbherzig angegriffen. Von der Grundlinie flankt der auf Ebert, hauchdünn vorbei (34.). Schulz verletzt sich dabei, Avevor kommt zum ersten Einsatz in der Saison. Der rückt bald in den Blickpunkt. Nachdem zunächst Ramos einen Kopfball übers Tor setzt, muss der junge Innenverteidiger gleich zweimal in höchster Not gegen Lasogga retten (41.). 96 kommt kaum über die Mittellinie, bis zur 46. Minute. Da setzt sich Rausch endlich einmal durch. Dessen Flanke verarbeitet Hubnik wie ein Kreisliga-Spieler, so dass Pinto am 16er zum Schuss kommt. Sein Schussversuch geht in die Wolken, 0:0 lautet der Halbzeitstand.

Dann wird mein Wunsch erfüllt: Diouf kommt für Schmiedebach. Offensive, ein gutes Signal? Tatsächlich spielen die Roten jetzt zumindest mit. Bis zur 54. Minute passiert nicht viel Erwähnenswertes, dann kommt Dioufs erster Auftritt. Der Senegalese hatte mich schon durch einige Sprints beeindruckt, nun zeigt er sein Kopfballtalent: Flanke von Stindl, Diouf steigt hoch und drückt den Ball Richtung Tor, etwas zu ungenau: Kraft hält. Nun wieder Berlin über Lasogga, der von Lustenberger in den Lauf angespielt wird und nach ein paar Schritten abzieht, aber das Tor knapp verfehlt. Jetzt zeigt Diouf, dass er auch Fußball spielen kann. Moa kreuzt, Diouf legt ihm einen wunderbaren Diagonal-Pass in die halblinke Position und unser Torjäger tut, was Torjäger tun sollten: er zieht ab und versenkt einen richtig strammen Hammer halbhoch ins Eck. 0:1, 96 eiskalt (68.)! So geht auswärts! Vorher war Hertha besser, aber eben nicht zwingend genug. Dann kommt Diouf, und mit ihm die Effektivität. Moa, der Knipser vom Dienst richtet es. Fantastisch!

Das Ferry tobt vor Freude. War eine Halbzeit lang die Stimmung bös verhangen bis negativ, schwappt nun eine Welle der Freude durch das Lokal! Für solche Momente zahlt man Dauerkarten und erträgt langweilige Übertragungen. Geht heute noch mehr? Dann fliegt Neumann nach einer eher dummen gelbroten Karte (75.). Das müsste es doch gewesen sein, oder? Berlin scheint mit seinem Latein am Ende, 96 nun kontrolliert und immer wieder mit guten Kontern, doch zu klaren Abschlüssen kommen sie nicht mehr. Am Ende bleibt es beim hauchdünnen Sieg für die Roten.

30 Punkte, das ist ein Wort. Plötzlich ist der Blick wieder nach oben gerichtet. Statt acht Spielen ohne Sieg sind wir nun seit Jahresbeginn ohne Gegentor und sieben Spiele ungeschlagen. Wie schnell sich doch Serien drehen lassen! Noch etwas lässt hoffen: unser Neuzugang, Mame Biram Diouf, macht einen wirklich guten Eindruck. Gleich eine Torvorlage abgeliefert, schnell, durchsetzungsstark. Allerdings gibt es mir zu denken, dass unser Hoffnungsträger heute ganz schön wild mit seinen langen Armen gestikuliert hat und nicht nur Alarm, sondern auch Theater machte. Wenn das besser wird, dann ist das einer. Vielleicht trifft er schon in Mainz?

Ein Torschütze,
den niemand auf der Rechnung hatte

Die Fahrt nach Mainz ist ein überschaubares Vergnügen. Die Anfahrt ist nicht weit, und für die Roten hat sie sich bislang oft gelohnt. Meist hat 96 die Oberhand, wenn es gegen diesen Gegner geht. In Mainz haben wir eine gute Bilanz. Doch da ist ja noch die schmachvolle Niederlage im diesjährigen Pokal-Heimspiel. Obendrein ist Mohamed Zidan zurück an alter Wirkungsstätte, und der hat bei seinem Einstand im Auswärtsspiel auf Schalke gleich getroffen. Auch das Ergebnis, ein 1:1 in Gelsenkirchen, lässt aufhorchen.

Kein Grund also, diesen Gegner zu unterschätzen. Tuchels Truppe spielt Angriffsfußball, wenn man sie lässt. A propos Tuchel: dieser Trainer symbolisiert irgendwie den Unterschied zwischen Mainz und 96. Hier das emotionale, aufmüpfige Mainz mit seinem fast rebellischen HB-Männchen an der Außenlinie, dort das solide wirtschaftende, besonnene Hannover mit Gentleman Slomka. Gemeinsam haben beide, dass sie in der Vorsaison die Liga gerockt haben. Doch während Mainz die ganze Saison über im Blickpunkt stand, hat es bei 96 lange gedauert, bis die mediale Aufmerksamkeit größer wurde. Mag sein, dass das Studio des ZDF nicht dicht genug an der AWD-Arena liegt und das der ARD zu nah an der Elbe. Jedenfalls stehen die nominell erfolgloseren Mainzer mehr im Blickpunkt als die Roten. Das Pokalspiel in Hannover allerdings war keine Werbung für diese Begegnung. Wird es heute besser?

Es wird, und wie! Dieses Spiel brennt von Anfang an, es macht Spaß, es bleibt bis zum Ende spannend und bietet Szenen in Hülle und Fülle. Am Ende trifft dann noch einer, den kaum jemand auf der Rechnung hat.

Schon kurz nach dem Anpfiff ist die Marschroute gesteckt: erst kommt Abdellaoue aus halblinker Position zum Abschluss und zwingt Wetklo zu einer tollen Faustabwehr (4.), dann spielen die Mainzer schnell und erfolgreich: nach dürftiger Kopfballabwehr von Haggui ist Stindl kurz nicht im Bilde. Er lässt Soto gewähren, der auf Polanski legt. Dieser wiederum steckt klasse durch auf Zidan. Schuss, trocken, aus 17 Metern ins linke Eck, 1:0 (7.). Das war klasse gespielt, aber das war auch keine Abwehr! Was für ein Fehlstart!

96 schüttelt sich noch nicht einmal, es geht einfach offensiv weiter. Schon zwei Minuten später ist Diouf nach flachem Zuspiel von Rausch dort, wo ein Stürmer sein muss. Am Fünfer nimmt er den Ball direkt, knapp drüber (9.). Mainz spielt mit, aber 96 hat die besseren Gelegenheiten. Rausch mit einem Fernschuss (21.), Moa mit einem artistischen Versuch (24.) und Stindl (32.) mit einem Volley nach Schlaudraff-Ecke vergeben gute Möglichkeiten. Die beste hat Jan Schlaudraff. Nach Stindls Freistoß landet der Abpraller 12 Meter vorm Tor bei ihm. Wie ein Tipp-Kick-Spieler nimmt er den Ball im Stand aus der Luft, doch Wetklo fischt den schönen Schuss irgendwie aus der Ecke.

So geht es nach einer atemberaubenden Hälfte zum Pausentee. Wir sind uns einig im Ferry: hier liegt noch was drin. Aber wir müssen die Chancen auch nutzen.

„Diouf macht noch einen", sagt irgendjemand bei der Halbzeit-Zigarette. Das wäre toll, denke ich. Bislang sah das gut aus, allerdings sind sich Moa und unser Neuzugang auch öfter in die Quere gekommen. Wenn die sich kennen, kann das ein Traumpaar werden!

Die zweite Hälfte wird ebenso temporeich wie die erste. Allerdings stehen die Mainzer nun solider, sind auch nach vorne nicht mehr so aggressiv wie in Hälfte eins. Slomkas Jungs drücken auf den Ausgleich. Hier gibt es nichts zu verschenken! Zunächst Mainz, für die Bungert nach einer Ecke zum Abschluss kommt. Cherundolo steht goldrichtig und rettet auf der Linie. Dicke Chance in der 53.: Stindl flankt von links auf den langen Pfosten, wo Moa wunderbar in den Ball segelt. Irgendwie bekommt Zabavnik die Fußspitze an seinen Flugkopfball. Man, das war knapp! Ebenso knapp rettet Zieler in der 66. vor Baumgartlinger, der allein auf ihn zu stürmt. Kurz zuvor hatten die Roten Glück, dass Mainz nach einem kräftigen Rempler von Pinto gegen Zidan keinen Elfmeter erhält (62.). Rotzfrech versucht Zidan später einen Schuss fast von der Grundlinie, Zieler kriegt die Fingerspitzen dran (75.). Es wird ruhiger, die Kräfte lassen bei beiden nach.

Ganz haben die Roten noch nicht aufgegeben. Zunächst noch einmal die Mainzer: Freistoß Ivanschitz aus 25 Metern, Zieler kann nur prallen lassen. Auf halblinks nimmt Choupo-Moting den Ball mit der Hacke, doch nun hat unser Keeper den Ball sicher. Slomka zieht den letzten Joker: Sobiech kommt für Rausch (85.). Kurz darauf versucht es zunächst Pinto von der Strafraumgrenze, sein Ball geht deutlich drüber. Dann passt Pander flach Richtung Elfmeterpunkt, wo Haggui den Ball nicht richtig trifft. Wie eine Flipperkugel springt das Leder hin und her. Artur Sobiech erkennt am besten wohin, startet auf den Fünfer zu und drischt den Ball links halbhoch in die Maschen. Wahnsinn, der Ausgleich, 1:1 (89.)! Glücklich, keine Frage, aber am Ende nicht unverdient.

Was für ein Spiel! Absolute Werbung für den Fußball. Am Ende kommt ein Punkt heraus, 96 bleibt ungeschlagen in 2012, hat auswärts in drei Spielen fünf Punkte erzielt. Plötzlich haben die Roten die fünftbeste Auswärtsbilanz, verrückt. So kann es weitergehen, das ist der Weg nach Europa! Gleichzeitig ist ebendieses Spiel die Generalprobe für den nächsten Schritt im europäischen Wettbewerb. Das Hinspiel gegen die Däumlinge aus Brügge steht an!

PENKMANS EINWÜRFE III:
STÜRMER UND FLAUTEN,
STATISTISCH BETRACHTET

Wenn es um Fußballer geht, stehen immer drei Sorten Spieler im Rampenlicht: die einen, die Tore machen, die zweiten, die sie vorbereiten und die dritten, die sie verhindern. Stürmer, offensive Mittelfeldspieler und Torleute stehen im Blickpunkt. Ganz ehrlich, wissen Sie die Namen von allen Abwehrspielern der gegnerischen Mannschaften? Die der Stürmer, die fallen einem schneller ein. Bei 96 ist es nicht gerade große Tradition, große Stürmer im Überschuss zu haben. Meist stand einer im Blickpunkt, mal wegen vieler Tore wie Bobic oder Brdaric, oder wegen toller Tricks, wie im Falle Stajner oder Milos Djelmas. Dass mal mehr als ein Stürmer im Rampenlicht stand, kam bei 96 bislang nicht oft vor. Wie kann es sonst sein, dass immer noch die halbe Stadt über Dieter Schatzschneider spricht oder jahrelang noch „Lothar Sippel, rette uns" als Banner in der Fankurve hing?

Nun, bei den Roten haben wir aktuell gleich eine ganze Handvoll Offensiv-Spieler. Interessant ist, dass mindestens vier von von ihnen mittlerweile sehr bekannt sind, der unbekannteste dieser vier aber statistisch gesehen beinahe der erfolgreichste ist. Um es vorweg zu nehmen: ich halte eigentlich wenig von diesen ganzen Statistiken. Aber man kann damit lustige Dinge herausfinden. Das glauben Sie nicht? Na, dann wollen wir mal sehen.

Jan Schlaudraff ist natürlich der erste, der den meisten einfällt. Der Junge mit der etwas kargen Haarpracht und dem umso beeindruckenderen Antritt, mit der schönen Technik und den wohl aufsehenerregendsten Toren der Saison hat mittlerweile bei vielen Fans auch außerhalb Hannovers richtig Eindruck gemacht. Seine tollen Sprints, oft geniale Ideen und natürlich die Highlights mit dem Volley-Hammer gegen den HSV und dem geschlenzten Elfer gegen Brügge hinterlassen Eindruck. Er hat auch die meisten Spielanteile von allen Stürmern, war diese Saison in der BL und EL fast 3400 Minuten unterwegs. Allerdings benötigt er auch diese Zeit, denn für ein Tor braucht Schlauffi – statistisch gesehen – 484 gespielte Minuten. Etwas besser fällt seine Bilanz aus, wenn man man Assists mit einbezieht: alle 212 Spielminuten ist unser „Spritus Rector" an einem Tor beteiligt. Über seine Qualität werden wir uns trotzdem nicht streiten: Schlauffi ist eine tragende Säule des hannoverschen Erfolgs.

Moa Abdellaoue muss man wohl über die gesamte Saison betrachtet als zweiten nennen. Mit elf Treffern in der Liga scheinbar der beste Torschütze, auch statistisch? Bemerkenswert ist erst einmal, dass unser Norweger nach Winterende das Toreschießen eingestellt hat. In der BL seit dem 4.2. ohne Treffer, in der EL hat Moa am 15.3. das letzte Mal eingenetzt. Die Tormaschine hat Ladehemmung. Kein Zweifel, Moa hat ebenfalls reichlich Anteil an den aktuellen Erfolgen der Roten. Allerdings ist er Teilzeit-Torjäger und hat sich mit der zweiten Saisonhälfte ganz schön den Schnitt versaut.

Auf ein Tor muss man bei ihm dennoch nur 198 Minuten warten, zieht man Assists hinzu, sind es 153 Minuten. Heißt nichts anderes, als dass Moa in jedem zweiten Spiel für etwas Zählbares mitverantwortlich ist. Rätselhaft bleibt, warum die Rückrunde in eine totale Flaute führte. Hoffen wir, dass seine Zielpeilung nächstes Jahr über die gesamte Saison sauber justiert ist. Allerdings könnte man auch die ganz besondere, hannoversche Art des Job-Sharing unter Stürmern fortführen, die sich offenbar Schmadtke ausgedacht hat.

Denn in der zweiten Hälfte der Saison kommt einer, den vorher kaum jemand kannte, und lässt es mal gleich klingeln, was das Zeug hält: Mame Biram Diouf. Der etwas schlaksig wirkende Senegalese nimmt sich zwei Spiele Zeit, trifft dann aber wie er will. Als hätten Slomka und Schmadtke seherische Fähigkeiten gehabt, was Moas Torausbeute in der zweiten Saisonhälfte betrifft, holten sie den Mann, der 96 wohl dahin gerettet hat, wo wir jetzt sind: weiter im internationalen Geschäft. Sensationelle 119 Minuten braucht der Afrikaner für einen Treffer, alle 91 Minuten ist er an einem Tor beteiligt. Welch ein Coup! Dumm, dass er sich zum Saisonende verletzt hat und wohl am Anfang der neuen Saison ausfällt. Aber wenn er wieder da ist, können wir wohl hoffen, eine Menge Freude an dem Burschen zu haben und herrliche Freuden-Salti zu sehen zu bekommen.

Der andere Afrikaner in unserem Sturm war noch in der Vorsaison der Heilsbringer. Dieses Jahr hingegen ist er eher das Sorgenkind. Im wahrsten Sinne des Wortes außer Form geraten, ist Didier „Dieter" Ya Konan wohl der Stürmer, der Fans und Experten am meisten Kopfzerbrechen bereitet. Ohne Vorbereitung in der Hinrunde, zum Afrika-Cup in der Rückrunden-Vorbereitung wirkte Didi oft wie ein Fremdkörper in der Mannschaft. Unglücklich in vielen Aktionen, der Gipfel der Traurigkeit wohl sein verschossener Elfmeter gegen Mainz. Da hockt Dieter wie ein Häufchen Elend auf dem Rasen, der noch wenige Monate zuvor in schöner Regelmäßigkeit Gott dankte und mit einem strahlenden Lächeln einen Erfolg nach dem anderen feierte.

Immerhin, seine Formkurve zeigt eindeutig nach oben, denn fünf seiner sechs Treffer macht der kleine Ivorer in den letzten elf Spielen dieser Saison. Statistisch muss man zurzeit 325 Minuten auf einen Treffer, 175 Minuten auf eine Torbeteiligung von ihm warten. Immerhin ist er der Mann für Tore gegen die Big Player: vier von seinen Toren erzielt er gegen Dortmund, Bayern und Mönchengladbach. Und noch etwas sollte man erwähnen: Mit drei Toren ist er jeweils entscheidend dabei: gegen Dortmund im Heimspiel, gegen Mönchengladbach und im letzten Spiel gegen Kaiserslautern genau genommen zwei Mal, denn das Lauterer Eigentor geht auch auf seine Kappe.

Kommen wir zu unserem unbekanntesten, Artur Sobiech. Ein Fehleinkauf, meinen manche schon. Ich bin da nicht so sicher. Der junge Pole hat insgesamt einen wirklich schwierigen Start gehabt, Knieprobleme gleich zu Anfang der Saison. In seinem ersten Spiel findet er sich dann gleich auf dem Spielberichtsbogen wieder: als Rotsünder gegen Dortmund, keine zehn Minuten auf dem Platz. Überhaupt dürfte es schwierig werden, seinen Karten-Rekord zu toppen. Bei sieben Einsätzen fünf gelbe und eine rote Karte, das ist schon eine amtliche Statistik. Rekordverdächtig ist aber auch seine Quote: Artur hat es in den wenigen gespielten Minuten, insgesamt 399, auf immerhin drei Treffer und einen Assist gebracht. Macht 133 Minuten für ein Tor, 100 für eine Torbeteiligung.

Natürlich ist es albern, eine Statistik dieser Art zu führen. Aber was das Verhältnis Spielzeit zu Torerfolge betrifft, ist Sobiech ganz vorne dabei. Nur Diouf trifft schneller als er. Auch hat Artur einige Spiele mit entschieden. Der späte Ausgleich gegen Mainz, auch das 2:1 gegen Brügge geht komplett auf „Schneckes" Kappe: gegen Brügge trifft er zuerst, holt dann den entscheidenden Elfmeter heraus. Das kann sich sehen lassen. Fehleinkauf? Abwarten. Torriecher hat der Junge. Ganz sicher hat er mit den Treffern gegen Brügge auch schon Einiges zurückgezahlt.

Ein bisschen rätselhaft ist es schon, dass 96 zu den angriffsschwächsten Teams der Liga zählt. Fünf Stürmer in einer solchen Qualität, das hatten wir in Hannover eigentlich noch nie. Trotzdem reicht es nur für magere 41 Treffer über die Saison, das ist in der BL Platz elf, nur drei Tore besser als Hertha oder zwei vor Köln, beide Absteiger. Sicher sind nicht die Stürmer alleine dafür verantwortlich. Ein paar Buden mehr sollten es schon sein. Wenn jemand herausbekommt, warum Moa nur in der ersten Hälfte der Saison trifft, Ya Konan hingegen fast nur in der zweiten, warum Artur Sobiech alle siebzig Minuten eine Karte bekommt und wie man es schaffen kann, dass alle auf einmal in Top-Form sind, dann können wir uns sicher auf prickelnde Szenen und fantastische Spiele freuen. Gern auch im europäischen Wettbewerb.

16.2.2012
96 – BRÜGGE FC

Europaphorie, dritter Akt, erster Aufzug
Schlaudraffs Schlenzer
krönt Sobiechs Effektivität

Man muss sich das einmal auf der Zunge zergehen lassen: Hannover 96, international ein unbeschriebenes Blatt, meistert auf souveräne Art die Gruppenphase der Europa League, kegelt erst den FC Sevilla und dann Dänemarks etablierten Spitzen-Club Kopenhagen souverän aus dem Wettbewerb und darf nun gegen den FC Brügge ran. Mit Trainer-Unikat Christoph Daum ist der belgische Traditionsklub in der Erfolgsspur, orientiert sich Richtung Champions League für die nächste Saison. Das ist eine harte Nuss. Daum, der alte Stratege, hat nichts besseres vor, als die Roten erst einmal zu Favoriten zu erklären. Albernes mediales Vorgeplänkel, 96 lässt sich nicht darauf ein. Hannover hat zunächst Heimrecht und empfängt die Gäste, im Unterschied zu Lüttich, gebührend. Zwar wird seitens der Polizei großes Geschirr aufgefahren, doch ansonsten geht es gastfreundlich zu an diesem schönen Abend.

Ich bekomme Gänsehaut schon auf dem Weg ins Stadion. Wie schön, dieses internationale Flair. Steigender Puls, nicht nur vom Treppensteigen, tolle Sprechchöre, natürlich mit Inbrunst „96 – alte Liebe" gesungen, dann eine wunderbare Choreographie: grün-weiß-schwarze Folien auf dem Unterring, großartig organisiert – das ist das, was unsere Fans zeigen sollten. Fantasie und Engagement, beeindruckend! Wird das Spiel auch beeindrucken? Ich bin skeptisch, allzu oft sind Hinspiele in KO-Runden eher taktisch geprägt. Die Angst vor dem Auswärtstor verführt die Heimmannschaft zu Sicherheitsfußball, der die Geduld der Fans strapaziert.

Das ist heute definitiv nicht so! Hier wird Fußball gespielt, zunächst vor allem von den Roten. Die beginnen offensiv, druckvoll und spielerisch stark. Schon in der 9. Minute steht Diouf allein am Fünfer. Seine Direktabnahme trifft Jordi, der genau in den Schuss rutscht. Schon zwei Minuten später legt Diouf für Pinto auf, dessen Hammer aus 20 Metern jedoch vorbeigeht. Brügge bislang nicht gefährlich vorm hannoverschen Tor. Erstmals nach einem Freistoß kommen die Belgier zum Abschluss, Jordi köpft daneben (18.). Es geht nun auch körperlich zur Sache. Der Schiedsrichter probiert, bis auf eine berechtigte Verwarnung für Eggimann, ohne Karten auszukommen. Mir gefällt diese Marschroute nicht, ich will Fußball sehen und keine Blutgrätschen.

Die laxe Linie des Portugiesen scheint den Belgiern zu helfen, die nun besser ins Spiel finden. So kommen erste kleine Chancen zustande, etwa der Kopfball von Jordi in der 28. nach einer Ecke. Dann muss auch noch Moa angeschlagen raus. Zu viel riskiert? Abdellaoue war schon vorm Spiel nicht fit … Mit Rausch kommt allerdings auch viel Energie. Die beiden besten Chancen vor der Halbzeit haben Schlaudraff (42.) mit einem Schlenzer und eben Rausch (45.) mit einem knallharten Schuss von der Strafraumgrenze, knapp drüber. Halbzeitstand 0:0, aber äußerst unterhaltsam.

Die Augen leuchten, als wir bei Bier (alkoholfrei) und Bratwurst (fettreich) die Halbzeitanalyse durchführen. Klar besser, so viel steht fest, sind die Roten. Die Belgier sind nicht ungefährlich. Der Schiedsrichter wirkt nicht gerade souverän, das muss doch mehr Karten geben! Hoffentlich lassen unsere Jungs sich nicht den Schneid abkaufen. Diouf ist dran, einen zu machen. Der gewinnt fast jeden Kopfball, stark in der Ballbehauptung, aber irgendwann muss auch mal einer rein. Und wann bitte bringt der Rausch mal wieder den Ball im Tor unter?

Dann geht es weiter, und es kommt fast zu einer Premiere: Schmiedebach schlenzt nach schönem Pass von Stindl aus 14 Metern, der belgische Keeper Kujovic kratzt den Ball gerade noch aus der Ecke. Kurios wird es in der 49.: Kujovic möchte sich Zeit lassen, bis sein Mannschaftskamerad die Schuhe geschnürt hat – es gibt Gelb! Sowas habe ich international noch nicht gesehen ... Jetzt nimmt die Sache hier Fahrt auf: blitzgescheiter Konter der Belgier über halblinks. Im Halbfeld kann Stenman in aller Ruhe Flanken. Zu allem Überfluss steht der vergleichsweise kleine Lestienne am Elfer einsam und verlassen und kann den Ball mit Wucht ins linke obere Eck köpfen, 0:1 (51.)! Ein katrastrophaler Aussetzer, der teuer werden kann. Kriegen wir jetzt die europäischen Leviten gelesen?

96 unbeirrt, eher noch druckvoller. Stindl steht in Kurzdistanz frei, drischt den Ball aber drüber (55.). Dann ein prima Pass an die rechte Strafraumecke auf Schlaudraff, der schneller ist als Stenman. Der kann sich nur mit einem Foul helfen. Elfmeter, entscheiden wir in N11 sofort! Der Schiedsrichter pfeift Freistoß! Wir kochen, das war klar im Strafraum. Erstaunlich, dass unsere Sicht aus etlichen Metern Entfernung sich später als richtig bestätigt. Wozu lassen die von der UEFA eigentlich diese Hampelmänner an der Grundlinie herumhüpfen? Panders Freistoß geht knapp drüber. Auch Rausch (64.) zielt aus 14 Metern knapp daneben.

Kurz darauf ist Herr de Sousa wieder im Blickpunkt. Stindl setzt sich sauber auf rechts durch, der Abwehrspieler rutscht aus und fällt. Die scharfe Hereingabe unseres Mittelfeldspielers prallt von Donk ins eigene Tor. Jubel auf den Rängen, ein Pfiff auf dem Rasen, und plötzlich eine kurze, erschrockene Stille: angeblich Foul von Stindl, kein Tor. Immer noch 0:1! Wieder trägt der Unparteiische an der Grundlinie, gerade einmal fünf Meter vom Geschehen entfernt, nichts zur Entscheidungsfindung bei. Dann gibt's auch noch Gelb und ein Spiel Sperre für Dolobama! Die Menge tobt, fortan kriegt der Schiri kein Bein mehr an die Erde. Die Zeit läuft weg. Slomka bringt Sobiech. Noch 20 Minuten, werden wir das noch umbiegen? Mein Adrenalin ist mittlerweile am Anschlag.

Von Sobiech bisher kaum etwas zu sehen. Dann Freistoß durch Pander, fast von der Mittellinie. Die Bogenlampe geht zum langen Pfosten, wo Diouf hochsteigt und verlängert. Und jetzt ist er da, Artur Sobiech. Mit seinem dritten Ballkontakt spitzelt er den Ball ins Eck, der Ausgleich, 1:1 (73.). Verdient, aber sowas von! Nach zwei heftigen Fehlentscheidungen stimmt die Moral immer noch, 96 bleibt im Spiel. Es kommt noch besser. Artur, das Gespenst, beschließt, einen Moment unterzutauchen. Dann, in der 79. Minute, taucht er wieder auf. Steiler Pass in die Mitte, Sobiech stößt in die Lücke und kommt am Elfmeterpunkt zu Fall. Der Pfiff kommt sofort.

„Oh Gott, jetzt kriegt er Gelb für eine Schwalbe", schießt es mir durch den Kopf. Nichts dergleichen, es gibt den Elfer! Riesenjubel, aber auch Anspannung ohne Ende. Man mag gar nicht hinsehen in solchen Situationen. Ich bin froh, dass ich es doch tue, denn so etwas kriegt man wirklich nicht alle Tage zu sehen. Schlaudraff legt sich das Leder hin. Dann läuft er mit drei, vier Schritten an und schlenzt den Ball rotzfrech in die Mitte des Tores, 2:1 (79.). Was für ein geiler Elfmeter!

„HAST DU DAS GESEHEN?", wir rasten total aus.

Wie kann man in der Situation solch einen Elfer schießen? Schlaudraff kann, und wie er das kann! Später wird er noch sagen, dass er diese Form der Ausführung für die sicherste hielt! Dieser Moment wird so leicht nicht vergessen. Später, bei der Europameisterschaft, werden wir durch einen gewissen Andrea Pirlo an diesen fantastischen Strafstoß erinnert werden! Der Italiener liefert seine Kopie dieses tollen Tors im Elfmeterschießen gegen England ab – sozusagen ein nachträglicher Ritterschlag für Jan Schlaudraff. Geht noch mehr? Die Roten ziehen bis zum Ende durch. Flanke auf den langen Pfosten in der 90. Minute. Dort macht sich Diouf ganz lang und legt den Ball aufs lange Eck. Die Kugel trudelt hauchdünn am Pfosten vorbei. War es das? Nein, einer geht noch. Rausch bekommt einen langen Ball am Elfer und zieht direkt drauf. Kujovic zeigt, dass er ein richtig guter ist und rettet den Belgiern das 1:2. Schade.

Was für ein Fußballabend! Wir wissen gar nicht, was wir sagen sollen. Mit glänzenden Augen stehen wir noch etliche Minuten auf den Rängen, atmen europäische Luft, genießen die schönen Momente, die dieses Spiel geliefert hat und sind sooo stolz auf unsere Roten! Welch ein Fest. Den Wermutstropfen, das berüchtigte Auswärtstor, den nehmen wir heute gern in Kauf, denn solch ein Spiel vergisst man so schnell nicht. Eines ist auf jeden Fall klar: wenn 96 diese Runde nicht übersteht, darf niemand ihnen einen Vorwurf

machen. Das war großer Fußball! Prima Spielzüge, tolle Disziplin, großer Kampf und große Moral. Drei heftige Rückschläge einfach so weg geatmet: das Gegentor, den nicht gegebenen Elfmeter,
das nicht gegebene Tor – einfach ignoriert und mit Glanz und Glo-
ria gesiegt! Das kann sich sehen lassen. So macht Hannover auch
in Europa Eindruck!

Doch nun geht es am Wochenende ausgerechnet gegen Stuttgart
weiter. Kein Zuckerschlecken. Wird nach diesem Kraftakt vielleicht Verschleiß zu sehen sein, wenn es gegen die Schwaben geht?
Noch ist nichts erreicht, wir brauchen auch in der Bundesliga jeden Punkt …

Panders Gala beim Torfestival

Gegen die Schwaben ist eigentlich immer etwas los. Dabei läuft es eher nach dem Motto „zuhause hui, auswärts pfui", wenn der VfB der Gegner ist. Die haben ein Schreckgespenst in ihren Reihen: der Japaner Okazaki kann monatelang nicht treffen, gegen 96 hat er stets Zielwasser im Gepäck. Das Duell heute ist aber auch mit Blick auf die Tabelle spannend: Für die Stuttgarter würde ein Sieg den Anschluss nach oben bedeuten, 96 wäre wieder in Reichweite. Für Hannover gilt es sich abzusetzen. Mit 34 Punkten darf man sich erneut Richtung Europa orientieren.

Nach einer solchen Gala wie gegen Brügge ist natürlich fraglich, ob die Roten diese Euphorie mitnehmen und noch genügend Kräfte mobilisieren können. Slomkas Jungs dürften gewarnt sein: die Stuttgarter haben zuletzt Hertha BSC nach Strich und Faden 5:0 zerlegt und waren dabei noch gnädig. Auf jeden Fall geht es für beide um Einiges. Noch ziemlich kaputt vom Donnerstag, die Stimme leicht angeschlagen, trudeln wir spät in der Arena ein. Eben noch rechtzeitig, um mit zu singen. Ein bisschen enttäuschend, dass gerade einmal 38.000 den Weg ins Stadion gefunden haben. Der VfB ist nicht mehr die Zugnummer aus Zeiten des magischen Dreiecks. Dann pfeift Schiedsrichter Tobias Welz das Spiel an.

„Ein schmutziges 1:0 würde mir heute reichen", sage ich zu Sitznachbar Thomas, und er stimmt zu.

Heute brauchen wir keinen Schönheitspreis, aber die Punkte, die wollen wir. Wir werden angenehm enttäuscht werden! Zunächst sieht es so aus, als wenn die Partie tatsächlich ein wenig trostlos wird. Fehlpässe, behäbige Spielzüge, wenig Erbauliches für den Fan. Die Roten sind die bessere von zwei dürftigen Mannschaften und haben wenigstens Halbchancen. Es dauert zwanzig Minuten, dann steigt Diouf hoch und köpft Pintos Ecke hauchdünn am Tor vorbei. Das war knapp. Auf der Gegenseite wird es eng, als Hajnal aus 18 Metern knapp rechts vorbei schießt (21.).

Dann gibt es eine Ecke von rechts, eine Sache für Pander. Der säbelt den Ball Richtung kurzen Pfosten, wo Haggui aus drei Metern einköpfen kann, 1:0! Der Startschuss? Für Stuttgart offenbar, denn nun ist Harnik plötzlich frei vor Zieler, der zeigen muss, was er drauf hat – welch ein Reflex! Es geht hin und her. Man kann nicht sagen, dass unsere Defensive sicher wirkt. Dafür spielen Slomkas Jungs nach vorn druckvoll.

Das beste sind heute aber die Standards, speziell von Pander. Der tritt die nächste Ecke, wieder auf den kurzen Pfosten. Dort steigt Diouf hoch und legt den Kopfball fein ins lange Eck. Perfekt, das 2:0 (32.)! Rotes Herz, was willst Du mehr? Das Stadion, eigentlich noch müde vom Donnerstag, tobt vor Freude. Nun hat auch Diouf sein erstes Tor für die Roten erzielt! Noch ein wunderbarer Konter, über Stindl auf Ya Konan, doch der kommt nicht richtig hinter den Ball (35.). Stuttgart völlig losgelöst, Kvist spielt Schmiedebach direkt in die Füße, „Schmiedi Gonzalez" trifft nur das Außennetz (40.). Mit dem 2:0 geht es in die Halbzeit – verdient, aber nicht souverän.

Der zweite Durchgang beginnt mit der Vorentscheidung. Erneut eine Ecke, dieses Mal von Pinto, landet ausgerechnet bei Pander. Der steht in halblinker Position und beschließt, seine Bombenleistung mit einem fulminanten Flachschuss ins lange Eck zu krönen. Leicht abgefälscht, zappelt der Ball im Netz, 3:0! Einpacken, Herr Labbadia. Gegen Flankengott Pander ist heute kein Kraut gewachsen! Kein großes Aufbäumen der Stuttgarter, die wirken fast das ganze Spiel schon merkwürdig behäbig. Hat der Kantersieg gegen

Berlin den Blick für die eigene Leistung vernebelt? Egal, wir nehmen es dankend an!

Cacau und Harnik können mit zwei Halbchancen nicht viel anfangen (52.), dann sind die Roten wieder Herr im Haus. Diouf trifft den Ball nicht richtig, den Abpraller jagt Ya Konan in die Wolken (59.). Dann wird es nicklig. Nach einer Ecke geht Maza Zieler rüde an, unser Keeper muss behandelt werden (63.). Kein Gelb für den Stuttgarter, eine der wenigen falschen Entscheidungen heute. Pander bekommt bei seiner Auswechslung tosenden Applaus, zu Recht (67.)!

Dann folgt eine echte Lachnummer: wie beim Flippern fliegt der Ball im Stuttgarter Strafraum hin und her und trudelt Richtung Aus. Ein Stuttgarter kommt auf die Idee, die Ecke zu verhindern und spielt den Ball direkt Chahed in die Füße. Der flankt sofort, Schmiedebach verlängert und Stindl, 13 Meter vorm Tor, drischt den Ball humorlos ins Netz. 4:0 (73.)! Ein Fall fürs Kuriositäten-Kabinett.

War es das? Nicht ganz. Plötzlich erinnert sich der VfB, dass er Fußball spielen kann. Mit zwei direkten Pässen kommt Harnik halbrechts frei durch, sein trockener Flachschuss markiert den Ehrentreffer (75.). Nicht leichtsinnig werden! Gerade noch hofften wir auf ein positives Torverhältnis, nun beginnt das Zittern der hannoverschen Skeptiker! Dann taucht auch noch dieses Gespenst auf. Flanke aus dem Halbfeld, Cacau verlängert. Am langen Pfosten lauert natürlich Okazaki, der einen wunderbaren Seitfallzieher ansetzt – es steht 4:2 (79.)! Das war es mal wieder mit dem Torverhältnis, die Null steht! Fast kommt es noch schlimmer: Ibisevic steht plötzlich sechs Meter vorm Tor völlig frei, Zieler hat einen Bombenreflex parat. Mal wieder tupfe ich mir den Schweiß von der Stirn. Die wollen doch wohl nicht ...? Nein, wollen sie nicht. Noch einmal die Roten mit einem Pfostenschuss, dann ist Feierabend.

Ein tolles Spiel. Pech für die Zehntausend, die die Chance nicht genutzt haben, zu kommen. Falls Sie kein Dauerkarten-Inhaber sind, verehrter Leser, merken Sie sich ruhig eines: gegen Stuttgart, da ist fast immer etwas los. Es lohnt sich also, ins Stadion zu gehen. Lohnt es sich auch, nach Brügge zu fahren? Dort ist der nächste Showdown angesetzt: das Rückspiel gegen die Däumlinge. Wird sich 96 für den tollen Kampf im Hinspiel belohnen?

Frankfurter Allgemeine

Drei Ecken, drei Tore für Hannover
Christian Pander ist der Mann des Abends in Hannover: Zwei Tore bereitet der Mann
mit dem linken Fuß vor, eins schießt er selbst.

HAZ

Spannung bis zum Schluss

96 gewinnt mit 4:2 gegen Stuttgart
Hannover 96 ist auf Erfolgskurs. Auch gegen Stuttgart siegte das Team von Mirko
Slomka.

WAZ

Hannover gewinnt Jubiläumsspiel mit Köpfchen
Mit zwei Kopfballtoren binnen sieben Minuten hat Hannover 96 im 800. Bundesli-
gaspiel der Vereinsgeschichte den Grundstein zu einem verdienten 4:2 (2:0) gegen
Stuttgart gelegt.

Der Tagesspiegel

HANNOVER FEIERT 4:2-SIEG

Stuttgart wird zeitweise vorgeführt
Nichts gegen diesen schönen Salto rückwärts, den Neuzugang Mame Diouf nach
seinem ersten Bundesliga-Tor gezeigt hatte. Das Sehenswerteste, das Hannover 96
beim 4:2 (2:0)-Heimsieg gegen den VfB Stuttgart am Sonntag zu bieten hatte, waren
die scharfen Hereingaben und Schüsse von Christian Pander.

Welt

Hannovers starke Standards bezwingen Stuttgart
Das 800. Bundesliga-Spiel der Klubgeschichte feierte Hannover 96 mit einem Heimsieg gegen den VfB Stuttgart. Drei Tore der Niedersachsen fielen nach einem Eckball.

23.02.2012
FC Brügge – 96

Europaphorie, dritter Akt, zweiter Aufzug: Dioufs Treffer belohnt tollen Kampf

Was war das für ein Aufstöhnen, als uns Brügge zugelost wurde. Schon wieder Belgier! Nach den Erfahrungen mit Lüttich, die uns im Übrigen im Achtelfinale erneut drohen, wollte man nun nicht gerade noch einmal eine belgische Mannschaft zum Gegner haben. Doch dieser Gastgeber ist eine andere Nummer als Lüttich, schon alleine was den Ort betrifft. Eine wunderschöne, beschauliche Stadt mit etwa 115.000 Einwohnern. Die mittelalterliche Altstadt ist Weltkulturerbe, ein echtes Schmuckstück. Brügge ist sehr wohl einen Ausflug wert. Auch für die Roten?

Es machen sich etwa 1.500 Hannoveraner auf, ihre Roten anzufeuern. Um es vorweg zu nehmen: es wird nicht so eine gigantische Party wie in Kopenhagen, doch die Reise lohnt sich absolut. Es geht friedlich zu in der Provinz Westflandern. Während allerdings die Altstadt einen sehr gepflegten Eindruck macht, ist das für den Rasen im Jan-Breydel-Stadion nicht zutreffend. Das Attribut Rübenacker ist durchaus passend. So ein Platz ist eher etwas für die „Männer fürs Grobe". Da trifft es sich vielleicht gut, dass Emanuel Pogatetz dabei ist und 96 mit Diouf einen Stürmer hat, der körperlich robust ist.

Wir genießen – oder ertragen – die Übertragung auf Kabel1, was immerhin den Vorteil einer Zeitlupe bietet. Bis auf Cherundolo (Gelbsperre) kann Slomka die gleiche Elf wie im Hinspiel auflaufen lassen. Anders als zuhause geraten die Roten schnell ganz schön unter Druck. Dabei sieht es zunächst gar nicht danach aus. Freistoß für 96 aus 24 Metern Entfernung. Natürlich Pander, sein Schlenzer geht knapp am rechten Pfosten vorbei (3.). Dann ist Brügge am Drücker. Rafaelov haut ein ordentliches Pfund aus 16 Metern drauf, Zieler ist da, kriegt den Ball im Nachfassen. Zimling geht ihn dann rüde an und sieht den ersten gelben Karton in der Partie (10.).

Stindl versucht es mit einem Lupfer auf Abdellaoue, der aus der Situation aber nicht mehr machen kann als ein bisschen Theater. Schiedsrichter Cullum lässt weiterspielen, zu Recht (11.). Kurz darauf fabriziert Diouf am eigenen Sechzehner einen Querschläger, den Zieler mit Mühe klären kann. Durchatmen, Schweiß abtupfen (13.)! Brügge spielt schnell über die Flügel, ist allerdings zu harmlos oder zögerlich im Abschluss. 96 mit Kontern. Einen davon leitet Abdellaoue ein, der einen schon verlorenen Ball zurückerobert und auf Schmiedebach ablegt. Der hat das Auge für Stindl am rechten Strafraumeck. Der wiederum flankt mustergültig auf den langen Pfosten, wo Mame Biram Diouf den Ball kurz prallen lässt und dann im Fallen über die Linie drückt. Das war aus dem Fußball-Lehrbuch, 0:1 (21.) – und es war wieder einmal das „Tor aus dem Nichts"!

So kann es weitergehen! Doch die Belgier drücken weiter. Meunier mit einem Fernschuss, Zieler hält (22.). Rafaelov wird von Pogatetz per Kopf ins Spiel gebracht, ist aber wohl selbst überrascht und versemmelt die Chance (27.). Nichts für schwache Nerven. Mit feuchten Händen und leichter Gesichtsröte verfolge ich, wie die schnellen Stürmer der Belgier immer wieder gute Szenen haben. Auch die Roten lassen sich nicht lumpen, kontern gefällig und gefährlich: Diouf wird von Schlaudraff über rechts geschickt und sieht Moa, dessen Abschluss aber von Kujovic klasse gehalten wird (35.).

Dann wird's ruppig: Zieler fängt einen langen Ball in der Luft ab. Akpala, ohne Chance, an den Ball zu kommen, rammt Eggimann in unseren Torwart, eine ganz miese Nummer. Gelb gibt es dann aber für Zieler, der sich berechtigterweise beschwert! Dann doch wieder Fußball: tolle Flanke auf Meunier, der einen klasse Kopfball aufs Tor drückt. Zieler pariert glänzend (40.). Eine tolle Halbzeit endet mit dem fast idealen Spielstand für die Roten, es bleibt beim 0:1.

Noch sind 45 Minuten zu überstehen. Das nehmen die Roten offenbar wörtlich, nach der Pause drückt Brügge, während 96 nur noch sporadisch zu Kontern kommt. Eine reichliche Anzahl Chancen für die Belgier werden fast im Alleingang vom überragenden Zieler vereitelt. Speziell Rafaelov, aber auch Vazquez bereitet den 96ern Schwierigkeiten. Wenn einer bei den Roten Torgefahr ausstrahlt, dann am ehesten Diouf, der zweimal gute Chancen hat, aber jeweils knapp verzieht (65., 72.). Der Schiedsrichter verteilt munter, aber selten passend, gelbe Karten. Eine davon trifft Schlaudraff, der damit im nächsten Spiel gesperrt wäre. So weit sind wir aber noch nicht.

76. Minute, Rafaelov dringt über unsere rechte Abwehrseite in den Strafraum. Im Zweikampf gegen Chahed kommt der Stürmer zu Fall. Schiedsrichter Cullum pfeift und zückt Gelb für eine Schwalbe. Auch hier liegt er falsch. Das hätte noch einmal eng werden können. Nun schwinden offenbar die Kräfte der Belgier. Womöglich rätseln sie darüber, wie man einen Ron Robert Zieler am heutigen Tag überwinden kann. Mehr und mehr landen ihre Pässe im Nirgendwo. Ab der 80. Minute bin ich mir sicher: wir kommen weiter. Was für ein schöner Abend! Noch zwei Mal Europa, noch einmal Belgien, wie sich herausstellt. Wer hätte das vor ein paar Monaten gedacht, dass wir bei der ersten Teilnahme das Achtelfinale erreichen können? Allerdings hat uns der nächste Gegner in der Gruppenphase arg gerupft. Wird das dieses Mal besser?

Auf dem Rückweg von Belgien liegt praktisch direkt an der Strecke die nächste Station in der Liga: der deutsche Meister erwartet uns, die bislang härteste Nuss der Rückrunde. Was, wenn wir die auch noch knacken?

Der Tagesspiegel

Sieg gegen Brügge

Hannover im Europa-League-Achtelfinale
… Auch Christoph Daum konnte die Jubel-Tour von Hannover 96 durch Europa nicht stoppen.

WELT-Online

Hannover siegt in Brügge und steht im Achtelfinale
Dank einer souveränen Leistung gewinnt Hannover 96 auch das Rückspiel gegen den FC Brügge und trifft im Achtelfinale erneut auf einen belgischen Klub.

WAZ

Hannover 96 erreicht locker das Achtelfinale
Hannover 96 hat den größten internationalen Erfolg der Klubgeschichte perfekt gemacht und Christoph Daum aus allen Europacup-Träumen gerissen.

HAZ

Die unbeschreiblich schöne Reise geht weiter
Hannover 96 hat Christoph Daum und seinen FC Brügge aus der Europa League geschossen.

BZ

1:0! Diouf schießt Hannover weiter

Ya Konans Traumtor reicht den Roten nicht

Die Tabelle sieht recht gut aus, als 96 sich auf die Reise nach Dortmund macht. 34 Punkte, Kontakt nach oben, sieben Punkte Abstand nach unten. Da kann man entspannt einem Himmelfahrtskommando wie dem Spiel im Signal-Iduna-Park entgegensehen. Immerhin kommt nach dem Auswärtsspiel Augsburg nach Hannover, so dass eine Niederlage kein Beinbruch wäre, zumal die Bremer sich bereits einen Ausrutscher gegen Heckings Nürnberger erlaubt haben.

Ganz nebenbei hat jede Serie einmal ein Ende. Der deutsche Meister hat da etwas vorzuweisen. Die Dortmunder sind seit exakt 16 Spielen ohne Niederlage, nämlich seit ihrem Auswärtsspiel in Hannover. Wir wissen also, dass die Roten es können. Damals hatte Ya Konan einen wunderbaren Treffer erzielt. Ich hätte nichts gegen eine Wiederholung, als ich im gut gefüllten Ferry Platz nehme.

Natürlich ist das Stadion dort ausverkauft. Ich hatte 1987 den Genuss, beim Derby Dortmund gegen Schalke live dabei zu sein. Ein grottiges Spiel, aber die Stimmung dort war wirklich ein Hammer. Nicht einfach für die vielen mitgereisten Hannoveraner, in dieser tollen Arena dagegenzuhalten. Das gilt auch für das Team von

96. Dortmund ist nach anfänglichen Schwierigkeiten richtig ins Rollen gekommen.

Zunächst zeigt der Meister Respekt vor den Roten, die ihrerseits vorsichtig agieren. Mit offenem Visier gegen die schnellen Dortmunder, das wäre sicher das falsche Rezept. Leider ist das erste nennenswerte Ereignis eine unschöne Szene: Diouf trifft Bender, unabsichtlich, im Mittelfeld am Kopf. Der Dortmunder muss kurz darauf ausgewechselt werden. Fortan wird Diouf ausgepfiffen, unschön, aber irgendwie verständlich. Langsam gewinnt Dortmund die Oberhand, zunächst ohne zwingende Chancen. Ein erster Warnschuss von Schmelzer geht deutlich vorbei (11.). 96 hält mit Kampf dagegen, auf Kosten von gelben Karten für Diouf und Schmiedebach. Die Dortmunder Freistöße sind gefährlich, finden aber noch nicht das Ziel.

Dann ist der erste Einschlag da: Pass auf Lewandowski im rechten Mittelfeld, der zündet mal eben den Turbo und ist mit Ball schneller als Pogatetz und Eggimann ohne, zieht bis Höhe Elfer durch und haut dann den Ball, leicht abgefälscht, in die kurze Ecke (27.), 1:0, absolut verdient. Von 96 Null Offensivbemühungen, nur Verteidigen ist aber hier zu wenig. Zumal der Meister zeigt, was er kann. Kagawa setzt Schmelzer links in Szene, sein Schuss rauscht knapp drüber. Den Japaner kriegen die Roten so gar nicht in den Griff, erneut bereitet er vor, Doppelpass mit Piszczek, der Lewandowski sieht. Dessen Schuss knallt an den Pfosten (40.). Und wieder Kagawa, dieses Mal mit eigenem Abschluss, Pogatetz kann blocken (45.). Der Halbzeitstand von 1:0 ist mehr als schmeichelhaft für 96. Der Meister ist heute spendabel im Vergeben von Chancen.

Können die Roten in der zweiten Hälfte davon profitieren? Zunächst sieht es nicht danach aus. Es geht munter so weiter wie in Hälfte eins. Chancen reihenweise für Dortmund, das Glück, viel Kampf oder Zieler retten, was zu retten ist. Bis „Kuba" einen langen Ball von Piszczek aufs Tor drückt. Zieler kann nur in die Mitte prallen lassen. Dort schaltet Lewandowski am schnellsten und haut die Kugel ins leere Tor, 2:0 (54.).

Slomka reagiert, wechselt Rausch und Ya Konan ein. Kaum eine Minute später geht Rausch über rechts und spielt ein feines Pässchen auf Diouf, der mit ebenso feinem Hackentrick Ya Konan auflegt. Der macht noch einen Schritt und zieht aus 25 Metern von halblinks ab. Welch ein Schuss, ein Traumtor! Wie an der Schnur gezogen senkt sich der Ball in den Winkel, 2:1 (60.)!

Geht hier noch was? Nun sind die Roten besser im Spiel, allerdings macht auch Dortmund weiter, wo es aufgehört hatte. Es geht hin und her, mehr Chancen für die Westfalen, aber auch gute Gelegenheiten für 96. Es geht auch zur Sache, eine gelbe Karte nach der anderen wird verteilt, fünf in elf Minuten! In der 75. Minute mal die Roten: Freistoß von Rausch, Weidenfeller kann gerade noch zur Ecke klären. Die Roten kämpfen wirklich wacker und versuchen bis zum Schluss alles. Am Ende klingelt es noch einmal auf der falschen Seite. Freistoß aus halbrechter Position, Blaszczykowski löffelt den Ball auf Perisic. Der schiebt die Kugel aus zehn Metern am heranstürmenden Zieler vorbei ins lange Eck. 3:1 (91.), Abpfiff, das war es!

Kein Beinbruch, gegen Klopps rasante Jungs zu verlieren. Ich bin mir sicher, den kommenden deutschen Meister gesehen zu haben. Immerhin, unsere Mannschaft hat sich nicht aufgegeben. Die Moral stimmt. Das ist ein gutes Zeichen, denn noch liegen ein paar Spieltage vor uns. Allerdings haben unsere nächsten Gegner, die Augsburger, in letzter Zeit Moral gezeigt. Doch wenn Europa das Ziel ist, darf man dann gegen Augsburg Punkte abgeben?

Wildwestfußball mit Pinto-Show

Keine Frage, zuhause sind die Roten diese Saison eine Macht. Wenn also ein FC Augsburg kommt, Aufsteiger, 15. der Tabelle und nicht eben prominent besetzt, darf die Zielsetzung nur Sieg lauten. Ich persönlich habe vor solchen Spielen immer ein ungutes Gefühl, gerade bei den Roten. Allzu oft haben wir große Gegner in die Knie gezwungen und gegen Underdogs geschwächelt. Zudem habe ich vom Aufsteiger den Eindruck, dass die Mannschaft bisher besser gespielt hat, als es der Tabellenstand ausdrückt. Jos Luhukay, der Trainer mit dem Seehundbart, macht einen guten Job.

Dennoch, wir sind auf dem Weg nach Europa. Da darf ein Heimspiel gegen den FCA kein Stolperstein sein. Zumal die Form nach der Winterpause bis auf die Niederlage gegen Dortmund stimmt. 96 ist gut ins Jahr 2012 gestartet! Augsburg allerdings hat in den letzten Spielen bis auf die Niederlage in Leverkusen gute Ergebnisse erzielt. Die Mannschaft von Luhukay kann Fußball spielen. Vorsicht ist also geboten.

Das scheint sich nicht bis auf den Platz herumgesprochen zu haben. Nach einer kurzen Anlaufphase spielt zunächst nur eine Mannschaft, und das sind die Gäste! Die Verteidiger der Roten stehen als Slalomstangen Spalier, während die Augsburger sich munter Chance um Chance erspielen. Schon nach 12 Minuten ist es passiert. Eine flotte Kombination zwischen Verhaegh und Oehrl endet mit einer Ablage auf Bellinghausen, der bei 20 Metern genug Platz hätte, um einen 30-Tonner durch die Abwehr zu steuern und in aller Ruhe abzieht. Lang, flach ins linke Toreck, keine Chance für Zieler – es steht 0:1 (12.)! Wer nun denkt, die Roten wehren sich, der irrt!

Speziell Emanuel Pogatetz macht den Eindruck, total neben sich zu stehen. Schon beim Gegentreffer ließ er jede Aggressivität vermissen, er gewinnt gefühlt heute nicht einen Zweikampf, lamentiert stattdessen mit seinen Mitspielern. So habe ich den noch nie gesehen! Auch der Rest der Mannschaft kommt erst gar nicht in die Zweikämpfe. So kann Verhaegh in Messi-Manier vier Rote ausspielen und Zieler umkurven. Glück, dass er zum Schluss nur das Außennetz trifft (18.).

„Was ist denn mit Poga los?", wir sehen uns fragend an. Dann verlässt der Österreicher einfach das Spielfeld und verschwindet in den Katakomben der Arena. Was war das? Was ist da los? Wir rätseln den Rest des Tages. Offiziell heißt es, er musste verletzt ausgewechselt werden. Bevor Rausch für ihn kommt, müssen wir noch mit ansehen, wie Ostrzolek allein vor Zieler auftaucht, aber hauchdünn verzieht (24.). Die Gäste hatten mittlerweile ein halbes Dutzend gute Möglichkeiten. Wir können froh sein, dass sie nur eine genutzt haben.

Doch nun sieht das Spiel der Roten langsam besser aus. Schulle als Innenverteidiger, Pander hinten links, Rausch davor, das klappt ganz gut. Noch keine klaren Chancen, aber die Roten kommen ins Spiel. Eckball, natürlich Pander, auf den Fünfer gezogen. Dort zeigt Haggui Kraft und Technik, ein wunderbarer Kopfball – es steht 1:1 (33.). Für so viel Glück muss man sich fast schämen, aber gut: wir nehmen das gern! Nun wird auch Pinto stärker. Mit Tempo und Technik taucht er vor Jentzsch auf und schließt aus 10 Metern ab. Der Augsburger Keeper kriegt gerade so den Fuß an den Ball (40.). Bis zur Halbzeit passiert nichts mehr.

Wir sind entsetzt bis erstaunt über diese erste Hälfte. Mensch, das hätte schon 0:3 stehen können. Eine solche Defensivleistung sind wir von den Roten nicht gewohnt. Hatten die was genommen? Wie betäubt liefen die Roten den Augsburgern hinterher, schauten beim Kombinieren zu, brachten selbst nichts zustande. Nur die letzte Viertelstunde lässt hoffen. Und Pogatetz? Läuft grußlos in den Kabinentrakt, ohne den Physio zu konsultieren, offenbar auch überraschend für die Bank. Was war das? Eine denkwürdige Halbzeit, bislang mit dem berüchtigten blauen Auge. Wird die zweite Hälfte besser?

Zunächst zieht sie sich wie Brei. Zwar prüft Ostrzolek kurz nach der Halbzeit den eigenen Keeper, ansonsten bemühen sich die Roten erst einmal um Sicherheit. Ya Konan, für Moa gekommen, ist mehr zu sehen, aber glücklos bis ungeschickt. In der 57. Minute endlich etwas Zielstrebiges: Diouf gewinnt das Laufduell gegen Langkamp, legt sich dann den Ball zu weit vor, so dass Jentzsch klären kann. Dann packt Pinto den Hammer aus, sicher 30 Meter Entfernung. Seinen Flatterball kann Jentzsch mit Mühe wegfausten. Unser Sechser probiert es kurz darauf noch einmal, dieser Schuss geht deutlich drüber (64.).

Dann gibt es Ecke, Panders Bogenlampe klären die Gäste Richtung linkes Strafraumeck. Dort nimmt Pinto den Ball auf und haut ihn aus der Luft mit Links auf den langen Pfosten. Diouf, fast an der Grundlinie, schraubt sich in Höhen, wo andere einfach nicht hinkommen und drückt den Ball aus spitzem Winkel ins kurze Eck, 2:1 (69.). Jentzsch sieht nicht ganz glücklich aus, aber so einen Kopfball musst Du auch erst einmal machen. Diouf gewinnt auch gleich noch die B-Noten-Wertung mit einem zweifachen Salto. Fantastisch!

Nun sind die Roten am Drücker und könnten das Spiel entscheiden. Wieder Pinto, aus der Halbdistanz mit einem Flachschuss, Verhaegh klärt auf der Linie (71.). Immer wieder sind die Roten gefährlich, Augsburg nur noch mit Kontern – aber die haben es in sich! Oehrl hinterläuft die Abwehr und taucht vor Zieler auf, der rettet mit der Fußspitze (83.). Atemstillstand in der 86.: Schulz rutscht weg, spielt den Ball wohl mit der Hand. „Kein Elfer", entscheidet Schiedsrichter Schmidt.

Zwei Minuten später zeigt er dann auf den Punkt, und das ist eine absolute Fehlentscheidung: Schulz spielt den Ball, Ndjeng rauscht in ihn hinein und dreht eine formvollendete Radelle. Ich brauche weder Zeitlupe noch Fernglas, um zu erkennen, dass das sauber war. Schmidt hingegen pfeift. Callsen-Bracker lässt es sich nicht nehmen, den Ball sicher in die linke Ecke zu dreschen, 2:2. Was für ein Mist! Wieder so ein Geschenk, das uns Punkte kostet. Klar, kurz zuvor hätte es Elfer geben können, aber nun so ein blindes Ding?

Wir sind bedient. Mit einer Mischung aus Erleichterung, dass es nicht schlimmer gekommen ist, Enttäuschung, dass wir gegen so einen Gegner so ein Spiel sehen, und Wut, dass am Ende wieder durch eine zweifelhafte Entscheidung der Dreier zum Unentschieden entwertet wird, verlassen wir das Stadion, nicht ohne zuvor Diskussionen zwischen unseren Spielern und dem Schiedsrichter zu beobachten und fair zu applaudieren, als unsere Jungs zur Kurve kommen. Was für eine Chance haben wir da heute verschenkt? Statt Werder zu überholen und Stuttgart auf Distanz zu halten, treten die Roten auf der Stelle. Das erhöht den Druck für das Auswärtsspiel in Bremen. Aber vielleicht gelingt es ja zuvor, in Lüttich etwas Selbstvertrauen zu tanken?

Europaphorie, dritter Akt, dritter Aufzug
Diouf trotzt dem Schmerz und trifft

Es ist schon ein wenig skurril, dass das Los den Roten gleich
drei Mal Belgien und zwei mal Standard Lüttich beschert. Die Re-
aktionen der Fans sind entsprechend, die des Führungspersonals
bei 96 professionell. Nach dem tollen Kampf gegen Brügge gibt es
nun erneut eine Hochsicherheits-Reise ins Binnenland für die großartigen Anhänger der Roten, denn natürlich hat der Bürgermeister
der belgischen Ortschaft, deren Name mir mittlerweile ebenso entfallen ist wie der dieses komischen Ortes hinter Peine, wieder strik-
te Auflagen erlassen.

Nimmt man die Gruppenphase als Maßstab, muss man sich
Sorgen um die Aussichten auf das Viertelfinale machen. Dort haben die Roten zwei Mal nicht gut ausgesehen. Aber vielleicht ist ja
gerade das Motivation, um sich zu steigern, die letzten paar Pro-
zent Leistungsbereitschaft heraus zu kitzeln und sich weiter ins europäische Rampenlicht zu spielen? Allerdings fehlen heute gleich
drei, Abdellaoue (Grippe), Schlaudraff (Gelbsperre) und Pogatetz
(Kniebeschwerden?). Dafür ist einer dabei, der in der Gruppenphase noch nicht da war: Mame Biram Diouf. Der hat sich allmählich

in die Herzen der Fans und in die Mannschaft gespielt. Wird er heute den Unterschied machen?

Wie erwartet, beginnt Lüttich offensiv, 96 steht tief. Eines ist auch von Anfang an klar: Schonung muss hier keiner erwarten, es wird gefightet. Erste Torgefahr nach 12 Minuten durch Cyriac, der sich rechts durch dribbelt und es aus spitzem Winkel versucht. Zieler lässt sich nicht übertölpeln. Die Belgier kommen ansonsten nicht durch, 96 wird allmählich sicherer. Dann der erste richtig gute Angriff der Roten. Rausch kommt mit Tempo zentral in den Strafraum. Kanu lässt das Bein stehen, es gibt Elfmeter! Aber wer soll schießen? Stindl macht´s! Cool wie ein Eisblock legt er sich den Ball zurecht und verwandelt rechts oben, 0:1 (22.)! Das ist doch schon Mal was, ein Auswärtstor!

Das Tor tut 96 gut, nun sind die Roten am Drücker. Mitten hinein in diese gute Phase schlagen die Belgier plötzlich eiskalt zurück. Bolat, Torhüter der Gastgeber, nimmt den Ball auf, haut mit seinem linken Arm einen Abwurf auf die rechte Außenbahn. Dann geht es ganz schnell, der nächste Ball geht steil auf Tchité, der spielt Cherundolo gleich mehrere Knoten in die Beine und flankt dann von der Grundlinie zum Elfer. Dort steht Buyens, hält den Fuß hin. Der Ball landet links im Eck, 1:1 (27.). Das reicht den Belgiern nicht. Schon zwei Minuten später geht Tchité wieder über den rechten Flügel und erzwingt einen Eckball. Der wird auf den kurzen Pfosten gezogen, wo sich – wer wohl – Tchité davonstiehlt, perfekt hochsteigt und den Ball in den Winkel köpft, 2:1 (29.). Das Spiel ist gedreht. Wenn das so weitergeht, zahlen wir hier Lehrgeld!

Doch die Roten sammeln sich wieder, finden zur Sicherheit zurück und haben Chancen. Haggui steigt nach Freistoß von Pander hoch, kriegt aber keinen richtigen Druck hinter den Ball (35.). Dann wird Rausch von Diouf geschickt, der geht bis zur Grundlinie und passt scharf und flach (so, wie ich das liebe …) an den Fünfer. Ya Konan verpasst hauchdünn (38.). Kurz darauf ein scheinbar harmloser Zweikampf an der Mittellinie, Diouf bleibt verletzt liegen. Er muss lange behandelt werden. Nicht auch noch das! Es passiert nicht mehr viel, so dass es mit 2:1 in die Pause geht. Kommt Diouf wieder?

Er kommt. Auch die Roten kommen, sie geben sich mit dem Ergebnis nicht zufrieden. Erster Versuch durch Stindl, sehr stark heute, aus 20 Metern. Bolat hält den Flachschuss sicher (50.). Nochmal unser Mittelfeldmann, der nach Ablage von Ya Konan direkt draufhält, das Tor jedoch deutlich verfehlt. Kurz darauf ein Zusammenspiel zwischen Stindl und Ya Konan. Stindls Pass landet abgefälscht wieder bei unserem Ivorer, der fast von der Grundlinie quer legt. Dort steht, viel mehr kann er nicht mehr, Diouf und hält mal eben den Fuß hin. Drin ist er, 2:2 (56.)! Das war toll gemacht, zumal Diouf nicht rund läuft. Er wird kurz darauf ausgewechselt, Teilabriss im Sprunggelenk. Was für ein harter Knochen!

Es bleibt spannend, 96 ist jetzt aber deutlich sicherer. Plötzlich haben sie die Oberhand in den Zweikämpfen, Lüttich nicht mehr so klar in seinen Aktionen. Pinto jagt Felipe im Mittelfeld den Ball ab, schickt Ya Konan. Der geht aufs Tor zu und schließt ab, knapp rechts vorbei. Da war mehr drin! Es dauert bis zur 76., bis die Belgier wieder gefährlich vors Tor kommen. Cyriac steigt bei einer Flanke am höchsten, Zieler ist auf dem Posten. Noch einmal zeigt unser Keeper was er kann, als Tchité es nach einem Freistoß mit einem Fallrückzieher versucht (82.). Noch zehn Minuten aufpassen, das sollte doch gelingen? Beinahe wird ausgerechnet Zieler am Ende zum Unglücksraben, sein Patzer nach Kopfball von Felipe bleibt aber ohne Folgen, weil der überraschte Tchité den Abpraller aus kürzester Distanz neben das Tor semmelt. Pooooh, das war's!

Prima, so kann es etwas werden. Wir nicken einander zufrieden zu, genießen die schönen Gefühle, die dieses Achterbahn-Spiel hinterlassen hat. Auf und ab ging es, Pulsrasen gratis, dank starker belgischer Flügelstürmer, aber auch dank schöner Angriffe der Roten. Stindl wird allmählich zum Mr. Europa League. Ohnehin sehr stark in dieser Saison, blüht er vor internationaler Kulisse regelrecht auf. Natürlich kann im Rückspiel noch viel passieren. 96 hat heute gezeigt, dass wir vor Lüttich weniger Angst haben müssen, als es die Gruppenphase erwarten ließ. Auf das Rückspiel, so viel ist klar, darf man sich freuen. Vorher muss Slomka mit seinen Mannen noch zum ungeliebten Nachbarn an die Weser. Werden wir dort klarstellen, wer die Nr. 1 im Norden ist?

Pizarros Ohrfeigen für die Roten

Wenn die Roten gegen Bremen spielen, ist das immer etwas Besonderes. Es dürfte die Rivalen von der Weser mächtig wurmen, dass derzeit Hannover als Nummer eins im Norden grüßen darf. Um diesen inoffiziellen Titel ein zweites Mal zu erreichen, wäre es gut, heute zu punkten. Ein mageres Pünktchen Vorsprung hat Werder von seinem tollen Saisonstart übrig behalten, dürftige sieben Punkte in der Rückrunde erzielt. 96 ist deutlich besser in die zweite Saisonhälfte gestartet, hat fünf Punkte aufgeholt. Nun ist dieses Derby ein Spiel um die europäischen Plätze, von denen Werder in der vergangenen Saison nur träumen konnte. Das einstige Aushängeschild für Norddeutschlands Fußball und solides hanseatisches Wirtschaften ist mächtig ins Schlingern geraten.

Die Ausgangssituation ist günstig, endlich auch in Bremen etwas Zählbares mitzunehmen. Ein Punkt wäre prima, ein Dreier Gold wert. Slomka kann zudem fast alle Stammspieler aufbieten, allerdings muss kurzfristig Schlaudraff wegen Rückenbeschwerden ersetzt werden. Ya Konan vertritt unseren „Spiritus Rector".

Die Roten zeigen von Anfang an Biss und setzen die Bremer mit aggressiven Zweikämpfen unter Druck, Werder kommt nicht in aussichtsreiche Situationen. Dann Ecke für Bremen. 96 fängt den Ball ab und macht dann Dampf. Blitzschnell bringt Stoppel-kamp Rausch ins Spiel, der den Ball direkt vors Tor legt. Dort steht Ya Konan und schließt sofort ab. Wiese rettet, Sokratis kratzt den Ball von der Linie. Die Roten fassen nach, erneut eine gute Flan-ke, nun grätscht Sokratis das Leder hauchdünn vor Moa weg, der einschussbereit vorm Tor steht (14.). Bremen nur mit Freistößen ein wenig gefährlich, die Roten hingegen kontern mit Vollgas.

Das sieht richtig gut aus. Zieler pariert souverän zwei Freistöße hintereinander (20. Junuzovic , 22. Pizarro). Rausch (22.) und Moa (23.) scheitern jeweils knapp bei Kontern. So etwas kann man bes-ser nutzen. Pinto versucht es aus 14 Metern auf Zuspiel von Stop-pelkamp, knapp vorbei (26.). Wann geht mal einer rein? Rausch (28.) aus 17 Metern und Stindl (30.) aus 11 Metern schaffen es nicht, Wiese zu überwinden. Der „Türsteher vom Solarium" hält seinen Kasten sauber. Einer macht es besser, dummerweise ein Bre-mer. Praktisch die erste echte Chance für Werder, Freistoß von Eki-ci Richtung Elfmeterpunkt. Dort zeigt Pizarro, wie ein Stürmer sich Platz verschafft und drischt den Ball in die Maschen, 1:0 (31.). So ungerecht kann Fußball sein. Aber wer seine Chancen nicht nutzt …

Die Roten weiter mit guten Möglichkeiten. Stoppelkamp legt für Pinto auf, der verzieht von der Strafraumgrenze knapp (34.). Cherundolo kriegt aus 11 Metern Entfernung den Ball nicht im Tor unter (42.). Immerhin, kein weiteres Gegentor bis zur Pause. Das ist eigentlich kein Wunder, denn Werder findet praktisch nicht statt. Der 1:0-Pausenstand ist ein Witz, nur ein ziemlich schlechter. Die Roten müssen sich aber an die eigene Nase fassen, eine Chan-ce hätte man wenigstens nutzen müssen. Aber wir haben ja noch eine Halbzeit!

Die beginnt mit der zweiten Ohrfeige für 96, wieder durch Pi-zarro, aber dieses Mal wörtlich! Ich weiß nicht, was Pogatetz dem Peruaner ins Ohr geflüstert hat, auf jeden Fall endet das übliche Ge-rangel vor einem Freistoß mit einer Watschen für Pogatetz durch den Bremer Torjäger. Später wird dieser versuchen, seine Tätlich-keit zu verniedlichen, doch das Sportgericht sperrt ihn. Pech für 96, dass der fällige Platzverweis ausbleibt. In der heutigen Konstellati-on wäre das möglicherweise spielentscheidend geworden.

So geht es elf gegen elf weiter und das Schlimmste, was einer kämpfenden Mannschaft nach der Halbzeit passieren kann, tritt ein: das zweite Gegentor fällt bereits in der 49.! Freistoß von Ekici von der rechten Seite Richtung Elfmeterpunkt. Dort steigt Prödl hoch und köpft zum 2:0 ein. Ausgerechnet Prödl. Der Österreicher hat irgendwie ein Faible für die Roten. Letzte Saison hatte er ausgerechnet gegen Pogatetz einen Elfer herausgeholt. Die Entscheidung heute? Werder wird jetzt besser, 96 lässt die Flügel hängen. Nach mehreren Halbchancen steht plötzlich Rosenberg frei vor Zieler, nachdem Pizarro durchgesteckt hat. Der schließt sicher ab, 3:0 (56.). Den Spielverlauf auf den Kopf gestellt, heißt es dann immer. Ziemlich blöd angestellt, könnte es auch heißen.

Immerhin, die Roten wollen ihr Tor. Ya Konan kommt mit schönem Dribbling in den Strafraum und bedient Stindl, der gleich abzieht. Sokratis blockt, der Ball landet bei Pander. Der drischt aus 15 Metern drüber (62.). Haggui steigt bei einem Pander-Freistoß am höchsten, köpft aber daneben (70.). Immer noch geben Slomkas Jungs nicht auf. Sobiech, in der 60. eingewechselt, setzt sich im Strafraum durch und legt für Ya Konan auf. Der haut den Ball ins Netz, doch der Treffer zählt nicht. Dingert entscheidet auf Abseits gegen Sobiech, der am Boden liegend Wiese behindert haben soll.

Es bleibt beim 3:0. Ein Ergebnis, über das jeder den Kopf schüttelt, der das Spiel gesehen hat. Gleich im doppelten Sinn verschenkte Chancen: keine Tore gemacht und die Möglichkeit ungenutzt gelassen, einen Konkurrenten im Kampf um die europäischen Plätze ins Mark zu treffen. Statt Platz 6 und zwei Punkten Vorsprung vor Werder haben wir nun gerade noch zwei vor den Stuttgartern und rangieren auf Platz 7. Zwar kommt im nächsten Heimspiel eine lösbare Aufgabe mit den Karnevalisten aus Köln, wo es derzeit drunter und drüber geht. Doch davor steht noch der Auftrag, das Viertelfinale in der Europa-League zu buchen. Mit den Fehlern von heute wird es schwer gegen die abgezockten Belgier. Wird es 96 schaffen, etwas für das Image zu tun?

PENKMANS EINWÜRFE IV:
DAS ERFOLGREICHSTE MAUERBLÜMCHEN DER LIGA

Stell Dir vor, Du spielst klasse, und keiner kriegt es mit. So könnte das Motto lauten, wenn es um die Roten und ihre Präsenz in den Medien geht. Es ist schon eigenartig, was und wie über die Roten berichtet wird.

Fangen wir mal im Printbereich an. Da haben wir die HAZ, die BILD und die Neue Presse in Hannover, natürlich auch noch das Hannoversche Wochenblatt und einige Szeneblätter. Die hatten früher richtig Spaß an den Roten, wurde doch jede Woche irgendeine neue Sau durchs Dorf getrieben. Präsidenten, Manager und Trainer wurden munter gewechselt, Spieler gekauft und verkauft und dann und wann gab es auch chice Unregelmäßigkeiten in der Vereinskasse. Interna sickerten schneller nach außen als man sie sich innen ausgedacht hatte und schon wussten alle in der Region vorher, was bald passieren würde.

Diese Zeiten sind irgendwie vorbei. Skandale, Intrigen und Sensationen sind in den letzten Jahren Mangelware. Da muss dann schon Pinto Blutegel benutzen oder Pogatetz von Frau Kowalczuks Hühnersuppe essen, um eine Wunderheilung zu bewirken, damit die Journaille ihre Schlagzeilen bekommt. Schlimmer noch: teure Einkäufe, die früher auf der Bank oder gar der Tribüne versauerten, gibt es nicht mehr, sieht man einmal von Jan Schlaudraff ab.

Selbst der glänzt mittlerweile und hat sich mit smarten Interviews zum Sympathieträger gemausert.

Überhaupt ist das mit den Einkäufen so eine Sache: Die werden präsentiert, wenn alles in Sack und Tüten ist. Klar, ab und zu werden Namen ins Spiel gebracht, aber es ist schon fast ein hannoversches Naturgesetz, dass die Kandidaten, die früh in der Bild oder in der Neuen Presse auftauchen, von Schmadtke oder Slomka als „interessant, aber nicht auf unserer Liste" tituliert werden. Stattdessen wird meist so lange im Stillen gearbeitet, dass die Spekulationen ins Kraut schießen. Dann werden Verpflichtungen präsentiert, die eher unspektakulär wirken. Millionen-Ablösen? Pustekuchen! Altstars mit Allüren? Kein Thema.

Wie glücklich waren da wohl unsere örtlichen Schreiber, als der Kölner Express die Sensation auspackte, dass Schmadtke Kandidat auf den Kölner Managerposten sei. Endlich, endlich wieder Unruhe in Hannover! Mit Hurra schrieben die Redakteure ab, was anderswo zu lesen stand, auch wenn der Wahrheitsgehalt der Geschichte kaum zu klären ist. Zack, wird auch der nächste unerwiesene Skandal wieder ausgebuddelt, dass Schmadtke und Slomka nicht miteinander können. Nicht schlecht, dass sie es immerhin zwei Jahre miteinander ausgehalten haben und zweimal mit den Roten den internationalen Wettbewerb erreichten. Sicher ein perfider Trick von Trainer Slomka, dass er den Präsidenten aufforderte, einen Versuch zu starten, seinen vermeintlichen Feind in Hannover zu halten.

Weit weniger Interesse wurde dann für die – aus meiner Sicht sensationelle – Lösung der Affäre Schmadtke aufgebracht. Die Schlagzeilen verebbten rasch, berichtet wurde dann noch über das eine oder andere Detail der Lösung. Die Presse hat es schwer mit den Roten.

Schaut man auf TV und Radio, muss man sich schon fragen, ob man als Hannoveraner nicht eine Verfassungsklage anstrebt, was die Ausgewogenheit der Berichterstattung betrifft. Zahlt man dafür seine Zwangsgebühr an die GEZ, dass den Bayern immer schön Fernsehgeld eingeschenkt wird? 96 findet im Fernsehen und im Rundfunk praktisch nicht statt.

Ich habe mir nicht die Mühe gemacht, die Sendeminuten zu zählen, die das TV den Roten widmet. Sicher ist allerdings, dass die Liveübertragungen praktisch jeder Runde im DFB-Pokal an den FC

Bayern gehen, selbst wenn die ein Heimspiel gegen einen Zweitligisten haben. Schon kann der FCB wieder ein bisschen Geld für den nächsten Star einsammeln, während von der hannoverschen Partie eine eineinhalb-minütige Zusammenfassung erfolgt.

Überhaupt kann man es sich schenken, auf die Nachbereitung strittiger Szenen in der Sportschau oder im Sportstudio zu hoffen. Hier bietet allenfalls SKY oder Sport1 noch die eine oder andere Wiederholung kniffliger Entscheidungen. Wird ein Wolfsburger halbwegs elfmeterreif gefoult, aber der Pfiff bleibt aus, gibt es gefühlte achtzehn Zeitlupen. Klaut der Schiedsrichter Werder Bremen ein Tor, wird daraus eine minutenlange Videodokumentation mit Meinungen und Super-Zeitlupen gemacht. Wird ein Hamburger per Notbremse zu Fall gebracht, werden alle Perspektiven der Szene beleuchtet. Gibt es dagegen eine gelbrote Karte in einem Spiel von 96, bringen die Herrschaften vom Sportstudio es glatt fertig, die Szene, die zur ersten Gelben führte, ein Foul an Moa, als Begründung für den Platzverweis zu zeigen. Der Platzverweis hingegen wurde nach einem Foul an Schlaudraff gegeben. So geschehen beim Zusammenschnitt der Partie Hertha gegen 96, als Niemayer vom Platz gestellt wurde.

Interessant ist dann auch, wie das ZDF auf eine entsprechende Mail zu diesem Fehler reagiert. Sinngemäß lautet die Antwort, dass sich das ZDF ja auf eineinhalb-minütige Zusammenfassungen beschränken müsse, so dass es vorkommen könne, dass die Zuschauer die Einschätzung der Experten des ZDF nicht immer teilen ...

Immerhin, Kabel1 wird zum Dauersender von Europa-League-Übertragungen und präsentiert die 96-Spiele mit ordentlichen Spots. Wenn nun noch Hansi Küppers lernt, die 96-Spieler auseinander zu halten, könnte man wenigstens den privaten Sendern schon ein bisschen Lob spenden. Allerdings ist schon fraglich, wie man Ya Konan mit Stindl verwechseln kann.

Nicht viel besser funktioniert das mit dem Radio. HSV, Werder, Wolfsburg, das sind die norddeutschen Vereine, ach ja, Hannover gehört auch irgendwie dazu. Tabellenstand? Unerheblich, erst einmal wird über den HSV berichtet, dann über Werder, oder auch mal umgekehrt. Dann wird noch Magath interviewt, ehe den Hannoveranern ein Einzeiler gewidmet wird. Zugegeben, in der jüngeren Vergangenheit wurden auch die Roten stärker berücksichtigt.

Doch als Regionalsender hat sich der NDR bislang nicht erwiesen. Jüngstes Beispiel: Sonntag, 19.8.12, Radio-Nachrichten im NDR. Die Pleiten des HSV und von Werder im DFB-Pokal wurden zum wichtigen Thema, mit Ergebnis erwähnt, Wolfsburgs klarer Sieg auch. Dann wird auch über Schalkes (!) klaren Sieg berichtet und quasi als Randnotiz, dass 96 auch eine Runde weiter ist.

Zugegeben, ich werde langsam polemisch. Doch ehrlich gesagt empfinde ich es als Politikum, dass speziell die öffentlich-rechtlichen Sender nicht ausgewogen berichten. Hofberichterstattung muss es ja nicht gleich sein. Doch ein, zwei Experten, die auch wissen, was in Hannover los ist, sollten sich Rundfunk und Fernsehen doch leisten können?

Nun gut, einstweilen ist das wohl zu viel verlangt. All mein Gemecker wird nichts nützen, die Roten werden wohl weiterhin das bleiben, was sie sind: ein Verein, der, wie Martin Kind sagt, als regionale Marke etabliert ist und gern eine nationale Marke werden will. Sicher fehlen da die Titel und die ganz großen Erinnerungen, denn 1954 ist wohl schon zu lange her. Vielleicht klappt es ja nach mehr als zwanzig Jahren mit dem nächsten Pokalsieg? So lange müssen wir wohl damit leben, dass die aktuelle Nr. 1 im Norden bleibt, was sie ist: das erfolgreichste Mauerblümchen der Liga.

Europaphorie, dritter Akt, vierter Aufzug
Zwei Eigentore krönen eine Fußball-Gala

Orakel und Generalproben sind ja so eine Sache. Die Orakel der griechischen Mythologie äußerten sich stets zweideutig, so dass es der richtigen Interpretation bedurfte, um eine Entscheidung zu treffen, die zum Erfolg führte. Generalproben haben ähnlichen Charakter: ist die Probe geglückt, kann man frohen Mutes Selbstvertrauen daraus beziehen und vor lauter Freude ins Verderben rennen. Verpatzte Generalproben werden gern als gutes Omen genommen, obwohl das genau so wenig nachgewiesen ist wie Murphys Gesetz, dass der Toast mit der Butterseite nach unten landet. Nun gut, die Generalprobe für das Lüttich-Spiel haben die Roten sauber versemmelt.

So gehen wir mit einer Mischung aus einem mulmigen Gefühl und Zweckoptimismus in die Arena, trotz des eher beruhigenden Hinspiel-Ergebnisses. Trotzig werden wir unsere Jungs zum Sieg brüllen, ein schmutziges 1:0 in der 88. Minute wird reichen. Scheiß auf Schönheitspreise, heute muss hinten dicht sein und vorn der liebe Gott helfen. Oder vielleicht Schlaudraff? Tatsächlich wird einer zum Matchwinner, für den künftig der Vereinsname „Hannover 96" eher zum Anlass für Alpträume und düstere Orakel werden dürfte. Doch dazu später mehr.

Was sind das für wundervolle Fußball-Abende! Die Hütte schön voll mit fröhlichen Fans, die sich die Seele aus dem Hals singen, Flutlicht garantiert, internationales Flair. Selbst dieses furchtbare alkoholfreie Getränk, das als Bier verkauft wird, kann einem nicht die Laune verderben. Es ist einfach großartig, dass 96 uns diese Abende beschert, noch dazu mit richtig gutem Sport garniert.

Rechtzeitig zum Singen sind wir im Block und trällern mit Inbrunst und Gänsehaut „96, alte Liebe". Natürlich haben die „echten" Fans wieder eine Choreo vorbereitet. Was das betrifft, ist 96 Champions-League-reif. So macht 96 Spaß, so machen die Fans Spaß. Fehlt nur noch ein schönes Spiel mit dem richtigen Ende.

Kaum dass wir sitzen, stehen wir auch schon wieder auf. Klatschen, anfeuern, hinsetzen – und schon wieder aufstehen. 96 macht Druck über rechts. Einwurf, Schlaudraff schleicht sich hinter die Abwehr. Stindl, hellwach, macht den besten Einwurf der Saison, Richtung Grundlinie. Der Ball prallt einmal auf, dann haut „Schlauffi" die Kugel flach Richtung Tor. Der belgische Keeper wirft sich dazwischen. Das hätte er vielleicht besser gelassen, denn er lenkt den Ball zu Moa, der Flipper spielt und eiskalt ins rechte Eck verwandelt. Was für ein Tor, was für ein Auftakt, es steht 1:0, und die Tür zum Viertelfinale ganz weit offen (4.)!

Es geht weiter vorwärts. Die Roten spielen sich regelrecht in einen Rausch, die Belgier kommen kaum vor unser Tor. Im Zweiminuten-Takt wird es brenzlig am oder im belgischen Strafraum. Müßig, jede Szene zu beschreiben. Adellaoue macht, was er will, auch sonst spielt 96 die Belgier an die Wand. Wann fällt das nächste, wohl entscheidende Tor? In der 21. Minute! Fantastische Kombination aus dem Mittelfeld heraus, Pinto startet auf der rechten Außenbahn, während „Schmiedi Gonzalez" und Stindl die Abwehr mit zwei vertikalen Pässen aushebeln. Nun ist Pinto an der Grundlinie und flankt scharf und flach. Der Ball kommt direkt zurück, zweiter Versuch, und nun beginnt der Abend, den Kanu nicht vergessen wird. Der Ball prallt von seinem Schienbein ins eigene Tor, 2:0 (21.). Schalten die Roten jetzt zurück?

Immerhin, Lüttich wehrt sich noch. Praktisch im Gegenzug eine Ecke, van Damme köpft an den Pfosten, (22.)! Hoppsa, das hätte ins Auge gehen können. Dann spielt eine Viertelstunde lang fast nur 96, ehe Gakpé mit einem schönen Versuch an Zieler scheitert. 96 ist nun eher auf Konter aus, hinten wird es kaum gefährlich. Noch eine Halbchance für Cyriac, doch dessen Fernschuss geht drüber. Dann ist Halbzeit.

Mann, die Europa-League-Bratwurst schmeckt bombig heute. Wir genießen die Halbzeit wie nur wenige vorher, niemand hat mehr Angst, dass das schief gehen könnte. Viertelfinale, wir kommen. Klar, die berüchtigten Pferde hat man schon kotzen sehen, aber diese Roten gegen diese Belgier, das wird klappen!

Wirklich? Die zweite Halbzeit beginnt mit einem anderen Gegner. Zielstrebig plötzlich, und mit Gelegenheiten. Schöne Kopfballchance durch Buyens, doch deutlich daneben (48.).

„Aufpassen", denke ich, werde etwas nervös.

Wir sehen uns fragend an, 96 ist fast eine Viertelstunde lang sehr passiv. Dann fliegt Gakpé mit gelbroter Karte (58.). Nun werden die Roten wieder sicherer, allerdings nicht mutiger. Kontrolle, verständlicherweise, geht vor Risiko. Immerhin, Slomka bringt Ya Konan, und mit ihm noch einmal frischen Wind. A propos Wind, die Welle schwappt immer wieder durch die Arena.

Niemand erwartet Power-Fußball bei diesem Spielstand. Dann freilich geht es ratz-fatz: Stindl mit blitzgescheitem Pass auf „Didi", der scheitert zunächst an Bolat und spielt dann Billard! Sein Nachschuss prallt von Felipe gegen Kanu und dann ins Tor. Der Tag für Kanu dürfte gelaufen sein. Zwei Eigentore, im Hinspiel den Elfer verursacht: Kanu wird allmählich Hannovers Bester! 96 hat immer noch Lust: Stindl und Ya Konan verpassen das 4:0 innerhalb von Sekunden (80.). Das Spiel könnte von mir aus noch lange dauern. Drei Minuten Nachspielzeit, das Stadion steht. Pinto hingegen steht nicht, der hat eine Idee. Er zieht an der rechten Strafraumgrenze hinter die Abwehr, Stindl spielt ihm einen Zuckerpass. Pinto, fast schon gehässig, drischt dem Torwart den Ball in die kurze Ecke, 4:0 (91.), Feierabend, so wörtlich zu nehmen, wie selten!

Was für ein Erlebnis. Wie oft endet ein Achtelfinale 4:0, und das für die Mannschaft des Herzens? 96 unter den letzten acht in der Europa League, das ist weit mehr, als man erwarten durfte. Sensationell gegen Sevilla, Souverän und kampfstark in der Gruppenphase, die Belgien-Rundfahrt mit Unterbrechungen ohne einen Hauch von Angst vorm Ausscheiden überstanden, das ist das märchenhafteste an dieser Saison. Noch ist die Europa-Tournee nicht beendet. Zwei Spiele sind auf jeden Fall noch drin. Aber vorher muss 96 in der Bundesliga wieder in die Spur finden. Denn um noch einmal Europa zu buchen, führt der Weg über das Tagesgeschäft. Ein Sieg gegen Köln ist Pflicht!

PRESSE-STREIFLICHTER
96-GALA GEGEN LÜTTICH BEGEISTERT GANZ DEUTSCHLAND

FAZ

Hannover, so zauberhaft
Hannover 96 begeistert im Europapokal weiterhin: Im Heimspiel lassen die Niedersachsen Standard Lüttich keine Chance und ziehen ins Viertelfinale der Europa League ein.

Die Welt

Die Wulffs jubeln – Hannover schreibt Geschichte
Mit einer starken Leistung gegen Lüttich ist Hannover erstmals in ein europäisches Viertelfinale eingezogen.

Der Tagesspiegel

Hannover siegt 4:0 gegen Lüttich
Die europäische Erfolgsgeschichte für Hannover 96 geht weiter.

Südkurier

Hannover feiert Riesen-Erfolg: 4:0 gegen Lüttich

HAZ

Ein Genuss – 96 im Viertelfinale
4:0 gegen Standard Lüttich: Die Zuschauer in der AWD-Arena erlebten einen Fußball-Festtag mit Hannover 96 im Achtelfinal-Rückspiel der Europa League. Dabei verblüffte vor allem die Offensivabteilung der „Roten", die auch ganz geschickt über die belgische Bande spielte.

Stindl foppt Rensing
– Diouf macht den Sack zu

Es ist schon ein bisschen ulkig, was die Europa-League-Teilnahme so bewirkt. Ich liebe es ja, live Fußball zu gucken, aber tatsächlich bin ich ein bisschen müde, als ich zum Heimspiel gegen Köln aufschlage. Das Singen fällt etwas schwerer, und wenn mein Ohr mich nicht täuscht, geht es manch anderem Fan auch so. Klar, die Stimmung ist gut nach der Gala gegen Lüttich, aber es klingt alles ein bisschen leiser und weniger überzeugend. Geht es den Spielern nicht genauso? Die Liga verzeiht Auftritte mit 95% selten, dazu sind die anderen Clubs einfach zu gut.

Die Kölner haben wieder reichlich Fans mitgebracht und machen ordentlich Rabatz. Die haben nicht viel zu lachen diese Saison, aber derzeit schnuppert der 1. FC immerhin am Mittelfeld. Ein Sieg heute würde viel Sicherheit für den trudelnden Karnevalsverein bringen. Für 96 geht es darum, oben dran zu bleiben, nach drei Spielen mit nur einem Punkt nicht den Anschluss zu verlieren. Alles andere als ein Dreier wäre ein ganz schlechtes Signal. Köln bringt vier Punkte aus den letzten beiden Spielen mit. Doch was heißt das schon bei der launischen Diva vom Rhein? Ohne Prinz Poldi sind die Kölner oft nur die Hälfte wert, aber so etwas darf man über den nächsten Gegner nicht einmal denken. 45.000 Zuschauer immerhin, für mich ein Rätsel – gegen Stuttgart haben sich gerade 38.000 ins Stadion verirrt und heute ist die Hütte voll! Vielleicht wollten viele Podolski sehen, aber der ist nun nicht dabei.

Die Roten scheinen zu wissen, worum es geht. Von Anfang an sind sie da, keine Zeichen von Müdigkeit. Gut so! Schon nach fünf Minuten zieht Rausch über den Flügel und gibt scharf nach innen, wo Moa nur um einen Schritt zu spät ist. Plötzlich die Kölner, auf halblinks wird Novakovic steil geschickt, Zieler kommt raus und verkürzt den Winkel. Mit einer tollen Fußabwehr rettet unser Nationaltorwart die „Null". Den Nachschuss versemmelt Ishak, links vorbei (10.). Die Kölner werden nun stärker, so entwickelt sich ein richtig schönes Spiel mit Spaßfaktor. Zunächst wieder Abdellaoue, aus 18 Metern in halblinker Position. Rensing kriegt gerade noch die Finger an den Flachschuss (13.). Dann reichlich Kuddelmuddel im Kölner Strafraum. Stindl lässt eine Hereingabe von Moa durch, Schlaudraff hält drauf, Rensing lässt nach vorne prallen und setzt nach. Stindl hat schneller reagiert, umkurvt mit dem Ball lässig den herausstürzenden Keeper und lässt das Leder locker ins Netz trudeln, 1:0 (19.)! Das sah kurios aus!

96 nun weniger forsch, aber mit guter Kontrolle. Eigentlich müsste Köln kommen, doch die glänzen vor allem durch leichtfertige Ballverluste. Einen davon nutzt Schmiedebach, langer Ball auf Abdellaoue. Der übersprintet Sereno und schnappt sich am Strafraumeck den Ball. Der Kölner kann sich nicht anders als mit einer Ringkampfeinlage helfen, Moa fällt. Stark will, wohl als Einziger, keinen Elfer gesehen haben, lässt laufen. Schmiedebach erobert sich nochmals den Ball, zieht alleine aufs Tor und wieder ist Sereno da, dieses Mal per Foul von hinten. Stark lässt erneut die Pfeife stecken! Das hätte Rot geben müssen, da sind wir uns alle einig.

So bleibt es beim 1:0. 96 unbeirrt, Fernschuss von Stindl aus ca. 24 Metern, nur hauchdünn drüber. Alle warten auf das 2:0. Nur eine Frage der Zeit, oder? Von wegen. Kurz vor der Halbzeit, langer Ball auf unsere linke Abwehrseite. Haggui schenkt Clemens an der Strafraumgrenze den Ball, der zieht sofort ab. Zieler rettet zur Ecke. Die wird auf den kurzen Pfosten gezogen, wo mit seiner Maske Pezzoni bereit steht. Haggui ist wieder nicht im Bilde, Pezzoni köpft fast ungehindert ein. Die Arbeit von 43 Minuten in einer Minute verschenkt, so ist Fußball. Es geht mit 1:1 in die Pause. Natürlich kann man über die Entscheidungen von Schiedsrichter Stark lamentieren, aber klar ist auch, dass wir auch so längst höher führen müssten. So ein dummes Gegentor dann auch noch! Aber wir haben ja noch eine Hälfte. Hoffentlich reicht die Kraft, die Roten haben viel geackert!

Zunächst sehen die Kölner nach der Pause etwas besser aus. Doch das ist nur von kurzer Dauer, dann rutscht Diouf vor Rensing nur um Zentimeter an Stindls toller Flanke vorbei (50.). Kurz danach hält Schlaudraff drauf, Rensing pariert stark (54.). Dann bleiben mir Puls und Atem gleichzeitig stehen. Clemens kommt mit einem gewaltigen Pfund aus 25 Metern, Zieler muss den Schuss abklatschen lassen. Der Ball fällt Novakovic vor die Füße, doch auch den Nachschuss pariert unser junger Keeper (57.). Großartig! Kurz darauf hat Zieler das Glück des Tüchtigen: Ishak zieht von halbrechts ab, Pfosten (59.). Meine Güte, meine Nerven sind angespannt! Das berüchtigte Raunen geht in Anfeuerungsrufe über. Heute werden wir gewinnen! 96 war auch gegen Werder stark und wurde bestraft. Heute nicht.

Plötzlich ein wunderbarer Pass steil auf den rechten Pfosten, Rausch geht auf Rensing zu. Wieder ist Sereno da und schwalbt ihn um. Endlich, dieses Mal sieht Stark das Foul und gibt Elfer. Irre, dass der Kölner Holzfäller sich noch traut zu reklamieren, absolut lächerlich und unsportlich. Egal, Schlaudraff legt sich das Leder zurecht. Gibt es wieder Show-Time? Nein, dieses Mal macht es „Schlauffi" ganz trocken, rechts flach, 2:1 (61.)! Nun spielen nur noch die Roten. Rausch, allein vor Rensing, zielt zu ungenau, Rensing holt den Ball aus dem langen Eck (66.). Dann ein Traumkonter. Ya Konan über rechts, bindet zwei Kölner. Links am Elfer steht Diouf frei. Er bekommt den Ball von „Didi", schlägt noch einen listigen kleinen Haken und drischt die Kugel geradeaus in die Maschen, 3:1 (67.).

Nun ist Köln sauber zerlegt. Chancen im Drei-Minuten-Takt für die Roten. Zählbares gibt es nach einer Ecke: Diouf steigt, einsam und verlassen, am höchsten und köpft mit Wucht ins kurze Eck, 4:1 (83.). Ein letztes Lebenszeichen von den Kölnern kurz vor Schluss durch Ishak. Sein Schuss aus 15 Metern gibt Zieler Gelegenheit, sich mit einer tollen Parade für heute zu verabschieden. Welch ein Sieg!

4:1, es hätte auch 9:3 ausgehen können. 96 spielt wieder Fußball, und wie! Das ist der richtige Abschluss für den Winter. Immer noch Platz 7, wo wir uns scheinbar richtig eingenistet haben. Noch ist nichts gewonnen, acht Spiele müssen noch gespielt werden. Der Frühling beginnt mit einer Herkules-Aufgabe: 96 muss zu den großen Bayern. Können wir die klein halten?

PENKMANS QUARTALSABSCH(L)USS, TEIL IV: FRÜHLINGSANFANG IN HANNOVER – DAS ZIEL BLEIBT IN SICHTWEITE

Die Tage werden länger und wärmer, es geht in den Frühling mit einer bemerkenswerten Konstanz. Immer noch halten die Roten Platz 7, irgendwie hat sich 96 dort eingenistet. Es ist schon fast skurril, ob Sieg, Unentschieden oder Niederlage, 96 hat stets Platz 7 gehalten, den gesamten Winter über. Eigentlich der Platz, der am Saisonende mit der silbernen Zitrone gewürdigt wird, aber mit Aussicht auf europäische Meriten.

Die Leistungen in diesem Winter wurden nach dem Motto „Nichts ist beständiger als der Wechsel" abgeliefert. Zuletzt eine Gala gegen Köln, im Heimspiel gegen Augsburg ein Harakiri-Unentschieden mit einem sehr merkwürdigen Abgang von Emanuel Pogatetz, gegen Werder eine Halbzeit lang gewirbelt und am Ende eine schwer erklärbare 0:3-Klatsche abgeholt, in Mainz ein Unentschieden mit dem Prädikat „äußerst unterhaltsam" abgeliefert. Die Roten können ganz nebenbei auch auswärts, aber nur am Anfang des Quartals. So sitzen wir irgendwo zwischen Baum und Borke, die Stuttgarter rücken uns immer dichter auf die Pelle.

Ein neuer Liebling ist richtig eingeschlagen in diesem Quartal. Mame Biram Diouf hat sich in die roten Herzen gespielt. Nach anfänglichen Abstimmungsproblemen ist er nun präsent, als wäre er schon ewig im Angriff der Roten, bringt alles mit, was ein Stürmer braucht. Vor allem trifft er. Das kann man von Moa Abdellaoue momentan nicht behaupten. Seit dem 4.2. ist für ihn das Tor vernagelt in der Bundesliga. Wo könnten wir wohl stehen, wenn beide, Moa und Mame, träfen? Lächerliche drei Pünktchen würden Platz fünf bedeuten, ein Sieg gegen Mainz oder Augsburg hätte es schon getan.

Hätte, hätte, Fahrradkette. Fakt ist, wir haben Kontakt nach oben, aber um einiges mehr Druck, denn die Stuttgarter hängen uns im Nacken. Andererseits sind wir den ungeliebten Nachbarn von der Weser deutlich näher gekommen. Bitter, dass es ausgerechnet gegen die eine wirklich dumme Niederlage setzte. Ein Unentschieden dort hätte ebenfalls Platz sechs zum jetzigen Zeitpunkt bedeutet, ein Sieg gar Platz fünf.

Wie schön aber ist das Europa-Märchen der Roten! Viertelfinale, das muss man sich einmal auf der Zunge zergehen lassen. Nun gibt es endlich noch einen richtigen Knaller: Atletico Madrid, mit einiger Prominenz, natürlich mit der Maßlosigkeit der spanischen Clubs im Geldausgeben. Das wird eine echte Reifeprüfung, zumal nun die spanische Saison im vollen Gange ist. Die europäische Episode der Roten hat schon Bemerkenswertes zu bieten: Sie beginnt mit einem spanischen Club und könnte mit einem weiteren enden, sie bietet uns gleich drei Mal den Vergleich mit belgischen Teams, von denen wir gegen Lüttich gleich vier Spiele absolvieren durften.

Auch das war im Übrigen bemerkenswert: mit welcher Explosion man Lüttich aus dem Wettbewerb gekegelt hat. Noch in der Gruppenphase beherrschten uns die Belgier nach Belieben, doch in der KO-Runde erhalten sie geradezu eine Lehrstunde von Hannover 96. Das macht Hannover stolz und glücklich. Diese Erlebnisse im Europapokal werden vielen eine wunderbare Erinnerung bleiben. Spunky aus dem Forum etwa, der mit Flieger oder PKW geradezu abenteuerliche Reisepläne entwickelte, um bei jedem Auswärtsspiel unserer Jungs seinen Schal zu schwenken. Rund 15.000 km haben, Madrid bereits eingerechnet, diejenigen zurückgelegt, die überall dabei waren, also fast einmal um die halbe Welt!

Dabei darf man erfreut feststellen, dass Randale und Skandale ausblieben, sieht man von einigen pyrotechnischen Dummheiten ab. Die hannoverschen Fans haben Kopenhagen im Sturm erobert, an anderen Orten gute Visitenkarten abgeliefert und mit Stimmgewalt und Kreativität für tolle Atmosphäre gesorgt.

Man darf, Alles in Allem, mit dem Winter zufrieden sein. Was ist aber mit unserem Abwehrhelden Emanuel Pogatetz? Sein fragwürdiger Abgang im Augsburg-Spiel, dann wegen Kniebeschwerden, so der offizielle Wortlaut, in der Europa-League nur auf der Bank. Es dringt nicht viel nach außen, was da los gewesen ist, doch das ist in der Tat eine Geschichte, die man wohl im Auge behalten muss.

Freude aber bereitet eine Konstellation, die das unsere Roten keinerlei Einfluss haben: der DFB-Pokal schenkt uns die Chance, auch mit unserem diesjährigen Stammplatz, Platz 7, die Qualifikation für die Europa-League zu erreichen. Mit dem Frühlingsanfang wird es entschieden sein.

Frühlingsanfang
– wird der europäische Traum
noch einmal wahr?!

Mit dem ersten und zweiten Tag beschert uns der Frühling die wohl beste Nachricht seit Beginn der Rückrunde: es ist amtlich, Dortmund und Bayern im Finale, also die deutschen Champions-League-Teilnehmer der kommenden Saison. Diese wunderbare Nachricht beschert der Bundesliga einen weiteren EL-Platz, der sonst dem Pokalfinalisten zugefallen wäre.

Das ist eine deutliche Erleichterung im so engen Fight um die internationalen Plätze. Von Leverkusen (Platz 5) bis 96 (Platz 7) sind es ja gerade einmal zwei Pünktchen und ein paar Tore Unterschied. Zu beachten ist aber, wer dahinter noch in Lauerstellung liegt. Stuttgart hat eine gute Rückrunde abgeliefert bis hierhin, bislang konnten die Roten die Schwaben jedoch auf Distanz halten.

Nun aber fängt langsam das Rechnen an. Wir schielen auf das Restprogramm, das uns noch einige dicke Brocken beschert: Bayern, Gladbach, Schalke, Wolfsburg und Leverkusen sind noch zu bearbeiten. Also aufgepasst, Hannover, der kleinste Patzer kann die leckere Belohnung versauen. Noch einmal nach Europa, das wird noch ein hartes Stück Arbeit. Bislang hat Slomka nicht allzu viel rotieren lassen, etliche Spieler haben jede Menge Spiele in den Knochen. Aber wie hieß es früher in der alternativen Szene? Wer keinen Mut zum Träumen hat, hat keine Kraft zum Kämpfen! Wie wäre es, den Traum von Europa mit einer schönen Wahrheit in Bayern zu verbinden?

Ya Konans Fallrückzieher
reicht nicht gegen effektive Bayern

Die Fahrt nach München ist für 96 nicht gerade das reinste Vergnügen. Immerhin, es ist keine Wiesn-Zeit, zu der die Bayern angeblich nicht zu schlagen sind. Die stehen unter Druck, ihr Minimalziel Deutsche Meisterschaft ist in akuter Gefahr. Fünf Punkte sind die Dortmunder bereits enteilt und haben in Köln eine lösbare Aufgabe. Nach der Hinspiel-Niederlage dürfte den Münchnern klar sein, dass 96 kein Kanonenfutter ist.

Die Roten können sich ihrerseits auch keine großen Ausrutscher erlauben, hängen ihnen doch Labbadias Stuttgarter im Nacken, die in der Rückrunde eine ordentliche Serie hingelegt haben. Ein Punkt würde zumindest Punktgleichheit mit den Schwaben sichern, vermutlich auch das Selbstvertrauen vor dem Hinspiel zum Viertelfinale in Madrid stärken. Abgesehen davon ist es immer ein Genuss, den Bayern eins auszuwischen, oder? Wie dem auch sei, 96 in Bestbesetzung. Wird Diouf dem Rekordmeister einen einschenken? Oder kriegen wir hier doch mal wieder eine Lehrstunde?

Weder noch. Das Wetter ist erbärmlich in der bayrischen Hauptstadt, das Spiel hingegen kann sich durchaus sehen lassen, auch das der Roten. Die machen es den Bayern nicht leicht, doch durch kleine Fehler kommen die schnell zu ersten Chancen, Olic (4.) und Robben (8.) mit Warnschüssen. Dann Ribery über die linke Angriffsseite der Bayern, legt sich den Ball vor, rennt Cherundolo an und fällt, als hätte Stevie ihm gerade einen linken und zwei rechte Haken verpasst. Schiedsrichter Winkmann kennt den Franzosen offenbar noch nicht und zückt für das harmlose Einsteigen unseres Verteidigers Gelb. Mit Folgen, doch dazu später mehr.

10 Minuten später passt Lahm Richtung Elfer, dort rauscht Ribery heran, drischt den Ball aber links vorbei (20.). Kurz darauf die erste gute Chance für 96: Neuer lässt einen Pass zu weit prallen, Diouf, gedankenschnell, erläuft den Ball und zieht zum Fünfmeterraum. Badstuber kann per Grätsche klären (21.). Die Roten sind nun gleichwertig, Chancen freilich Mangelware. Trotzdem, bis hierhin eine starke Leistung. Rausch (27.) und Diouf (30.) probieren es aus der Distanz, erfolglos. Dann aber der erste Treffer. Ribery dreht sich um Cherundolo, der lieber die Hände weglässt, weil schon verwarnt. So kann der Franzose ungehindert in den Rücken der Abwehr laufen und Richtung Elfer passen. Toni Kroos bekommt den Ball und schlenzt wunderbar über den herauslaufenden Zieler, 1:0 (36.).

Musste Ron da raus? Egal, der Ball ist drin, Bayern führt, Business as usual, wenn man so will. Die Münchner sind nun Herr im Haus, aber ohne durchschlagende Wirkung. Robben (43.) und Olic (44.) gehen leichtfertig mit ihren Chancen um, zudem ist Zieler erneut stark. Mit 1:0 geht es in die Kabine.

96 ist nach der Pause eindeutig aktiver, die Bayern merkwürdig lethargisch, defensiv aber sehr sicher. So passiert erst einmal nicht viel. Heynckes bringt Gomez (61.), und der führt sich gleich gut ein. Solo über die linke Seite, der Abschluss prallt vom kurzen Pfosten gegen Zielers Rücken und rollt Richtung Tor. Pogatetz kratzt den Ball von der Linie. Schlaudraff, ebenfalls eingewechselt, schickt Rausch. Dessen Flanke verpasst Moa hauchdünn. Das war eine dicke Chance! Mit dem Druck der Roten wachsen die Möglichkeiten für die Bayern, im eigenen Stadion zu kontern. Kroos legt Gomez den Ball rechts in den Strafraum. Der spielt Pander mit einer geschickten Drehung einen Knoten in die Beine und legt den Ball trocken ins lange Eck, 2:0 (68.). War es das? 96 wehrt sich noch! Schlaudraff vernascht Alaba. Seine Flanke wird von Diouf vor das

Tor gelegt, dort zeigt Didier Ya Konan mit einem Fallrückzieher, dass er es noch kann. 2:1, der Anschluss (74.). Gelingt es uns noch, den Rekordmeister zu ärgern?

Wir klatschen ab, hoffen und zittern nun plötzlich wieder. Kurz darauf Stindl mit einer prima Flanke, „Hubschrauber" Diouf hebt ab, setzt seinen Kopfball aber knapp drüber (79.). Verflixt, der darf doch ruhig mal rein gehen! Immer noch glauben Slomkas Jungs an sich, versuchen alles. Die Bayern kaum noch mit Entlastung. Rausch aus vollem Lauf mit einer Flanke, Boateng verspringt beim Rettungsversuch der Ball. Neuer verhindert mit starkem Einsatz Schöneres (85.). Noch einmal die Bayern, Ribery mit einem Freistoß, doch Zieler hält sicher. Dann ist Schluss in der Allianz-Arena. Den Bayern dürfte ein Stein vom Herzen gefallen sein, das hätte auch anders ausgehen können. Mit leeren Händen und erhobenem Haupt verlassen unsere Roten das Stadion.

Einstweilen muss 96 den 7. Platz abgeben, denn gleichzeitig hat Stuttgart ein sehr glückliches 1:0 gegen Nürnberg erzielt. Es wird allmählich spannend. Noch sieben Spieltage, dann sind die Würfel gefallen Geht es wieder nach Europa? Doch halt, wir sind ja noch dort! Bevor wir die starken Gladbacher als Heimgegner begrüßen, geht es erst einmal ins wunderbare Madrid. Wird gegen Atletico ein weiterer Husarenritt gelingen?

28.03.2012
ATLETICO MADRID – 96

Europaphorie, dritter Akt, fünfter Aufzug
Salvio entwertet Dioufs tollen Ausgleich

Welch ein schönes Gefühl muss es für einen Fußballer sein, wenn man im Europapokal ein Viertelfinale erreicht und dann ein Los wie Atletico Madrid bekommt. Sicher, der Gegner ist ein echter Hammer. Die Spanier haben eine bärenstarke Mannschaft und realisieren Transfers, von denen 96 nicht einmal träumen darf. Alleine für Falcao und Micael wurden vor der Saison 45 Millionen investiert, das ist fast der gesamte Saisonetat der Roten! Falcao ist wohl der schillerndste Name im Team der Madrilenen, Torschützenkönig der Europa-League im Vorjahr und brandgefährlich, abgezockt wie ein kalter Hund.

Die Roten dürfen sich damit brüsten, mit einer großartigen Mannschaftsleistung und cleveren Investitionen sehr weit gekommen zu sein. Das, was jetzt kommt, ist ein ganz dickes Sahnehäubchen auf einer großartigen Europa-League-Saison. Doch wenn man schon so weit ist, will man seine Chance nutzen, oder? In bester Besetzung läuft 96 im Estadio Vicente Calderon auf, alleine der Name der Arena klingt nach Legenden. Was wäre das für eine, wenn wir hier den Spaniern ein Bein stellen? In meinem Hinterkopf schwirrt die Angst umher, dass wir hier heute eine richtige Klatsche bekommen könnten. Bislang hatten wir ja noch keine europäischen Hochkaräter auszuschalten, sieht man von dem Parforce-Ritt gegen Sevilla ab. Diese Mannschaft aber bietet klangvolle Namen: Filipe, Suarez, Turan, nicht zuletzt der unsägliche Diego, das exzentrische kleine Genie, sind nicht gerade ein Ballsackträger.

Bombenstimmung, wenn auch nicht ausverkauft. Europa League, das ist für die Spanier eher eine Pflichtveranstaltung als eine Gala. Die Kulisse beeindruckt dennoch, dabei fasst das Stadion fast die doppelte Zuschauerzahl. Auch die Fans der Roten sind präsent, Madrid ist natürlich nicht nur für Fußballverrückte eine Reise wert. Am Manzanares-Park wunderbar gelegen, ist allein diese altehrwürdige Arena äußerst beeindruckend.

Von Anfang an zeigen die Spanier, wer Herr im Haus ist. Falcao kommt nach dürftiger Abwehrarbeit von Eggimann zu einer ersten Chance, Zieler ist auf dem Posten (3.). Atletico macht Druck, 96 arbeitet Fußball. Der erste gefährliche Freistoß von links, Gabi tritt an. Und schlenzt den Ball an den Fünfer. Dort steht Falcao besser als Zieler, steigt hoch und köpft fast unbedrängt ein, 1:0 (9.). Die Roten kommen in den ersten zwanzig Minuten kaum in des Gegners Hälfte. Jetzt ist die erste Drangphase von Madrid überstanden. Es geht munter hin und her, aber ohne zwingende Chancen. Wenn es gefährlich wird, ist für Atletico fast immer Falcao dabei. Ein toller Stürmer, leider im falschen Team! 96 kaum mit erwähnenswerten Szenen, bis Stindl Mut fasst. Der geht über die rechte Seite und schaltet sein Europa-League-Herz ein. Seine stark angeschnittene Flanke segelt vors Tor der Madrilenen, dort rauscht Diouf heran. Sein Bein wird lang und länger, als er in die Flanke rutscht und schließlich den Ball flach in der spanischen Kiste versenkt, 1:1, der Ausgleich!

Da war doch was? Richtig, das „Tor aus dem Nichts"! Selten ist dieser Ausdruck zutreffender als heute, aber egal. Wenn das die Tür zum Halbfinale ist, gehen wir da gern hindurch! Zunächst gehen wir mit diesem Ergebnis in die Halbzeit – das ist ein toller Zwischenstand. Unentschieden, ein Auswärtstor, Glück oder nicht, drauf geschissen! Von mir aus könnte der Schiri jetzt abpfeifen. Wir sind uns wieder mal einig im Ferry: das war bis hierhin mehr Glück als Vaterlandsliebe, aber richtig toll gekämpft. Was soll man sonst tun gegen einen solchen Gegner?

Die zweite Halbzeit beginnt. Slomkas Eurofighter stehen nun besser, auch nach vorne ist mehr Struktur im Spiel. Offenbar ist die berüchtigte Anfangsnervosität durch Dioufs Treffer gedämpft worden. Dennoch bleibt Atletico gefährlich, besonders bei Standards. Adrian per Kopf nach Eckball (51.), Falcao nach Ablage von Turan nach einem Freistoß (61.) vergeben gute Möglichkeiten. Längst ist die Partie nickliger geworden, es geht um was! 96 ist bei Kontern brandgefährlich, Ya Konan legt gescheit für Diouf auf, der jedoch an Courtois scheitert (63.). Mann, ein zweites Tor wäre Gold wert! Das wissen die Spanier auch. Diego bringt Turan in gute Position, der verfehlt knapp (64.). Ein toller Fußballabend mit allem, was der Europapokal braucht!

Diouf hat vor nichts Angst, nimmt einfach eine Flanke aus 30 Metern volley, verfehlt aber deutlich (71.). Dem Schiri wird es nun zu bunt, er bringt seinerseits Farbe ins Spiel und verwarnt Diego (73.) und Godin (78.), der richtig mies Diouf von hinten auf den Knöchel tritt. Immer noch ist Falcao gefährlich, bislang ergibt sich freilich nichts Zählbares. Die Roten mit Mann und Maus am kämpfen, so will ich das sehen. Wenn doch nur noch ein schöner Angriff gelänge! Leider ist Atletico die Mannschaft, der noch etwas glückt. Die reguläre Spielzeit ist fast vorbei, ich zähle schon die Sekunden. Kurz vor Schluss schlägt Gabi einen langen Ball, das Kopfballduell zwischen Schulz und Falcao endet damit, dass das Spielgerät dem eingewechselten Salvio vor die Füße fällt. Der zieht aus 22 Metern einfach ab – und tütet ein Traumtor ein. Rechts oben im Winkel landet der Ball, ein Dolchstoß für die Bemühungen der Roten, 2:1 (89.). Es gibt noch einiges Gerangel, zwei gelbe Karten, dann ist das Spiel vorbei.

96 hat hier einen tollen Fight geliefert. Wir sind traurig über das späte Tor, fast hätten wir ein ideales Ergebnis erzielt. Doch zuhause, da sind wir eine Macht. Das können wir noch umbiegen! 2:1, ein Auswärtstor, keine Klatsche und auch von der Leistung her ordentlich. Damit kann man leben. Und stolz sein sowieso. Egal, was jetzt noch kommt. Europa kennt nun Hannover, und zwar als richtig gute Fußball-Adresse. Aus ganz Deutschland bekomme ich respektvolle Kommentare von meinen Freunden über Facebook. In etlichen Foren zeigen Fans aller Couleur Anerkennung für diese Leistung. 96, bitte schön, mehr Respekt hattest Du noch nie! Schaffen wir das nun auch in der Bundesliga? Gladbach zu schlagen, das

wäre ein Ausrufezeichen in dieser Saison – und ein Signal für die
letzten sechs Spiele!

Ya Konan und Diouf
öffnen die Tür nach Europa

Ein erster April lädt zum Scherzen ein. Heute gibt es jedoch absolut keinen Grund zum Scherzen, denn allmählich wird es richtig ernst in der Liga. Die glückliche Fügung, dass im DFB-Pokal die Champions-League-Aspiranten wohl den Wettbewerb unter sich ausmachen, gewährt den Roten die Chance, als siebter erneut europäische Fußball-Luft zu schnuppern. Mit Mönchengladbach kommt der nächste dicke Brocken im Rückrunden-Programm. Was für eine Pointe: Vor zwei Jahren, kurz vor Saisonende, kam Gladbach zu den abstiegsbedrohten Roten und wurde geradezu abgeschlachtet, 6:1, drei ganz wichtige Punkte für den damaligen Klassenerhalt. Mich beeindruckte seinerzeit Mike Hanke, der für die Roten nur selten so fröhlich und engagiert gefightet hat wie an diesem denkwürdigen Tag. In der Folgesaison spielen die Roten die geilste Serie seit sie in der Bundesliga sind und landen am Ende in der Euro League. Hanke hingegen landete in Gladbach.

Ein Jahr später siegen die Gladbacher in der AWD-Arena in akuter Abstiegsnot, kurz vor Saisonende, und sichern sich zu guter Letzt über die Relegation den Klassenerhalt. Mike Hanke spielte mittlerweile für Gladbach, und das nicht schlecht. Nun kommen die „Fohlen" als Champions-League-Aspirant nach Hannover, im Jahr zuvor fast abgestiegen. Es geht für beide um Viel, was nicht immer zu guten Spielen führt, immerhin aber für Spannung sorgt – und das Stadion komplett füllt. Hannover 96 gegen Gladbach, ein Kassenschlager!

Tatsächlich ist es wie man so sagt ein zähes Ringen am Anfang. Beide Mannschaften haben Respekt vor den gegnerischen Stürmern und lauern auf ihre Chance. Beide versuchen vorsichtig offensiv ihr Glück, wirklich Gefährliches kommt dabei nicht heraus. Disziplinierte Defensivarbeit von beiden Teams – ein Genuss für Fußballstrategen und Hobbytrainer, nicht gerade unterhaltsam für Stadiongänger, die vielleicht gerne mal eine Bierdusche erleben wollen. Erster Abschluss durch Daems in der 14. Minute, doch der hat den Ball am falschen Fuß. Kein Problem für Zieler. Allmählich nehmen die Roten das Heft in die Hand. Es fehlt aber noch an Ideen, die Gladbacher auszuhebeln. Auch umgekehrt passiert wenig. Bis auf kleine Wackler zu Anfang steht unsere Abwehr.

Die beste Szene vielleicht in der 33. Minute, als Schlaudraff an der Strafraumgrenze den Abschluss sucht. Dante fälscht den Schuss zur Ecke ab. Dann noch ein schöner Versuch von Schulz aus 20 Metern, doch der Ball streicht knapp drüber (41.). Die Null zur Halbzeit ist die Konsequenz einer spielerisch eher armseligen Hälfte. Immerhin, 96 hat noch alle Optionen und ist optisch das bessere Team.

Auch nach der Halbzeit ist das Spiel kein Leckerbissen. Viel Bemühen, wenig Befähigung. Dabei messen sich hier die Shooting Stars der Vorsaison mit denen der aktuellen Saison. Manchmal hilft der Zufall einem Spiel zu mehr Esprit. Genau das tritt ein, als Stranzl eine Flanke ungeschickt zu klären versucht. Der Ball landet bei Rausch, und der versucht zu schießen. Glücklicherweise misslingt dieser Versuch, und dann tropft der Ball Ya Konan vor die Füße, der keine Mühe hat, die Kugel ins leere Tor zu schieben, 1:0 (57.)! Wir springen auf, vor allem mir hüpft das Herz, denn mein kleines Sorgenkind Didier hat endlich ein Erfolgserlebnis! Nun den Sack zumachen, Gladbach ist heute nicht stark! Diesen Dreier müssen wir endlich einmal festhalten, zu oft haben wir schon zwei Punkte verschenkt.

Die Borussia wird offensiver, aber nicht durchschlagskräftig. 96 mit guten Chancen, z.B. durch Diouf in der 61. Minute. Der geht allein auf ter Stegen zu, dieser pariert mit Können und Glück. Die Gäste wollen etwas mitnehmen. Hanke kommt, mit Applaus und Pfiffen! 96 hat das Heft in der Hand, Gladbach ist bislang harmlos, vor allem im Abschluss. Reus probiert es, nachdem er sich gut durchgesetzt hat, vom rechten Strafraumeck, zielt aber am langen Pfosten vorbei (70.). Mein Adrenalinpegel steigt. Meine Hassliebe für Spannung könnte etwas weniger Futter vertragen. Doch schon steht ausgerechnet Hanke an der Strafraumgrenze, um für Arango abtropfen zu lassen. Der befördert den Ball Richtung Stadiondach.

Wie heißt Hannovers Erlöser in dieser Rückrunde? Diouf! Doch die Aktion des Tages kommt von Pinto, der den Volley-Diagonal-Pass mit tödlicher Wirkung erfindet. Halbrechts hinter der Mittellinie drischt unser Terrier den Ball direkt Richtung linke Eckfahne. Dort ist Schlaudraff schnell genug, um das Leder zu kontrollieren und eine Zuckerflanke Richtung Fünfer zu zirkeln. Der Kopfball zum 2:0 ist für Diouf fast Formsache (76.). Großer Fußball, ein fantastisches Tor!

Das Fußballlehrbuch steht sperrangelweit offen für die Aufnahme dieses Treffers. Dort steht aber auch, dass zu viel Freude für die Konzentration Gift ist. Und schon maschiert Nordtveit los. Ohne Feindberührung kann er von der Mittellinie bis zur Strafraumgrenze vorstoßen und schießt aus halbrechter Position ins lange Eck. Schon steht es nur noch 2:1 (77.). Verdammt, wollen wir das nun noch wegschenken? Nach der Jubelorgie über den zweiten Treffer ist kurzfristig Stille im Stadion. Eine Stille, die irgendwie laut ist. Wir Fans aber sind sofort wieder da. DAS müssen wir gewinnen, der zwölfte Mann und unsere Fighter! Nun ist die Konzentration zurück, mit Kampf, Cleverness und auch mit spielerischen Mitteln retten unsere Helden das Ergebnis über die Zielgerade.

Es ist das goldrichtige Ergebnis für diesen Spieltag. Alle haben für uns gespielt, plötzlich steht Hannover auf Platz fünf. Werder blamiert sich gegen Mainz im eigenen Stadion, Stuttgart bekommt für ein affengeiles 4:4 in Dortmund trotzdem nur einen Punkt, Leverkusen lässt sich von Freiburg zuhause abwatschen. Was für ein toller Spieltag! Nach der Schönheit dieses Spiels wird niemand je wieder fragen, aber die Punkte, die sind im Sack. Wenn man da nun noch im Rückspiel der Europa League einen drauf setzen könnte, würde in Hannover wieder die Euphorie-Rakete zünden, oder? Dort stehen die Chancen für Schalke deutlich schlechter, und die treffen wir kommende Woche in der Bundesliga. Vielleicht können wir ja Schalke gleich zweimal zeigen, wie es geht?

PRESSE-STREIFLICHTER
SHOOTING-STARS 2011 GEGEN SHOOTING STARS 2012

WELT-Online

Pleite in Hannover – Gladbach geht die Puste aus
Hannover 96 scheint die Doppelbelastung ganz gut wegzustecken.

ZEIT-Online

Gladbach geht die Luft aus

HAZ

96 nach 2:1 gegen Gladbach auf Platz 5
Die Konkurrenz im Kampf um die Europa-League-Plätze schwächelt, das ist Hannover 96 nur Recht. Auch die Überraschungself dieser Saison, die Borussia vom Niederrhein bekam die Heimstärke der Slomka-Elf zu spüren.

FAZ

Weiterer Rückschlag für Gladbach

Kölner Stadt Anzeiger

Hannover springt auf Platz 5
Die vor eigenem Publikum seit 15 Ligapartien ungeschlagenen Niedersachsen trotzten derweil den internationalen Strapazen unter der Woche. Dank der Tore von Didier Ya Konan (57.) und Mame Diouf (77.) schoben sich die Hannoveraner mit dem 250. Sieg ihrer Bundesliga-Geschichte auf den fünften Tabellenplatz vor.

Neue Presse

Sieg! Hannover 96 auf Platz 5
Das war ein Spieltag für Hannover 96: Mit einem verdienten 2:1-Sieg gegen Mönchengladbach springt die Mannschaft auf Platz 5.

05.04.2012
96 – Atletico Madrid

Europaphorie, dritter Akt, letzter Aufzug
Falcao und Diego
zu abgezockt für tapfere Hannoveraner

Nach dem Hinspiel in Madrid hatte ich Eines ganz fest beschlossen: Egal, wie das Rückspiel ausgeht, diese Jungs kriegen Applaus für ihre tollen Leistungen in Europa. Ganz ehrlich, ich glaube kaum, dass irgendjemand in Deutschland vor der Saison erwartet hätte, dass 96 uns so viel Freude machen würde. Noch weniger, nachdem wir dieses Hammer-Los für die Qualifikation gezogen hatten, FC Sevilla. Insgeheim, das muss ich zugeben, hatte ich mich schon auf freie Abende an den entsprechenden Donnerstagen eingestellt, auch wenn ich daran glaubte, dass wir das schaffen können. Damals beschloss ich, diesen Abend in vollen Zügen zu genießen.

Genau das habe ich mir auch heute vorgenommen. Der tolle Kampf im Hinspiel, das erst so gemein kurz vor dem Abpfiff zugunsten der zweifellos besseren Spanier entschieden wurde, der verdient größten Respekt. Als wir uns auf den Weg ins Stadion machen, freue ich mich auf dieses ungeheure Kribbeln, den Glanz in den Augen und die tolle Stimmung in der Arena, die aus 40.000 Kehlen gleichzeitig die 96er nach vorne peitscht. Natürlich gibt es eine fantastische Choreo! In ganz Deutschland und Europa sieht man die beste Seite der hannoverschen Fans und dürfte beeindruckt sein von diesem wundervollen grün-weiß-schwarzen Arrangement. Die Ausgangslage muss ich nicht erläutern, die Chancen stehen 50:50. Machbar ist das, aber wie stark sind die Spanier auswärts?

Schon vor dem Spiel greifen die Gäste in die Trickkiste. Angeblich wurden die Auswärtstrikots vergessen. Die UEFA entscheidet, für mich nicht nachvollziehbar, dass 96 in Grün spielt. Wir sehen uns fragend an, wieso diese Trikots, denn diese Information hat sich nicht bis auf die Tribüne herumgesprochen. Dann geht es los. Der spanische Trainer wählt die primitivste aller Taktiken, wenn man in Führung liegt: Beton anmischen. Atletico verteidigt, das allerdings sehr gut. 96 fällt nichts ein, bis in der 11. Minute Diouf wenigstens mit einem Schüsschen vors Tor kommt. Viele kleine Fouls, Freistöße aus dem Nirgendwo, so brennt nichts an im Sechzehner der Spanier.

Ya Konan zeigt eine Option: mit tollem Einsatz schnappt er Diego das Leder weg und sprintet aufs Tor der Gäste zu. Beim Abschluss trifft er den Ball aber zu ungenau (24.). Wir haben wenig Sorgen über Gegentore in der Nordkurve, doch wie kommen wir zum Erfolg? Die nächste Chance hat Adrian, der nach Flanke von Diego den Ball neben das Tor köpft. 96 ist bemüht, aber ohne klares Erfolgskonzept. Die Spanier ersticken mit Disziplin und Schlitzohrigkeit jeden erfolgversprechenden Ansatz im Keim. Falcao (16.) und Diego (43.) haben sich Karten abgeholt, vielleicht ist das eine Chance? Eine Halbzeit ohne Höhepunkte, wird man wohl in der Zeitung lesen. Auch für die Fans eine Herausforderung, immer wieder Gas zu geben. Aber noch ist genug Zeit. Erst einmal ohne Tore in die Kabine ist sicher nicht das Schlimmste, was heute passieren konnte. Heiße Diskussionen gibt es in dieser Pause nicht, es ist ruhig in der Nordkurve.

In Hälfte zwei wird es bald lebhafter. Schon nach vier Minuten holt sich Pinto Gelb ab, verbunden mit einer Sperre. Godin trifft es eine Minute danach genauso. Fouls im Minutentakt, alle drei bis vier Minuten eine gelbe Karte. Die Spanier wechseln sich sauber ab mit ihren Verwarnungen. Die erste Torszene ist ein Freistoß in der 58. Minute. Diego zeigt sein Können, Zieler auch. Der wehrt den Schuss aus spitzem Winkel auf die kurze Ecke souverän ab. Nach wie vor keine Chancen für die Roten. Dann ein langer Ball auf Adrian auf halblinks. Den müsste eigentlich Pogatetz klären, doch der bekommt das Leder nicht unter Kontrolle. Statt die Kugel wegzuputzen, verliert er sie an den Spanier, der im Strafraum auch Zieler und Pander umkurvt und ins leere Tor trifft. 0:1, das ist bitter (63.). Die erste echte Chance, und schon liegen die Roten hinten. Allerdings sah Pogatetz da wirklich schlecht aus.

Die Roten versuchen es weiter, viel hat sich durch dieses Tor ja nicht verändert. Nach wie vor entsteht kaum wenig Gefahr für das Tor von Courtois. Die Standards sind komplett harmlos, die Spielzüge prallen an cleveren Gäste-Verteidigern ab. Dann gibt es Einwurf, Pander haut alles rein. Die Einwurfflanke landet nach einem Abwehrversuch der Madrilenen genau vor den Füßen von Diouf. Der nimmt den Ball kurz an und schießt sofort. Flach, ins kurze Eck, Ausgleich, 1:1 (81.)! Eeeeendlich! Die Hütte brennt, nun wollen wir es umbiegen. Es sah schon aus, als wenn keiner mehr an unser Tor glaubt. Nun ist es da, fast wieder „aus dem Nichts".

Slomka riskiert alles, wechselt den vierten Stürmer ein, Sobiech für Pander. Kaum. dass der auf dem Feld steht, starten die Spanier ihren vielleicht fünften Angriff aufs hannoversche Tor. Sie überlaufen die Roten am rechten Flügel, Adrian legt mit der Hacke aufs Strafraumeck. Dort steht Pogatetz und geht mit halber Kraft zum Ball. Diego übertölpelt den Österreicher wie einen B-Jugendlichen und lupft zu Falcao, der am Elfer keine Mühe hat, flach zu verwandeln. 1:2, das Aus (87.)!

Es wird kurz ganz, ganz ruhig im Stadion. Dann passiert etwas Wunderschönes: nach der Atempause gibt es die letzte, verdiente Anfeuerung für dieses tolle Team in dieser Europa-League-Saison. Einige, etliche sogar machen sich unterdessen auf den Heimweg. Ich rümpfe verächtlich die Nase. Dieses Verhalten kann ich nicht leiden, man gewinnt zusammen, man verliert zusammen. In der Nordkurve bleiben wir, wie ein Mann hinter der Mannschaft stehend, und spenden gebührenden, wenn auch etwas verschnupften Applaus. Alle, die noch da sind, dürften diese merkwürdige Mischung aus Stolz und Traurigkeit spüren. Wir waren nah dran, eine weitere, eine noch größere Sensation zu schaffen. Man stelle sich einmal vor, Salvio hätte seinen Sonntagsschuss im Hinspiel neben das Tor gesetzt. Auf Augenhöhe mit Atletico Madrid, das ist Fakt. Es fehlen Nuancen.

Eine wunderschöne, märchenhafte Geschichte geht hier zu Ende. Nicht das Vierjahreszeiten-Märchen, doch die tolle Geschichte eines Vereins aus dem europäischen Fußball-Niemandsland, das Europa 14 Spiele lang Paroli bieten konnte. 15.000 km lang ist diese Geschichte, gespickt mit wunderschönen Toren und unvergesslichen Szenen. Die meisten in der Arena werden einen großen Teil der Spiele live verfolgt haben und ähnlich denken wie ich: wir waren live dabei, wie diese Mannschaft Europa gerockt hat! Wir waren genau so lange dabei wie die Schalker, die Stars wie Raul, Farfan und Huntelaar bezahlen können. Später wird Atletico ziemlich souverän den Wettbewerb gewinnen. Wir dürfen erhobenen Hauptes gehen! Danke, 96!

Nun müssen die Roten sich noch sechs Spiele lang auf die Liga konzentrieren. Dieses Jahr reicht ein siebter Platz, eigentlich die „goldene Zitrone" der Bundesliga, für die Qualifikation zur Europa League. Diese Chance ist da, aber dafür müssen Slomkas Jungs in der Spur bleiben.

„Mach´s noch einmal, Mirko!

Ausgerechnet die Schalker, mit Pauken und Trompeten aus der Europa-League geflogen, sind der nächste Gegner. Wird die Veltins-Arena uns etwas Zählbares bescheren?

HAZ

Auf Wiedersehen, Europa League!
96 verliert 1:2 gegen Madrid

Der Tagesspiegel

Hannover beißt sich an Atleticos Abwehr die Zähne aus
... Das Abwehrbollwerk von Atletico Madrid hat Fußball-Bundesligist Hannover 96
den Weg ins Halbfinale der Europa League versperrt.

Hamburger Abendblatt
Hannovers Märchen endet gegen Madrid

Süddeutsche.de
Zu wenig Raum für große Träume
Eine starke internationale Saison von Hannover 96 endet im Viertelfinale gegen Atletico Madrid. Wie schon im Hinspiel reicht die Qualität gegen abgeklärte Spanier nicht
- das erneute 1:2 lässt Hannover nun viel Zeit für die Bundesliga. Dort will die Mannschaft, die von ihren Fans trotz des Ausscheidens gefeiert wurde, erneut angreifen.

Neue Presse

Schade! Madrid zu stark - Hannover 96 raus
Die wundersame Reise durch Europa von Hannover 96 ist beendet. Für den Fußball-
Bundesligisten ist im Viertelfinale der Europa League nach einem 1:2 (0:0) im Rück-
spiel gegen Atlético Madrid am Donnerstagabend Endstation.

Farfan und Raul zaubern 96 zu Kleinholz

Eigentlich muss man an dieser Stelle ganz schön stolz sein auf 96! Es geht zu einem Verein, der materiell und vom Anspruch her in einer ganz anderen Liga spielt. Heute aber kommen die Roten als Gegner auf Augenhöhe. Der Vermerk „Kanonenfutter" dürfte in der Schalker Akte über 96 zwar schon länger gestrichen sein, spätestens seit dem legendären 4:2-Heimsieg in der vorletzten Saison. Dennoch bleibt es gewissermaßen ein Duell David gegen Goliath: auf der einen Seite die „Königsblauen" mit so klangvollen Namen wie Raul, Huntelaar und Farfan, auf der anderen Seite die „regionale Marke" 96 mit einer homogenen Mannschaft, für die gerade einmal die Hälfte des Schalker Etats aufgewendet wird.

Vielleicht geht ja heute was in der Veltins-Arena, vielleicht hat den Schalkern ja das Ausscheiden aus der Europa-League einen Stich versetzt? Ich denke, wenn wir lange genug die Null halten, können wir auch gegen Schalke bestehen. Das Wichtigste wird wohl sein, diese verdammt guten Torjäger im Griff zu haben. Wollen wir international dabei sein nächste Saison, wäre ein Pünktchen eine richtig gute Sache. Also „kämpfen und siegen", auch auswärts?! Des Gegners Platz ist diese Saison ein ganz schlechtes Pflaster für die Roten.

Daran ändert sich auf Schalke nichts, absolut nichts. Im Gegenteil. Zum Einen ist der Rasen in der Veltins-Arena in einem erbärmlichen Zustand, was mir als Gärtner-Kind natürlich besonders auffällt. Zum Anderen zeigen die Schalker von Anfang an, wer Herr im Haus ist, teils mit Fußball zum Zungeschnalzen, leider. Nach knapp fünf Minuten gibt es Freistoß auf der rechten Seite für Königsblau. Farfan tritt an und flankt gefühlvoll auf den Elfmeterpunkt. Dort steigt Raul hoch und kann ungehindert ins lange Eck köpfen – vom Innenpfosten prallt der Ball ins Tor, 1:0 (5.)! Schlechter kann man fast nicht anfangen! Aber immerhin haben die Roten reichlich Zeit, das Spiel umzubiegen. Doch Schalke bleibt dominierend. Chancen aus dem Spiel heraus gibt es nur für die „Knappen", so als Farfan die Latte trifft (18.).

Nur Standards bringen die Roten vors Tor, aber Schulz (27.) und Ya Konan (29.) kommen mit ihren Kopfbällen nicht zum Erfolg. Wir schütteln den Kopf. Das wird heute nichts … Erneut Raul ist es, der nach einem Konter aus 13 Metern Torentfernung zum Abschluss kommt. Zieler kann seinen Schuss parieren (35.). Zwischenzeitlich verletzt sich auch noch „Moa", für ihn kommt Schlaudraff. Die letzte Chance in Hälfte eins hat Raul. In der Nachspielzeit steigt er erneut am höchsten, köpft aber dieses Mal daneben.

„Gott sei Dank ist Pause", denke ich, denn die Leistung der Roten macht gar keine Freude heute. S04 ein Spitzenteam in guter, wenn auch nicht überragender Verfassung, 96 wie unter Betäubung. Huub Stevens, einer der Trainer, die ich sehr, sehr schätze, weil sie mehr leisten als reden, hat sein Team auf den Punkt eingestellt. Bei den Roten sieht es fast so aus, als wenn sie die Niederlage gegen Atletico noch verarbeiten, weder die Beine noch die Köpfe arbeiten schnell genug. Insgeheim hoffe ich, dass es nicht noch schlimmer wird. Oder kriegen unsere Europa-Helden noch einmal die Kurve?

Der Drops ist schneller gelutscht, als uns das lieb sein kann. Natürlich Raul, natürlich auf Zuspiel von Farfan, die beiden, die heute ein regelrechtes Schaulaufen vollführen, machen den Sack gleich nach der Halbzeit zu, aber wie! Eine gute Minute ist gerade um, da spielt der Spanier mit Farfan am Strafraumeck Doppelpass. Der legt den Ball auf rechts in die Gasse. Dort ist der begnadete Raul frei durch, legt den Ball mit einem fantastischen Wischer an Zieler vorbei und schiebt dann lässig ins kurze Eck des leeren Tores, 2:0 (47.). Man muss es leider konstatieren, ein großartiges Tor. So lieb mir die Roten sind, dieses Tor kann ich mir immer wieder ansehen, absolute Weltklasse!

Schalke legt nach, Farfan mit einem 16-Meter-Hammer (56.), Zieler muss prallen lassen. Den Abpraller versucht Raul per Fallrückzieher zu verwerten. So traurig die Leistung der Roten heute ist, wenigstens macht es Spaß, den Schalkern in Spiellaune zuzusehen. Dann geht – wer wohl? – Farfan bis zur Grundlinie durch und legt auf den Elfer zurück. Dort könnte Huntelaar noch einen Zettel aus der Tasche ziehen und aufschreiben, wie einsam er gerade ist. Doch der zeigt sich humorlos und schiebt den Ball mit Wucht geradeaus ins Tor, 3:0 (63.). Oh Mann, lass es nicht noch eine schlimmere Klatsche werden!

Plötzlich erscheinen sogar die Roten einmal vorm Schalker Kasten. Ya Konan wird jedoch beim Konter noch von Escudero abgefangen (68.). Das Spiel lässt nach, Schalke muss nicht mehr tun, 96 ist der Zahn gezogen. Einmal noch kommt Diouf, ein bisschen abgedrängt, aus spitzem Winkel zum Schuss, doch am Ende muss man froh sein, hier mit einem 3:0 davon zu kommen. Schalke zeigen, wie es geht? Das war eindeutig umgekehrt.

Noch vor zwei Jahren wären solche Spiele für 96 normal gewesen. Doch die Ansprüche haben sich geändert in Hannover, deshalb sind die Anhänger aufgebracht. Schon letzte Saison reichte die Luft am Ende gerade noch so, um Platz vier zu retten. Dieses Jahr ist es enger in der Liga, zu viele Punkte sind liegen geblieben. Noch vor wenigen Wochen waren wir mit sieben Punkten Vorsprung scheinbar sicher auf dem Weg nach Europa. Nun kämpfen wir mit Werder, Leverkusen, Wolfsburg, dem nächsten Gegner, und sogar mit Hoffenheim um die Qualifikation. Immer noch ist Platz fünf in Sichtweite. Werden die Roten gegen Magaths Millionarios dem Druck standhalten? Ein Dreier, so viel steht fest, ist praktisch Pflicht.

Penkmans Einwürfe Teil V: Die zwei Gesichter der Roten

Die Roten sind zweifellos an dem Punkt angekommen, dass Deutschland Respekt vor ihnen hat. Vielleicht wird ihnen nicht die Bewunderung entgegengebracht, die Dortmund verdientermaßen erfährt, vielleicht haben sie nicht ganz den Charme der Freiburger, die mit minimalen Mitteln Erstaunliches leisten, oder der Mainzer, die irgendwie die Nachfolge des FC St. Pauli als politisch korrekter Club mit Spaßfaktor antreten. Auf jeden Fall finden die aktuellen Leistungen aber reichlich Anerkennung, ohne dass so etwas wie ein Kult entsteht – zumindest außerhalb des Einzugsgebiets.

Vielleicht hat diese etwas distanzierte Haltung gegenüber den Roten auch etwas damit zu tun, dass die Mannschaft offenbar zwei Gesichter hat. Hannover 96 ist nach wie vor in der Lage, eine Gefühlsachterbahn auszulösen, und das innerhalb ganz kurzer Zeit. Positiv ausgedrückt, kann man von einer erstaunlichen Wandlungsfähigkeit sprechen. Für den gemeinen Fan stellt sich das so dar, dass man mit einer fußballerischen Wundertüte verbandelt ist, die mal begeisternden Fußball bietet, mal fast lethargisch über den Platz schleicht. Das Erstaunlichste daran ist, dass das in demselben Spiel der Fall sein kann – und dann reibt man sich verwundert die Augen, was da auf dem Spielfeld passiert.

Sieht man etwas genauer hin, dann hat das doppelte Gesicht der Roten schon eine gewisse Regelmäßigkeit in seinem Auftreten. In der Bundesliga ist z.B. klar zu erkennen, dass es ein Heim- und ein Auswärtsgesicht gibt. Sicher, nicht alle Heimspiele waren Glanzleistungen. Doch die gesamte Saison über bleiben die Roten zuhause unbesiegt, während sie auswärts gerade einmal auf Platz 17 der Tabelle landen. Zwei Siege aus 17 Spielen sind Negativ-Rekord in der Bundesliga für diese Saison.

Das ist umso erstaunlicher, als in der Europa League die Auswärtsbilanz eine ganz andere ist: 3 Siege, 2 Unentschieden und nur zwei Niederlagen stehen dort zu Buche. Es kommt aber noch besser: die zwei Gesichter der Roten sind auch innerhalb der Europa League extrem deutlich geworden: gegen Lüttich waren unsere Helden in der Gruppenphase praktisch chancenlos, haben es kaum geschafft, eine klare Torchance herauszuspielen. Im Achtelfinale aber gelingt auswärts ein durchaus verdientes 2:2, im Heimspiel wird Lüttich gar mit 4:0 aus der Arena gepustet. Rätselhaft? Slomka spricht später davon, dass er auf diese Leistungen besonders stolz sei, weil die Mannschaft gelernt habe.

Das Rätsel um das zweite Gesicht ist schwer lösbar. Es ist äußerst eigenartig, dass man im internationalen Wettbewerb, mit aufwändiger Anreise wie nach Poltawa oder Sevilla, auswärts richtig gute Spiele zeigt und anständige Ergebnisse einfährt, wenn man aber zum Nachbarn nach Siewissenschonwo fährt, ein paar Tausend Fans dabei hat und fast vor der eigenen Türe spielt, mit 1:4 unter die Räder kommt und eine der schlechtesten Leistungen der ganzen Saison abliefert. Ebensowenig ist zu erklären, dass die Roten gegen die Mannschaften aus der oberen Hälfte der Tabelle sechs Heimsiege aus acht Spielen einfahren, gegen die aus der unteren Hälfte dagegen nur vier aus neun Spielen. Ist das ein psychisches Problem? Können unsere Helden sich mittlerweile gegen vermeintlich leichtere Gegner nur noch schwer tun?

Überhaupt scheinen die Roten in diesem Jahr ein europäisches und ein nationales Gesicht zu haben. In der Europa League gab es kaum Durchhänger. Würden für alle Spiele Punkte vergeben, hätten die Roten aus 14 Spielen 25 Punkte erzielt. Das würde auf eine Bundesliga-Saison projiziert 61 Punkte ergeben. Das wiederum hätte in diesem Jahr für die Champions-League-Qualifikation gereicht. Solcherlei Rechenspiele sind natürlich nicht seriös, aber sie zeigen das, was die Fans auch gespürt haben. Gab es in der Bundesliga das eine oder andere Spiel, das eher triste Eindrücke hinterließ, hatte Europa deutlich mehr Gänsehaut-Momente, mehr Europaphorie im Angebot. Das deckt sich mit dem, was ich empfunden habe: die Bundesliga hat Spaß gemacht dieses Jahr, sie war spannend und am Ende ganz erfolgreich. Europa, das war einfach geil. Das war begeisternd und märchenhaft.

Die Sache mit den zwei Gesichtern wird noch eigenartiger, wenn man einzelne Spiele betrachtet. Denn innerhalb eines Spiels schaffen die Roten es, sich vom Kreisligisten zum Bundesliga-Spitzenteam und zurück zu verwandeln. Im Heimspiel gegen Nürnberg etwa spielt 96 eine Halbzeit lang den Gegner an die Wand – und übersteht die zweite Hälfte nur mit viel Glück ohne Gegentor, nachdem das Spielen komplett eingestellt wurde. In Poltawa sieht zur Halbzeit alles nach einem 5:0 oder 6:0 aus, in der zweiten Hälfte helfen nur Kampf und der liebe Gott, die Punkte zu halten. Gegen Augsburg spielen die Roten zuhause etwa 30 Minuten lang, als wenn man die Balljungen auf den Platz geschickt hätte, zeigen dann dem Gegner bis kurz vor Schluss, wo der Frosch die Locken hat, fangen sich aber am Ende den Ausgleich.

Die zwei Gesichter der Roten dürften das große Rätsel sein, das Mirko Slomka in der nächsten Saison zu lösen hat. Insbesondere das Auswärtsgesicht in der Bundesliga wird etwas mehr Farbe bekommen müssen. Eine solche Blässe kann man sich auf Dauer sicher nicht erlauben, wenn man international Fußball spielen will. Auch gegenüber den treuen und liebevollen Fans ist es fast schon eine Verpflichtung, in der nächsten Saison auf des Gegners Platz mehr zu bieten.

Was allerdings ebenfalls bemerkenswert ist, ist die Unregelmäßigkeit, mit der die zwei Gesichter auftreten. Betrachtet man die Bundesliga-Platzierungen, waren die Roten an keinem Spieltag schlechter als Platz neun, konnten allerdings nur im ersten Drittel der Saison an den Spitzenplätzen kratzen und am 28. Spieltag kurz einmal Platz fünf erklimmen. Ansonsten waren sie die Hälfte der Saison über siebter der Tabelle. Kaum eine Mannschaft war dermaßen konstant. Die Ursache ist relativ einfach: das zweite Gesicht wurde eher unregelmäßig gezeigt. Ein bisschen Glück war auch dabei: die sechs sieglosen Spiele vor der Winterpause wurden von Schwächephasen der Wettbewerber begleitet. So haben unsere müden Helden kaum Terrain verloren. Was wiederum die These widerlegt, dass Unentschieden nichts wert sind. Denn innerhalb der Spieltage 11 bis 17 erzielten die Roten fünf Unentschieden – und hielten so immerhin den siebten Platz.

Ich bin gespannt, ob das zweite Gesicht uns auch nächste Saison Rätsel aufgeben wird. Aber vielleicht sehen wir ja wieder öfter das schöne, das begeisternde Gesicht von Hannover 96. Denn wenn man ganz ehrlich ist, haben die Roten in der Liga das blasse Gesicht einen Hauch zu oft gezeigt. Für ein drittes, vielleicht noch schöneres Märchen wäre es gut, das zweite Gesicht öfter in der Kabine zu lassen. Vor allem, wenn es gegen Konkurrenten im Kampf um Europa geht.

Diouf trifft mit Herz, Hirn und Hand

Es gibt Gegner, denen bringt man viel Respekt und Sympathie entgegen, und solche, denen wünscht man alles, nur nichts Gutes. Mich plagen letztere Gefühle, wenn es gegen den VfL aus Siewissenschonwo geht, und ich nehme an, dass ich damit nicht alleine bin. Der „Verein für Liquiditätsvernichtung", von VW mit satten Beträgen gesponsert, wird in Hannover nicht gern gesehen. Seit der Meisterschaft vor drei Jahren hinken die, Verzeihung, „Radkappen" ihren Zielen hinterher, in der letzten Saison sind sie gar nur um Haaresbreite dem Abstieg entronnen. Hinzu kommt, dass dort der umstrittene Felix Magath das Zepter in der Hand hält. Ein durchaus verdienter Trainer, der aber zunehmend eher durch wilde Hire-and-Fire-Aktionen in die Schlagzeilen gerät als durch sportliche Erfolge.

In Hannover zeigt man die begrenzte Wertschätzung beispielsweise dadurch, dass man die Spiele gegen den VfL nicht als „richtige" Derbys ansieht. Derby, das ist gegen Werder, den HSV oder diese Mannschaft, die in der zweiten Liga spielt und deren Name mir gerade nicht einfällt. Aber Wolfsburg? Das ist ein ganz normales Bundesliga-Spiel. Das erkennt man schon daran, dass das Stadion nicht ganz gefüllt ist, knapp 44.000 finden trotz der hohen Brisanz des Spiels den Weg in die Arena. Immerhin, die Stimmung ist prima, vielleicht einen Hauch leiser als sonst. Schließlich sind wir am Donnerstag gerade ans Limit gegangen. Slomkas Jungs auch – können sie heute noch einmal Gas geben?

Sie können, aber sie brauchen einigen Anlauf. Die erste halbe Stunde ist qualvoll, Wolfsburg zunächst besser und gefährlicher. Schon nach fünf Minuten kann Rodriguez aus 18 Metern frei abziehen. Zieler muss sich ganz lang machen, um den Flachschuss aus dem rechten Eck zu kratzen. Wenige Minuten später zieht Schäfer vom linken Flügel eine Flanke vors Tor, heilloses Kuddelmuddel, am Ende können die Roten noch klären. Nochmals fünf Minuten darauf legt Mandzukic eine Flanke schön auf Dejagah ab, der zieht aus 15 Metern knapp neben das Tor der Roten (15.). Mein Puls ist schon am Anschlag, wie lange geht das noch gut?

Der ganze Block ist nervös, schaut sich fragend an. Allmählich wird 96 besser, kommt in die Zweikämpfe. Nach vorne passiert aber nicht viel. Die erste echte Chance in der 34. Minute! Klasse Steilpass von Pander, Schlaudraff geht bis zur Grundlinie und legt von der Strafraumgrenze Richtung Elfmeterpunkt. Dort rauscht „Didi" Ya Konan heran und nimmt den Ball direkt, knapp vorbei. Fünf Minuten später dribbelt sich Rausch in den Strafraum, zieht auf den Fünfer und versucht es aus spitzem Winkel selbst. Benaglio ist mit den Fingerspitzen dran (39.).

Es geht hin und her, die besseren Chancen und einen Schlaudraff in Spiellaune hat 96. Der sieht in der Mitte Diouf starten, spielt den Ball in die Gasse. Unsere senegalesische Tormaschine setzt sich gegen Felipe durch und legt den Ball vom Elfmeterpunkt trocken mit dem Außenrist an Benaglio vorbei, 1:0 (44.). Allerdings war wohl bei der Ballannahme der Arm im Spiel, wie Fernsehbilder später zeigen. Hätte man pfeifen können. Uns kann es recht sein, es gab diese Saison genug falsche Pfiffe gegen uns. So geht es mit einer ziemlich schmeichelhaften 1:0-Führung in die Kabine.

Mit dem zweiten Durchgang beginnt zunächst ein Wolfsburger Flankenfestival. Das verpufft jedoch größtenteils in Wirkungslosigkeit – was nicht ins Aus geht, landet bei Zieler oder unseren Innenverteidigern. Die Roten brauchen wieder ein paar Minuten, ehe sie in Fahrt kommen. Pinto schickt Diouf, der geht alleine aufs Tor zu, wird aber von Russ noch eingeholt (58.). Dann zeigt Pander mit einem Freistoß, was in ihm steckt. Der 24-Meter-Hammer knallt ans Lattenkreuz, wow (62.)! Wir wollen mehr, die Roten auch! Doch vieles spielt sich im Mittelfeld ab, was uns durchaus recht sein kann. Die Freistöße sind heute viel gefährlicher als zuletzt, Pander auf Diouf, doch der verzieht freistehend am langen Pfosten (72.).

Magath will etwas mitnehmen, hat bald insgesamt vier Stürmer auf dem Feld. Der Druck nimmt zu, Mandzukic steht frei vor Zieler, doch der ist eiskalt und schnappt dem Kroaten den Ball vom Fuß (76.). Kurz darauf verliert Mandzukic ein Kopfballduell, und dann geht es ganz schnell: Schlaudraff sieht die Nahtstelle und spielt Ya Konan einen Traumpass in den Laufweg. Der zieht allein auf Benaglio zu, lässt die Wolfsburger Innenverteidiger blass aussehen und schließt mit einem Flachschuss an den Innenpfosten ab, 2:0 (77.)! Das Stadion tobt. „Europapokal, Europa-Pokal ...", jeder in Hannover kennt dieses Lied mittlerweile.

Wolfsburg beinahe noch mit dem Anschlusstreffer, als Zieler kurz wackelt. Nach einigem Wirrwarr landet der Ball in seinen Armen (90.). 2:0, Schlusspfiff, großer Jubel und zum Schluss auch noch ein bisschen Häme für den Gegner, der vor unserer Fan-Tribüne auslaufen muss. Wir genießen diese Wiedergutmachung für die kleine Enttäuschung vom Donnerstag. Drei ganz, ganz wichtige Punkte, und die tun auch der Ehre gut! Zu allem Überfluss hat uns Werder auch noch den Gefallen getan, gegen Gladbach Unentschieden zu spielen – der magische siebte Platz ist zurückerobert!

Presse-Streiflichter
Lobeshymnen auf die Stürmer der Roten

Welt.de

Diouf und Ya Konan schießen 96 in Richtung Europa
Mit dem Sieg im Derby schüttelt Hannover 96 Verfolger VfL Wolfsburg vorerst ab. Den hat das Team von Mirko Slomka vor allem seinen beiden treffsicheren afrikanischen Stürmern zu verdanken.

Frankfurter Allgemeine

Hannover hat Europa vor Augen
Hannover gewinnt das Niedersachsen-Duell gegen Wolfsburg mit 2:0 und träumt als Tabellensiebter von Europa.

HAZ
Diouf, immer wieder Diouf!
Der 96-Torjäger ist wieder einmal der entscheidende Spieler bei den „Roten". Mit seinem Führungstreffer bringt er 96 auf die Siegesstraße.

Der Tagesspiegel

96 gewinnt das Nordderby
Eine weitere Spielzeit, die mit vielen Dienstreisen kreuz und quer durch Europa verbunden wäre, liegt ihnen sehr am Herzen. Entsprechend schwungvoll hat Hannover 96 ein zunächst lahmes Spiel der Fußball-Bundesliga beendet.

Der Südkurier

Europa lockt: Hannover 96 besiegt Wolfsburg mit 2:0
Hannover 96 bleibt die Nummer eins in Niedersachsen und rückt der zweiten Europa-League-Teilnahme einen Schritt näher.

Hyung Min Sons Geniestreich schlägt zahnlose Rote

Es kribbelt immer noch, wenn die Roten nach Hamburg reisen. DAS ist ein Derby, großer gegen kleiner HSV, Hamburg gegen Hannover, das hat Tradition und Flair. Der Bundesliga-Dinosaurier gegen den Traditionsklub aus der niedersächsischen Landeshauptstadt, da ist immer was los. Natürlich ist die Imtech-Arena ausverkauft, dabei sind die Voraussetzungen heute ganz andere als früher. Hamburg dümpelt im Abstiegskampf zwischen kleinen Erfolgserlebnissen und katastrophalen Leistungen wie in der Vorwoche in Hoffenheim herum, 96 schnuppert immer noch an der internationalen Luft, die man an der Elbe nach eigenem Anspruchsdenken eigentlich jedes Jahr atmen müsste. Der Traditionsklub von der Elbe hingegen hat mächtig Kratzer im Lack.

Mit teils abenteuerlichen Methoden wurde reichlich Geld ausgegeben, von solider hanseatischer Wirtschaft kann zumindest nicht die Rede sein. Nun sparen die Hamburger und reiten auf der sportlichen Rasierklinge. Die Ergebnisse waren zuletzt immer dürftiger, Trainerwechsel und Skandale wie um das Enfant Terrible Paolo Guerrero lassen die Hanseaten nicht zur Ruhe kommen. Vor diesem HSV muss man absolut keine Angst haben, zumal die Heimbilanz der Hamburger ganz bitter ist: gerade einmal zwei Siege haben die „Rauten" vorzuweisen. Das trifft sich gut, denn 96 kann alles, nur nicht auswärts. Es muss endlich mal was mitgenommen werden. Noch vier Spieltage, da zählen Auswärtssiege fast doppelt. Mit dem frischen Wind aus dem Wolfsburg-Spiel im Rücken könnte man heute schon fast klar machen, wer die Nr. 1 im Norden ist.

Aber alles Spekulieren nützt nichts, wenn die Wahrheit auf dem Platz liegt, wie Otto Rehagel einst so treffend bemerkte. Dort starten die Roten mit angezogener Handbremse, während der HSV heute wohl Hyung-Son-Verein heißt. Der Koreaner hat offenbar einen Freifahrschein bei den Roten gewonnen und spielt ihnen von Anfang an Knoten in die Beine. Schon in der ersten Minute kann der Koreaner nur per Foul gebremst werden. Den Freistoß schießt er selbst, knapp drüber (2.). Schon zehn Minuten später macht es der kleine Asiate besser, genauer gesagt verdammt gut. Über links kommend, spielt er Katz und Maus mit Cherundolo, der sich heute das Prädikat „größtenteils harmlos" erkämpfen wird. Dann genießt der Flügelflitzer Geleitschutz auf seinem Weg zur Mitte und schießt aus zehn Metern trocken flach ins Eck. Schönes Tor, zweifellos. Man ist allerdings geneigt, einen Techniker zu schicken, um die roten Slalomstangen aus dem Strafraum zu entfernen.

Gegenwehr? Nicht wirklich, Hamburg bleibt am Drücker. Jansen taucht direkt vor Zieler auf, bricht unserem Torwart mit seinem Abschluss aber fast die Schulter, Glück gehabt. Von 96 praktisch nichts an Torgefahr, ich kann es kaum ertragen. By the way, dieses Spiel verfolge ich im Hause meines Bruders, erklärter HSV-Fan. Der hält sich zurück, was gehässige Bemerkungen betrifft, denn mit der Leistung seines HSV kann er auch nicht zufrieden sein. Ich leide auch so genug. Hamburg ist dichter am 2:0 als 96 am Ausgleich, Mancienne (30.) und Westermann (36.) vergeben gute Kopfballchancen nach Freistößen. Insgesamt ist das Spiel bestenfalls dürftig. Merkwürdig blutleer spielende Rote zeigen nicht den Ansatz eines Erfolgsrezepts. Wie kann man solch eine Leistung nach der richtig guten Partie gegen Wolfsburg erklären? Es bleibt bis zur Halbzeit beim 1:0. So wird das nichts mit Europa!

Das dürfte Slomka in der Kabine wohl klar gemacht haben. So kommen die Roten ein bisschen besser in die zweite Halbzeit. Gut allerdings werden sie nicht. Diese Hälfte, gegen schwache Hamburger wohlgemerkt, ist wohl das Schlimmste, was ich diese Saison zu beschreiben habe. Mir tun meine Freundin „Marit" und ihr Liebster leid, die das grausame Gegurke in der Arena live ertragen. Gemeinsam beschließen mein Bruder und ich, mehr die Konferenzschaltung von SKY zu nutzen, immerhin passiert ja auf den anderen Plätzen einiges. So tröste ich mich mit den spaßigen Ergebnissen aus Wolfsburg, wo die wackeren Augsburger Schützenhilfe leisten, und Leverkusen, wo Hertha ein sensationelles 3:3 erspielt, was meinen Bruder nicht ganz so fröhlich stimmt. Über den Spielverlauf in Hamburg, da werden meine Leser nicht traurig sein, breite ich lieber den Mantel des Schweigens. Denn, das muss man leider feststellen, in Hamburg passiert praktisch nichts. Es bleibt beim 1:0, worüber sich die hanseatischen Fans freuen, als hätten sie gerade die Champions League gewonnen. Ansprüche ändern sich ...

Tatsächlich tut uns sogar Hoffenheim noch den Gefallen, in Freiburg nur einen Punkt zu holen und das Unfassbare geschieht: wir sind immer noch auf Platz sieben, nur ein Zähler Rückstand auf Leverkusen. Mit einem Sieg gegen Freiburg können wir also gut im Geschäft bleiben. Zeigen die Roten zuhause wieder das zweite Gesicht? Oder vielleicht eher das erste, das einer Mannschaft mit Ambitionen? Keine einfache Aufgabe, denn die Freiburger sind in der Rückrunde richtig stark.

Freiburg hält die Roten und in Schach und sichert sich die Klasse

Niemand würde momentan auf die Idee kommen, ein Spiel gegen Freiburg nicht ernst zu nehmen. Die jungen wilden von Gerd Streich rocken die Rückrunde. Erstmals hat der SC im Winter einen Trainer entlassen und nun steht da ein krautiger Mann, bisher Jugendtrainer, am Spielfeldrand, der aus einem ungeordneten Haufen ohne Selbstvertrauen eine kernige Mannschaft mit Spielkultur geformt hat. Trainer wie Mannschaft haben von Fans und Presse eine Menge Respekt gewonnen, also dürften die Roten gewarnt sein.

96 hingegen weiß wohl nicht so recht, wo der Hebel anzusetzen ist. Bislang allerdings waren Slomkas Jungs vor allem auswärts ein verlässlicher Punktelieferant, zuhause aber eine Macht. Doch erstens hat jede Serie irgendwann ein Ende und zweitens wächst der Druck daheim, wenn man auf gegnerischen Plätzen nicht ab und zu Erfolg hat.

So stehen die Roten eigentlich schon vor dem Spiel mit dem Rücken zur Wand. Mit Pinto, der in Hamburg seine fünfte Gelbe sah, fehlt zudem eine der Säulen des Erfolgs. Er hat schon oft den Unterschied gemacht. Zudem ist Torgarant Diouf verletzt, Abdellaoue hat seit Anfang Februar das Toreschießen in der Bundesliga komplett eingestellt. Schlechte Vorzeichen, aber all das gilt nicht, wenn man nach Europa will. Dann muss es notfalls auch mal mit Gewalt gehen. Eine fast ausverkaufte Hütte sollte zusätzlicher Antrieb sein, Freiburg zu bezwingen.

Die Süddeutschen aber denken gar nicht daran, sich beeindrucken zu lassen. Die erste Chance hat ein Hannoveraner, nun in Diensten der Freiburger: Jan Rosenthal zieht aus 18 Metern einfach einmal ab, Zieler hält sicher (3.). Freiburg macht den Roten das Leben schwer. Dann liegt Caligiuri verletzt am Boden, 96 spielt den Angriff aber weiter. Panders Schuss verunglückt und landet bei Stindl, der steht am Elfmeterpunkt frei vor Baumann und zieht sofort ab. Baumann reagiert glänzend, es bleibt beim 0:0 (15.).

Freiburg spielt gut mit, doch die nächste Chance haben wieder die Roten. Rausch kommt aus halblinks zum Abschluss, zu überhastet (20.). Ähnliches gilt für Ya Konans Schuss nach schönem Zuspiel von Pander, der deutlich das Tor verfehlt (25.). Irgendwie habe ich den Eindruck, dass Slomkas Jungs das Spiel nicht so richtig ernst nehmen, es fehlt die letzte Konsequenz.

Das kann sich rächen. Die laufstarken und spielerisch hellwachen Gäste haben durchaus Lust auf mehr. Makiadi (29.) und zweimal Rosenthal (30., 32.) kommen zum Abschluss, verfehlen aber oder Zieler ist auf dem Posten. Jede Nervosität ist angebracht, dieser Gegner ist bereit für uns. Einen Riesenschreck bekomme ich, als die Breisgauer mit vier gegen zwei aufs hannoversche Tor zu laufen. Gott sei Dank spielen sie sich selbst einen Knoten in die Beine, die Situation wird am Ende sicher entschärft. Das war reines Glück! Beim Pausentee gibt es keine Tore zu besprechen.

Das ist zu wenig für Europa, da sind wir uns bei der Halbzeit-Bratwurst schnell einig. Respekt für Streich und seine Freiburger, die arbeiten wirklich gut und spielen einfach, aber effektiv. Das kann man von den Roten nicht unbedingt sagen. Gegen das gute Freiburger Pressing fehlt es an Spritzigkeit und Ideen gleichermaßen. Ein bisschen kann ich es verstehen, dass einige zur Halbzeit pfeifen, obwohl ich diese Unsitte erbärmlich finde. Werden die Roten in Hälfte zwei mehr bieten?

Zunächst bieten die Freiburger wieder viel. Frisch, fromm, fröhlich, frei suchen sie ihre Chance. Ich bin schon beeindruckt, was Streich da in so kurzer Zeit geschafft hat. Hier steht ein Team als

Gegner auf dem Platz, das Respekt nicht mit Angst verwechselt und offenbar weiß, dass die einzig richtige Interpretation von Respekt gute, aggressive Arbeit gegen den Gegner ist. Caligiuri probiert es mal einfach aus 11 Metern, nach Doppelpass mit Rosenthal, der ein gutes Spiel macht. Zieler entschärft den missglückten Abschluss (46.). Kurz darauf probiert Ya Konan es mit einem Drehschuss, Baumann ist auf dem Posten (49.). Echte Chancen sind rar gesät.

Ya Konan ist emsig, aber wenig effektiv, Abdellaoue ist kaum zu sehen. Die Freiburger, das ist die eigentliche Überraschung, wirken spielerisch besser, ideenreicher. Sobald die den Ball haben, wird mit schnellen Pässen der Weg nach vorn gesucht. Glück für die Roten, dass der „letzte Pass"oft nicht kommt. Wieder Ya Konan, der beim Konter direkt den Weg zum Tor geht. Baumann ist weit draußen, hat mit Glück und Geschick den Ball (54.). Viele klare Sachen gibt es nicht. Nach einer Ecke kommt Pogatetz zum Kopfball, Zentimeter daneben (65.). Freiburg ist nicht mehr so zwingend, 96 etwas sicherer, aber viel lassen die Gäste nicht zu. Erneut Pogatetz, wieder streicht sein Kopfball nach einer Ecke knapp am kurzen Eck vorbei (75.). Die letzte Viertelstunde passiert nicht mehr viel. Den Freiburgern reicht der Punkt zum Klassenerhalt, die Roten scheinen ein bisschen zu resignieren. Es ist ruhig, sehr ruhig im Stadion, als der Schlusspfiff ertönt.

Viele wandern, ratlos bis resigniert, sicher auch enttäuscht, direkt aus der Arena. War es das womöglich mit der zweiten Europa-League-Qualifikation hintereinander? Wir bleiben noch kurz, um den Ergebnisdienst abzuwarten. Die Katastrophe bleibt aus, wieder straucheln auch die Konkurrenten. Ist das das Glück des Tüchtigen? Immer noch sind wir Siebter, mit drei Punkten Vorsprung. Immer noch ist rechnerisch Platz fünf drin, allerdings muss dazu ein Sieg in Leverkusen her. Dort ging es in der Rückrunde drunter und drüber, Querelen und Theater wie früher in Hannover. Können die Roten noch einmal eine Rakete zünden?

Bayer 04 Leverkusen – 96

Fußballgott,
warum bist Du heute Leverkusener?

Leverkusen ist nicht gerade ein beliebtes Ausflugsziel. Zugegeben, jedes Mal, wenn ich auf der A1 dieses chice Stadion dort sehe, denke ich, da müsste man eigentlich mal hin. Ansonsten aber fällt mir zu der Chemiestadt im Westen nicht viel ein. Für Hannover 96 ist der Ausflug nach Leverkusen meist nicht gerade reizvoll. Zu oft hat man dort brav und irgendwie standesgemäß die Punkte abgeliefert. Schließlich hatte Bayer 04 internationales Format und Geld, während 96 meist gegen den Abstieg spielte und chronisch klamm war.

Materiell haben die „Pillendreher" nach wie vor den Roten Einiges voraus, sportlich jedoch sind sie in dieser Saison Gegner auf Augenhöhe. In der Liga trennen uns genau drei Punkte, international hat die Werkself das größte Debakel für den deutschen Fußball seit Urzeiten erlebt, mit 1:7 ließ sich der deutsche Vizemeister in Barcelona abschlachten. Dennoch hielten die Leverkusener noch ein paar Tage an dem unglücklichen Trainer Robin Dutt fest. Nach der Niederlage gegen Freiburg zog Bayer freilich die Reißleine und setzte Sascha Lewandwoski und Hyypiä als Interimsgespann ein.

Seither stimmen immerhin die Ergebnisse, Bayer ist ungeschlagen mit diesem Gespann, geglänzt hat das Team aber nicht. Ohnehin kann es für die Roten hier und heute nur eine Zielsetzung geben: endlich auswärts punkten, idealerweise mit einem Dreier heimkehren.

Wieder einmal machen wir es uns in der Nachbarschaft im RSV-Restaurant gemütlich. Die Anspannung ist da, schließlich geht es heute um sehr viel. Endlich mal wieder ein richtig gutes Spiel der Roten, das wäre es doch. In den Gesichtern liest man Skepsis.

Die wird nicht weniger, nachdem die Werkself die ersten Minuten dominiert. Zunächst passiert nicht viel, aber Leverkusen sieht besser aus. Dann entwischt Barnetta auf dem rechten Flügel. Sein Pass erreicht Schürrle, der mit Tempo halbrechts in die Nahtstelle dringt und direkt abschließt. Knapp vorbei (8.). Vier Minuten später hat 96 Glück, dass Kießling Schürrles scharfes Zuspiel aus drei Metern Entfernung nicht voll erwischt (12.). Langsam kommen die Roten ins Spiel. Zunächst noch einmal Kießling mit einem strammen Schuss aus 20 Metern, knapp drüber (20.). Insgesamt steht jetzt die Defensive, Leverkusen erschreckend einfallslos, 96 mit viel Kampf. Nach vorne gelingt in Hälfte eins eigentlich nur ein wirklich guter Angriff. Über rechts kommt Pinto mit Tempo hinter die Abwehr und passt flach vors Tor. Ya Konan trifft mit Direktschuss links flach ins Eck. Doch am Spielfeldrand hat einer etwas dagegen: Der Linienrichter will ein Abseits gesehen haben (35.).

Wer Seherische Fähigkeiten hat, kann nun schon mal Bier holen gehen. Beide Mannschaften ohne große Chancen. Wenn das Europa-League-Niveau ist ... Egal, immerhin steht es unentschieden. Das wäre für Platz sieben schon eine gute Basis. Mit einem Punkt hat es 96 selbst in der Hand, egal, wie die anderen spielen.

Auch die zweite Hälfte kann man nicht als fußballerischen Leckerbissen bezeichnen. Es dauert eine Viertelstunde, bis sich die erste klare Chance ergibt. Schmiedebach, immer noch ohne Pflichtspieltor für die Roten, zieht aus 20 Metern ab. Der abgefälschte Schuss fordert alles Können von Leno. Schade. Vier Minuten später ist Sobiech kopfballstark, legt auf Schlaudraff ab. Der probiert es direkt, knapp rechts vorbei (64.). Irgendwie sieht aber alles nach 0:0 aus. In solchen Fällen rächen sich Fehler oft besonders brutal. So ist das heute auch. Steiler Pass aufs rechte Strafraumeck, dort ist

Pogatetz rechtzeitig da, um zu klären. Doch irgendwie springt ihm der Ball an die Hüfte und von dort zu Kießling, der sofort schaltet, in den Strafraum eindringt und flach ins lange Eck abschließt. Keine Chance für Zieler, 1:0 (75.).

Die Roten wollen ihren Punkt, kämpfen, aber erfolglos. Vielleicht in der Schlussminute? Ya Konan zieht aus 16 Metern Torentfernung ab, auch dieser Ball geht knapp drüber. Schluss, Business as usual: in Leverkusen war wieder einmal nichts zu holen.

Wir schütteln die Köpfe. Jetzt müssen wir auch noch Wolfsburg dankbar sein, dass die Werder geschlagen haben. Egal, gegen Kaiserslautern muss ein Sieg her! Die Leistung war nicht schlecht heute. Viel Pech dabei, Pogatetz der Unglücksrabe. Ein richtig blödes Tor macht den Unterschied. Ein Abseits, das keines war, zwei Szenen, in denen man durchaus hätte Elfer pfeifen können. Hätte, wollte, könnte, wäre: Fakt ist, 96 hat am 33. Spieltag 45 Punkte und braucht einen Dreier gegen Absteiger Kaiserslautern, damit die Saison doch noch ein kleines Märchen bleibt.

Lalas Bully und Ya Konans Ticket zum nächsten Märchen

Ich gebe es unumwunden zu, ich mag den FC Kaiserslautern. Irgendwie finde ich, dass dieser Club in die Liga gehört und hätte mir sicher drei, vier bessere Absteiger vorstellen können als ausgerechnet die Roten Teufel. Vielleicht liegt das ein bisschen daran, dass dieser Club einst das legendäre 7:4 gegen die Bayern zustande gebracht hat. Ich war gerade einmal 9, aber die Bayern, die waren mir damals schon nicht sympathisch. Das Spiel verfolgte ich live am Radio, damals ein fester Bestandteil des Familienlebens. Dieses Spiel habe ich immer im Hinterkopf, wenn ich an Kaiserslautern denke. Auch die Meisterschaft 1998 nach dem Wiederaufstieg unter Otto Rehhagel ist der Stoff, aus dem Legenden sind.

Davon ist heute nur noch die Erinnerung übrig. Der FCK hat eine erbärmliche Saison gespielt. Itay Shechter hatten sie uns vor der Saison weggeschnappt, worüber manch ein Fan verärgert war. Nun hat ebenjener die meisten Tore für Lautern gemacht. Der Haupttorschütze der Roten Teufel hat genau so viele Treffer auf seinem Konto wie unser „Torjäger vom Dienst" Karim Haggui. Das ist das Problem des Traditionsklubs aus der Pfalz: magere 20 Treffer haben sie bis heute erzielt. Schon früh standen sie als Absteiger praktisch fest, aber ist das ein Vorteil für die Roten? Manchmal wirkt sich so eine Entscheidung ja auch wie eine Erlösung aus!

Doch zunächst ist Zeit für Emotionen, und die gehen richtig unter die Haut. Ich muss zugeben, dass ich selbst beim Schreiben dieser Zeilen ein paar Tränen verdrücken muss, denn ich konnte aus gesundheitlichen Gründen nicht teilnehmen an diesem märchenhaften, herzlichen und unvergesslichen Moment. Meine Freundin „Marit" aber hat mir präzise berichtet. Über alle Medien habe ich diesen Moment eingefangen, und so gerät am letzten Spieltag das Spiel selbst fast zur Randnotiz, denn einer, der die Geschichte der Roten 14 Jahre lang mitgeschrieben hat, verlässt uns heute: Altin, von mir einst „Altiniesta" getauft, Lala. Mir fällt spontan der Cartoon zum Rücktritt Bismarcks 1871 ein, „dropping the pilot" – der Lotse geht von Bord.

So empfinden wohl viele heute. Mit kleinen und mit großen Gesten und Symbolen wird der „Kampfzwerg" verabschiedet, der nur selten ganz Großes geleistet hat. Seine Stärken lagen nicht in Zauberpässen und Traumtoren, der kleine Mann aus Albanien gewann die Herzen der Fans durch Arbeit, Arbeit und nochmal Arbeit: ein Mannschaftsspieler, zuständig dafür, dem Gegner den Nerv zu rauben, vor der Abwehr den Dreck wegzuputzen, auch mal die eigenen Mitspieler in den Allerwertesten zu treten.

Dieser Spieltag gehört ihm, der von 1998 bis 2012 diesem einen Verein die Treue gehalten hat. Das Dankeschön der Fans, das hat Stil, Würde und es kann sich sehen lassen. Waren schon die Choreographien für die Europa-League-Spiele große Klasse, heute übertreffen sich die hannoverschen Anhänger selbst. In großen Lettern prangt die Aussage „1998 – 2012: Danke, Altin" über der Nord- und Westtribüne, ergänzt von seiner Rückennummer „8" und dekoriert mit einem großen, roten Herz. „Olé, olé, Altin Lala, olé" skandieren 40.000 und schaffen so den Stoff, aus dem die Tränen sind. Irgendwie geht da heute ein persönliches Märchen zu Ende, denke ich.

Ob diese großen Emotionen es sind, die dem Spiel einen unerwarteten Verlauf geben? 96 zeigt zwar von Beginn an, dass hier keine Fragen offen bleiben sollen, Stindl gleich in der zweiten Minute per Kopf, aber drüber. Dann passiert das Unfassbare: ein etwas leichtfertiger Ballverlust auf unserer linken Seite, Lautern spielt direkt vorwärts, 96 für einen Moment unsortiert, und De Wit zieht mal einfach aus gut 20 Metern ab. Ein Sonntagsschuss aus dem Lehrbuch, 0:1. Ich erfahre von diesem Tor in einer Kneipe in Kappeln per Konferenzschaltung, und zwar so.

„Tooooooooor in Hannover!!!", brüllt der Moderator.

„Jaaaaaaaaaaa!!!", brüllt die kleine Kolonie Hannoveraner Fans, wir sind zu fünft dort.

Dann zeigt SKY die furchtbare Szene, und uns Hannoveranern entgleisen die Gesichtszüge. Die anwesenden Kappelner haben genug Feingefühl, nichts Gehässiges von sich zu geben. Auch hier, eigentlich ja Hoheitsgebiet der Hamburger, hat man mittlerweile Respekt für das, was 96 geleistet hat.

„Das schafft ihr schon noch!", sprechen sie uns Mut zu.

Dann sehen wir immer wieder unfassbare Szenen. Eine Torchance nach der anderen, die Roten spielen die Roten Teufel an die Wand. Doch egal was sie machen, sie kriegen den Ball nicht unter. Latte, Pfosten, irgendein Bein dazwischen und ein Sippel, der irgendwie immer noch einen Finger hinters Leder bekommt. Nervenaufreibend. Was macht man, wenn man selbst kein Tor schießt? Man überlässt die Aufgabe dem Gegner! Endlich, 37. Minute, die Erlösung: Schöner Spielzug, Schlaudraff spielt den Ball links in die Spitze, dort löffelt Moa Abdellaoue die Kugel vors Tor, und Ya Konan schließt mit einem wuchtigen Kopfball ab. Sippel, der Satansbraten, kriegt wieder die Hände dran, aber dieses Mal muss er den Ball nach vorn prallen lassen. Dort geht das Leder gegen Bugeras Rücken und von dort dahin, wo es schon längst hätte gewesen sein müssen: ins Tor, der Ausgleich, 1:1 (37.)! Hochverdient, aber irgendwie witzig: keiner unserer Spieler bringt es fertig, den Ball zu versenken, und dann bringt ein Eigentor die Wende.

Kaiserslautern im Übrigen tut seit dem 1:0 das, was sie die Liga gekostet hat: sie versemmeln alles, was sie vors gegnerische Tor bringen. Das allerdings ist nicht viel am heutigen Tage. Schlechte Nachrichten jedoch aus Stuttgart. Diese Schwaben wollen uns offenbar den Tag verderben! Wolfsburg in Führung, Stuttgart nach dem, was ich gesehen habe, erschreckend schwach. Verdammter Mist, so ist Europa weg zur Halbzeit. Doch wir haben das selbst in der Hand, oder? Den Geschmack der dürftigen und wie sich später herausstellt viel zu teuren Pizza ignoriere ich. Mein Adrenalinpegel bewegt sich auf Rekordhöhe, mehrfach schon habe ich Gebete Richtung Fußballgott geschickt. Die Kappelner schmunzeln und sprechen mir Mut zu. Ich bleibe zum Zerreißen gespannt, Puls höchst ungesund, Gesichtsfarbe Hoeneß. Nicht auszudenken, wie es mir auf der Tribüne gehen würde.

Es geht auch in der zweiten Halbzeit nur in eine Richtung, doch nicht mehr ganz so zwingend. Dennoch hat 96 klare Chancen, aber weder Stindl (50.), noch Rausch (53.) oder Schlaudraff (60.) vollenden. Es wird ein Nervenspiel, denn immer noch liegen die „Radkappen" in Stuttgart in Führung. Also muss ein Tor her. Freistoß von links, Stindl läuft an. Drei Rote sind in Reichweite, Ya Konan hat das beste Timing, steigt hoch – Tooooooooooooor! Endlich, der verdiente Führungstreffer (71.). Noch zwanzig Minuten bis Europa, das muss zu schaffen sein. Doch der Fußball hat so viele bekloppte Geschichten parat. Meine Nervosität lässt mich rauchen, als wenn ich es bezahlt bekäme, ich vergesse vor Aufregung fast, mein Bier zu trinken. Anschlusstreffer in Stuttgart, 1:2 (73.). Bekommen wir doch noch Schützenhilfe? Haben die Schwaben diesen Anstand?

Der SKY-Regisseur an diesem Tag wird nicht mein Freund. Er zeigt fast nur noch Hertha BSC in der Schlussphase. Was ist mit den Roten? Die bekommen von Lautern nichts geschenkt, dann jedoch von Stuttgart: Ausgleich, 81. Minute. Noch zehn Minuten bis Europa. Meine Uhr scheint kaputt zu sein, bei SKY zeigen sie weiter Hertha. Ich könnte k... Verdammt, warum bin ich hier und nicht dort? Oops, nun sogar die Führung für Stuttgart (82.). Manchmal ist so eine Konferenz auch nicht schlecht. Beruhigen kann ich mich nicht. Die Uhr zeigt noch sieben Minuten.

84. Minute: Slomka wechselt Lala ein. Tosender Beifall, Gesänge, die Stimmung ist Gänsehaut pur. Die Bank unterdessen schon komplett in rot: ein T-Shirt, auf der Vorderseite mit Lalas Gesicht bedruckt, auf der Rückseite mit der Nummer 8 und dem Schriftzug „Kämpferherz" versehen, so sieht die Dienstkleidung für die letzten Minuten aus. Das Spiel bleibt bis zum Schluss ansehnlich. Dann ist es amtlich: Europa kommt wieder zu uns! Fast wie in der letzten

Saison, als wir Nürnberg schlagen mussten, machen wir im letzten Spiel mit einer tollen Leistung alles klar.

Das ist schnell Nebensache. Dieser Abend gehört Altin! Natürlich wird zunächst die Qualifikation gefeiert und applaudiert, doch dann gibt es nur noch ein Thema: Altins Abschied, mit einer wunderschönen Feier gewürdigt. Viele bleiben lange im Stadion, um dem alten „Kampfzwerg" die Ehre zu erweisen. Der Titel „Fußballgott", sonst in Hannover Carsten Linkes Privileg, wird ihm auf Plakaten zugewiesen, ganz sicher eine Ehre. Ein Film zeigt die schönsten und wichtigsten Szenen seiner Karriere. Natürlich versuchen die Mannschaftskameraden sich als Chor. Schließlich bekommt der Altinternationale sogar einen „Bully", Baujahr 75, geschenkt und von Cherundolo die für einen Fußballer fast überzogen klingende Verabschiedung: „Ich hab dich lieb, wir sehen uns sicher bald wieder." Das würden viele, auch die hartgesottenen, heute gern gesagt haben. Stevie spricht uns aus der Seele!

Welch ein Glück, dass diese wunderschöne Feier durch den Sieg gegen die Roten Teufel nicht vermasselt wurde. So endet heute nicht einfach nur eine Saison erfolgreich, sondern es endet auch eine Ära eines Spielers, der besonders dadurch auffiel, dass er nur selten aufgefallen ist. Der Malocher, der Kampfzwerg, der verlässliche Fußball-Arbeiter, ein richtig harter Knochen, aber ein fairer Sportler. Das Ende eines 56-Jahreszeitenmärchens – solche Geschichten sterben im harten Bundesliga-Geschäft langsam aus.

Ein Wermutstropfen hängt noch über dem Schluss dieses Märchens. Was, bitte schön, ist mit „Goldhändchen" Jörg Schmadtke, dem etwas eigenbrötlerischen Manager? Ist er doch mitverantwortlich für die tollen sportlichen Erfolge dieser zwei märchenhaften Jahre! Kann das Märchen damit enden, dass er geht? Sieht so ein Happy End aus? Es muss einen Nachschlag geben!

Nachschlag:
Die Legende vom zerstrittenen Pärchen,
Teil II – die märchenhafte Wendung
in einem eigenartigen Schauspiel

Die beiden besten Jahre der Roten seit Menschengedenken sind vergangen, und alles könnte Friede, Freude, Eierkuchen sein. Doch ein dunkler Schatten liegt über der hannoverschen Fröhlichkeit, die in diesem Jahr ohnehin etwas leiser ausfällt. Natürlich sind die Fans froh, dass wir am Ende gleich zwei schöne Geschenke bekommen haben: Das erste, ein weiteres Jahr mit europäischem Fußball, auch wenn die Qualifikation nun schon in Runde drei beginnt, verspricht prickelnde Abende im Flutlicht und spannende Reisen für die ganz Rotherzigen. Das zweite Geschenk ist eher ein ideelles: Wieder sind wir, die einstige graue Maus von der Leine, die leuchtende Nummer eins im Norden. Weit vor dem altehrwürdigen HSV, deutlich vor Werder und klar vor Magaths Geldvernichtungsmaschine aus der Stadt, wo der ICE nicht gern anhält.

All das ist wunderbar, doch ausgerechnet einer der Väter dieses Erfolges ist abtrünnig. Jörg Schmadtke hat um Auflösung seines Vertrages gebeten. Der Manager in unbefristeter Anstellung will familiäre Probleme lösen. Was für ein Schlag für das zarte Pflänzchen des hannoverschen Aufstiegs zu internationalem Format!

Schon vorher gab es Unruhe um Schmadtke. Der Kölner Express meldet im März, dass unser Goldhändchen beim 1. FC im Gespräch sei. So zart, wie das Pflänzchen Erfolg bei 96 gewachsen ist, so zerbrechlich ist offenbar das Vertrauen in den Manager. Die Presse stürzt sich begierig auf diese Schlagzeile, fast so, als wenn sie die „guten" alten Zeiten vermisst, als bei 96 noch in hoher Taktzahl eine Schlagzeile nach der anderen produziert wurde. Nun hat Köln den Hannoveraner Volker Finke entlassen und ist auf der Suche nach einem Nachfolger, und der Kölner Express hat nichts besseres vor, als ausgerechnet Schmadtke ins Gespräch zu bringen.

Unstrittig ist, dass die Kölner unseren Sportdirektor schätzen und sich ganz sicher freuen würden, einen Mann wie ihn in dieser Position zu haben. Wieder einmal mache ich mich auf die Suche nach Fakten, wieder werde ich nicht fündig. Toni Schumacher, medienwirksamer Ex-Nationaltorwart, gibt Wasser auf die Mühlen, ohne konkrete Aussagen zu liefern. Im Kia-Doppelpass äußert er sich vage, nennt Schmadtke einen sehr interessanten Kandidaten. Konkrete Verhandlungen gibt es zu keinem Zeitpunkt. Schmadtke dementiert energisch, Kontakte zu anderen Clubs zu haben.

Und plötzlich ist auch sie wieder da, die Geschichte von Schmadtke und Slomka, die nicht miteinander können. Natürlich wird ausgerechnet das wieder herausgewühlt, was nie bewiesen wurde.

„Willkommen in Absurdistan", denke ich.

Das ist schon erstaunlich, wie diese alte Geschichte nun neu ausgebuddelt wird. Ich frage mich, wie es sein kann, dass zwei, die nicht miteinander klar kommen, so lange so eng miteinander zusammenarbeiten und so viel Erfolg haben können. Sie ist zurück, die Legende vom zerstrittenen Pärchen.

Natürlich ist Martin Kind alarmiert. Erstaunt zieht ganz Deutschland die Augenbrauen hoch, als er öffentlich bekannt gibt, dass er um Schmadtkes Verbleib kämpfen wird. Kann man das ernst nehmen? Wie soll das gehen, der Schmadtke wollte doch schon einmal die Brocken hinwerfen. Außerdem sprach der doch davon, dass er aus familiären Gründen eine Zeit lang keinen Job machen könne. Was denkt sich Kind dabei? Es kommt noch besser: Ausgerechnet Slomka beteiligt sich, und zwar genau anders, als man es von einem erwarten würde, der einen verhassten Kollegen los werden könnte: Er äußert sich besorgt, nennt Schmadtke einen hervorragenden Manager und wird Bestandteil des Projekts, Schmadtke – Verzeihung – an der Leine zu halten.

Die Presse wird langsam ruhiger, doch es dauert bis nach Saisonende, bis die entscheidenden Weichen gestellt werden. Ausgerechnet Slomka nimmt an den entscheidenden Gesprächen teil, um den Sportdirektor weiter zu binden. Es dauert sechs Tage, dann ist die wohl wichtigste Personalie der aktuellen und kommenden Saison geklärt: am 11.5. wird bekannt, dass „Goldhändchen", im Forum neuerdings wegen seiner etwas knurrigen Art auch „Knurgi" genannt, in Hannover bleiben wird.

Das, was da präsentiert wird, ist wohl eine einmalige, eine ganz erstaunliche Lösung, die man gerade einem Präsidenten wie Martin Kind nicht wirklich zugetraut hätte. Familienzusammenführung ist das eine Zauberwort, Auszeit das andere. Hatten viele vermutet, dass Schmadtkes rheinische Familie nicht nach Hannover ziehen würde, lagen diese komplett falsch. Willkommen, liebe Rheinländer, im märchenhaften Hannover! Hannover zieht die Reißleine und lässt Rheinländer an die Leine ziehen!

Das zweite Zauberwort, Auszeit, ist auch durch vorherige gute Arbeit ermöglicht worden. Schmadtke wird eine zeitlang von der Bildfläche in Hannover verschwinden. Zunächst sind noch die Transfers für die neue Saison zu bearbeiten, doch danach muss Hannover eine Weile auf die trockenen Statements unseres „Meisters des inneren Lächelns" verzichten.

Wie gut diese Lösung ist, kann heute noch niemand wissen. Zweifellos ist sie aber einmalig im Profi-Fußball und wirkt auf mich menschlich ausgesprochen sympathisch. Nun kann ich dieses „Märchen" beenden, nicht ohne die Hoffnung zu äußern, dass Schmadtkes Verbleib die richtige Entscheidung ist, um eine dritte, geile Saison mit Europaphorie und einem schönen Platz im oberen Drittel der Tabelle zu beginnen. Es wäre doch zu schade, wenn mir ausgerechnet jetzt der Stoff für Vierjahreszeitenmärchen ausginge.

Epilog

Es sind nur noch wenige Tage, bis die neue Saison richtig anfängt. Die Sommerpause für die Liga war lang, vielleicht kein Nachteil für die Roten. Die erste Runde der EL-Qualifikation ist überstanden, in der zweiten haben wir einen spektakulären Auswärtssieg bei Breslau erreicht, 5:3! Das Fieber steigt langsam wieder. Schalke zum Saisonstart, welch ein Auftakt.

96 wird nicht als Abstiegskandidat gehandelt. Es ist ruhig in Hannover. Beständigkeit ist die Tugend, die hier nach Jahren gepflegt wird, in denen das einzig Beständige die Unbeständigkeit war. Trainerwechsel? Kein Thema, auch wenn es im Sommer ein bisschen Schmierentheater um eine ironische Bemerkung von Slomka gibt. Neuer Manager? Nicht nötig, Schmadtke nimmt seine Auszeit und wird dann mit veränderten Rahmenbedingungen seinen Job fortführen. Ein neuer Präsident? Absurd momentan, dürfte Martin Kind doch gerade die schönste Zeit als wichtigste Führungskraft des Vereins erleben. Spielerwechsel? Unbedeutend, mit Ausnahme des etwas erstaunlichen Wechsels von Emanuel Pogatetz ausgerechnet in diese Stadt, wo der ICE nicht so gern anhält.

Man muss schon ein bisschen suchen, um einen Club zu finden, der zurzeit vergleichbar kontinuierlich arbeitet. Das ist ein bisschen ärgerlich für die Journalisten, denen ein wenig die Sensationen ausgehen. Was ist schon sensationell an Beständigkeit? Ich persönlich mag diese Eigenschaft, für die Presse hingegen ist sie eher unangenehm.

Sei es drum, ich freue mich auf ein weiteres Jahr mit unseren kleinen Helden, die irgendwie ein bisschen weniger im Rampenlicht stehen als Clubs wie der Hamburger SV oder Werder, aber seit zwei Jahren mehr leisten als diese. Irgendwann werden die Medien unsere erdverwachsenen Niedersachsen angemessen würdigen und vielleicht sogar Moderatoren haben, die sich mit den Roten richtig gut auskennen. Irgendwann werden die vielleicht sogar Namen wie Haggui richtig aussprechen können.

Natürlich ist im HAZ-Forum wieder viel Unruhe. Wir alle dort wollen ja unseren HSV oben sehen. Die Sehnsucht nach Siegen der Roten ist wieder da. Natürlich ist die Skepsis da, die Zweifel, ob diese Mannschaft das noch einmal leisten kann. „Nur" 48 Punkte, nur Platz sieben, das ist eigentlich zu wenig. Es darf, es soll, es muss ein bisschen mehr sein.

Werden es die Roten wieder bis nach Europa schaffen, das dritte Mal hintereinander? Wird Hannover 96 vielleicht nach über zwanzig Jahren mal wieder ein Pokalfinale erreichen? Werden sie im europäischen Wettbewerb die Euphorie des Vorjahres wieder schüren können? Niemand kann das wissen, und das ist das, was den Fußball so schön macht. Der Fußball liefert immer dieselben Geschichten, und doch immer wieder neue.

Hannover 96 liefert momentan Märchen in Kleinserie. Der Stoff, der mir das Schreiben leicht fallen lässt. In der Wirtschaftslehre gibt es eine Reihe von Argumenten, warum größere Stückzahlen meist günstiger sind als Kleinserien. Ich hätte nichts dagegen, wenn 96 die Stückzahl steigert – als größter norddeutscher Serienproduzent für märchenhafte Momente.

Credits

Mein Dank gilt natürlich den Roten, die erneut den Stoff geliefert haben, um ein weiteres Büchlein dieser Art zu verfassen. Weiterhin jenen, die mitgeholfen haben: meiner Liebsten Steffi, meiner Freundin Claudia, der lieben Karen, die das wundervolle Titelblatt gestaltet hat, und last but not least Martina Backes vom AGON Sportverlag sowie unserem fleißigen Lektor, Erwin Puschkarsky!

Weiterhin gilt mein Dank meiner Mutter Marlies. Besonderer Dank gebührt auch meinen Ärzten, speziell Frau Dr. Alter und PD Dr. Moesta sowie den fleißigen Schwestern der Hautklinik und auf Station 20 im Siloah.

Dank aber auch an die vielen Leser meines ersten Buchs, die mir Mut gemacht haben, noch ein zweites zu schreiben, sowie den Mitstreitern im HAZ-Forum, die mit Sachkunde, Humor und Engagement meinen Horizont erweitern und mich inspirieren.

Der Autor

Sönke Petersen-Jahn, geb. 1963 in Schleswig, ist im richtigen Leben freier Unternehmensberater und Dozent. Als Autor eher im Fach Satire unterwegs, schreibt er regelmäßig als engagierter Kommentator im HAZ-Forum. Seit 1987 im hannoverschen Exil verfolgt der gebürtige Wikinger das Auf und Ab von Hannover 96 sowohl im Stadion als auch in der Presse mit Herz und Leidenschaft, aber mit kühlem Kopf. Ob der Präsident Fritz Willig, Utz Claassen oder Martin Kind hieß, der Trainer Jürgen Wähling, Michael Lorkowski oder Reinhold Fanz, der Manager Franz Gerber, Ricardo Moar oder Christian Hochstätter – Petersen-Jahn war stets dabei, mit einer Mischung aus Begeisterung, Ironie und kritischer Distanz.

Des Märchens erster Teil

Sönke Petersen-Jahn
Vierjahreszeitenmärchen – Hannover 96
Vom Trauma zum Traum
ISBN 978-3-89784-388-2
12,5 x 19,0 cm, 264 Seiten, Paperback
15,96 Euro

Hannover 96 auf dem Weg vom Trauma zum Traum – das ist die Story, die Sönke Petersen-Jahn alias „Penkman" erzählt. Die wundersame Wandlung vom krisengebeutelten, durch den Freitod des großartigen Sportlers Robert Enke erschütterten Abstiegskandidaten zum selbstbewussten Europa-League-Teilnehmer ist das wahre Wunder, das Petersen-Jahns emotionaler Chronik zugrunde liegt.

Penkman, das Alter Ego des Autors, kommentiert emsig im Forum der Hannoverschen Allgemeinen. Seine Sicht einer wundervollen Saison wird auf einfühlsame und leichte Weise mit allen Highlights und Tiefpunkten geschildert und mit Presse-Streiflichtern und Forums-Splittern der Saison garniert. Das Vierjahreszeiten-Märchen ist seine Hommage an eine großartige sportliche Leistung, an eine wunderbar emotionale Saison einer grauen Maus, die sich urplötzlich putzt, um auf die große Bühne des internationalen Fußballs zu treten.

„Penkman alias Petersen-Jahn ist ein kritischer Geist, aber immer konstruktiv, nie unter der Gürtellinie, und immer sachlich, auch wenn er anderer Meinung ist. So ist er zum Stammgast im HAZ-Forum geworden. Doch er kann auch anders: witzig, anekdotenhaft, wunderbar einseitig – wie in seinem Buch. Das Buch eines 96-Fans. Aber nicht nur für 96-Fans lesenswert."
(Heiko Rehberg, Sportchef HAZ)

Wo bitte geht's zum Stadion?

„Was dem Weltreisenden sein
Polyglott ist dem Fußballfan sein
ein Supporters' Guide", schrieb einst
der tödliche Paß - das Magazin für den
Fußballfan" über unseren Dauerbrenner
1.000 Tipps für Auswärtsspiele.

Michael Seiß
1.000 Tipps für Auswärtsspiele
ISBN 978-3-89784-381-3
Paperback, 320 Seiten,
11,5 x 20,0 cm , € 16,90

Wo bitte geht's zum Stadion?" – Das Problem ist bekannt. Den
ins Stadion der eigenen Mannschaft kennt man. Spätestens
ersten Auswärtsspiel aber beginnen die Probleme. Die örtli-
schilderung führt den verzweifelten Fan scheinbar eher vom
hin weg, als ihn ans Ziel zu bringen. Kurz nach Anpfiff sucht
noch den Gästeblock, den man fast immer erst dann findet,
das erste Tor bereits gefallen ist.

Spätestens in solchen Situationen sollte man „1000 Tips für Aus-
spiele" zur Hand haben. Die bereits bekannte Kombinati-
s Liga- und Reiseführer stellt Stadien aus ganz Deutschland
knackig-kurzen und informativen Analysen wird die Anrei-
dem öffentlichen Nahverkehr vorgestellt, ebenso der Karten-
kauf, Eintrittspreise, Telefonnummern, Internetadressen, das
enangebot in Stadionnähe, die Qualität des Essens im Stadion
und nicht zu vergessen natürlich die Toiletten.

s Standardwerk für Fans, aktuell und in neuer Aufmachung,
ett vierfarbig und prallvoll mit nützlichen Informationen.

www.agon-sportverlag.de